치료교육총서 IV

제 3 판

청각장애아동 언어지도와 치료방법

이규식 · 석동일 · 국미경 · 강창욱 · 이상희 · 박상희 · 윤미선 · 신혜정 · 박희정 · 박미혜
공저

대구대학교출판부

청각장애아동 언어지도와 치료방법(제 3 판)

- 본문 홀수면 상단에 위치한 보이스아이 심볼은 읽어주는 기능을 합니다.
- 대구대출판부에서 발행하는 도서는 대학출판부 중 유일하게 시각장애학생을 위해 읽어주는 책을 출판하고 있습니다.

국립중앙도서관 출판시도서목록(CIP)

청각장애아동 언어지도와 치료방법 / 지은이: 이규식, 석동일, 국미경, 강창욱, 이상희, 박상희, 윤미선, 신혜정, 박희정, 박미혜. -- 개정판. -- 경산 : 대구대학교 출판부, 2006
p. ; cm

색인수록
ISBN 978-89-7794-000-0-93370

379.12-KDC4
371.912-DDC21 CIP2006002022

머 리 말

18세기 후반에 유럽을 중심으로 농학교 교육이 시작된 이래, 청각장애아동 언어지도는 구화법과 수화법에 대한 격렬한 논쟁을 거듭한 끝에 1880년 밀라노 국제회의에서 순구화법의 우위성이 인정 된지 한 세기가 지났다. 그러나 최근에 청각장애아동 언어지도는 종래의 구화일변도 주의를 탈피하여 토털커뮤니케이션으로의 접근 등의 영향을 받아 많은 변화를 초래하게 되었다. 따라서 청각장애아동 언어지도는 청각장애를 보상하기 위한 잔존청력의 이용, 시각이나 기타 감각을 충분히 이용해서 전 발달영역에 지연이나 왜곡됨이 없도록 조화적이고 발전적인 발달을 목표로 하고 있다.

이와 같은 변화에 부응하여 개정판의 집필방향은 첫째, 청각장애아동 언어지도도 장애인 관의 변화에 따라 그 접근 방법과 내용을 달리해야 한다는 측면에서 정상화론(normalization)보다는 자기실현론(self-realization)의 입장에서 커뮤니케이션을 보다 중요시하는 데 초점을 두었다. 아울러 인간중심주의 교육 이념에 기초하여 인간적인 방법에 의한 언어지도를 강조하였다. 이와 같은 접근은 연습상황과 실제상황은 가능한 같아야 한다는 '의사소통자극의 원리'와 아동의 반응결과가 하나 이상의 방법으로 그 아동에게 만족을 주는 것으로서 의사소통적으로 강력해야 함을 특히 강조하여 내용을 구성하였다. 둘째, 종래의 주지주의 훈련, 방법중심의 지도를 개선·변화시키려는 입장에서 지금까지 청각장애아동 언어지도에서 주로 사용되어온 '훈련'이라는 측면보다 '학습'이라는 측면에서 언어지도가 이루어져야 함을 강조하였다. 따라서 일방적, 타율적, 기계적이기 보다는 능동성과 자율성 입장에서, 추상적 상황보다는 구체적 상황에서의 지도에 초점을 두었다. 아울러 청각장애학교 교사, 언어치료사, 청각사 등의 전문가와 함께 청각장애아동 부모도 이해할 수 있도록 프로그램과 실제의 예를 제시하였다. 셋째, 청각구화법에 대한 내용에 초점을 두었으며, 아울러 청각장애아동 언어지도의 한계성을 극복하기 위해 최첨단의 보조 공학적 접근을 보충하였다.

이 책은 모두 8개의 장으로 구성하였다. 1, 2장은 청각장애아 언어지도의 동향과 기초이론을, 3장에서는 보조공학적 접근을, 4장에서는 청각장애유아의 언어지도를, 5,6,7장에서는 구화지도에 대한 방법과 내용을 소개하되, 구화법의 중심인 청능훈련지도, 발성·발어지도 그리고 독화지도를 다루었으며, 8장은 수화언어의 본질을 소개하였다.

이 책이 출판되기 까지 원고 정리에 도움을 준 권미지 선생과 이명진, 박수나 학생에게 감사를 표한다.

2006년 7월
저자 씀

차 례

제 2 장 언어지도의 기초 ·· 27

제 3 장 언어지도를 위한 보조공학적 접근 ·· 77

제 4 장 청각장애 영유아의 언어지도 ·· 111

제 5 장 청능훈련 ·· 153

제 6 장 발성 발어 지도 ·· 201

제 7 장 독화지도 ·· 251

제 8 장 수화지도 ·· 275

제**1**장

언어지도의 개념

청각장애아 언어지도는 장애인관의 변화에 따라 그 접근방법과 내용을 달리하고 있다. 즉, 정상화론(normalization)에서는 말이 강조되나 자기실현론(self-realization)의 입장에서는 의사소통을 보다 중요시하고 있다. 또한 말을 인간 전체 행동의 상보적관계에서 보느냐 아니면 단지 인간행동 내용의 한 부분으로 보느냐에 따라 방법상의 본질을 달리한다.

이와 같은 맥락에서 본 장에서는 언어지도의 개념, 언어지도의 방법적 논쟁, 언어지도방법과 경향을 중심으로 설명한다.

1. 언어지도의 의미

청각장애는 기질적인 장애로서 신체의 일부에 결함이 있기는 하나 그 결함이 신체적인 활동을 직접적으로 제한하거나 불편을 주는 것은 아니다. 그러나 우리가 이미 잘 알고 있는 바와 같이 청각이라는 감각의 장애로 인해 감각정보의 불완전한 수용을 낳고, 그리하여 언어 획득 및 의사소통 기능 습득에 따르는 문제를 야기시킨다.

언어란 의사소통이라는 대범주 안에 하나의 영역이다. 청각장애아동들은 언어(language) 뿐만 아니라 말(speech)에 대해서도 장애를 가지게 된다. 교육학적인 입장에서는 언어라는 범주 안에 말을 포함시켜 설명하기도 한다. 이 책에서는 이러한 모든 부분에 대한 지도를 말한다.

인간이 언어를 산출하기 위해서는 정상적인 언어발달이 필요하고, 이러한 언어발달을 시키기 위해서는 다음과 같은 조건 들이 있어야 한다(권도하, 2004).

① 아동이 정상적인 성로를 가지고 있는가?

② 아동이 정상적인 신경운동의 성숙을 나타내는가?

③ 아동이 정상적인 청각 시스템을 가지고 있는가?

④ 아동이 구어언어의 발달을 지원하고 촉진시키기에 알맞은 신체적 및 정서적 건강을 가지고 있는가?

⑤ 아동이 정상적인 지능과 인지발달을 나타내는가?

⑥ 아동이 양육되고 자극을 받고 있는 환경이 있는가?

위의 조건에서 보는 바와 같이 다른 모든 조건을 갖추고 있다고 하더라고 청각 시스템이 제대로 이루어져 있지 않다면 언어발달에 문제가 나타나게 된다.

언어는 그 사회 공동의 문제를 보는 방식, 사고방식, 느끼는 방식을 몸에 익히고 공유하며 그 사회에 소속된 인간답게 하는 사상적 접합체임과 동시에 정신의 예민성을 증가시키고 지성에 명철을 부여하며 그 사람 자신의 정신 발달과 자기 개방을 촉진시키는 가장 유력한 수단이다. 그러나 청각장애인은 불행히도 언어가 원활하지 못한 경우가 많다. 그러므로 조기 언어교육이 요구되고 나아가 초등부, 중학부, 고등부의 교육 및 일반학교에 설치된 특수 학급에 있어서도 언어교육이 절실히 요구된다.

그런데 언어지도의 실태를 살펴보면 유치부에서는 언어지도가 교육의 중점적인 활동이 되고 있으나 초·중·고등부로 올라감에 따라 언어지도가 다른 교육내용의 부수물 위치로 하락하는 것은 부인할 수 없는 현실이다. 이러한 변화가 궁극적으로는 바람직한 현상이라고 할 수 있을지 몰라도 현재 우리나라 청각장애아 언어능력의 실태를 감안해 볼 때 결코 바람직한 현상이라고 할 수 없다. 오히려 일반교육의 형식적인 모방을 피하고 현실을 직시하며 언어적인 장애의 극복 즉, 모국어(국어)의 습득을 위해 좀 더 꾸준한 노력을 기울여야 할 것이다.

언어지도에 관한 문제의 본질은 구화냐, 수화냐의 문제가 아니고 아동이 하나의 사회의 일원으로 살아 갈 수 있도록 언어습득을 할 수 있도록 도와주는 것이다.

1) 언어지도의 목적

(1) 언어에 의한 사고가 가능하도록 하는데 있다.

사람이 선천적으로나 생후 3세 이전부터 소리를 귀로 듣지 못하면 거의 예외

없이 말을 못하게 된다. 이 경우에 그대로 두면 손짓에 의한 의사소통이나 사고는 가능할지라도 언어에 의한 의사소통이나 사고는 할 수 없으며 아동기를 지나 청년기가 되어도 추상적인 사고와 논리적인 사고가 불가능하여 추상적인 사고의 세계에 살 수 없다. 따라서 청각장애아의 언어지도를 할 때 중점을 두어야 하는 사실은 언어에 의한 사고가 이루어지도록 하여야한다는 것이다. 그렇게 하기 위해서는 자기의 경험을 언어로 산출할 수 있어야 하며 언어를 사고의 도구로 사용할 수 있도록 익히게 하며, 사고를 언어로, 언어를 지적으로 사용할 수 있게 하여야 한다.

(2) 언어에 의한 의사소통이 가능하도록 하는 데 있다.

청각장애아동이 사회생활을 하기 위해서는 언어에 의한 사고가 가능해야 할뿐 아니라 남의 말을 알아듣고 나아가 자기의 말을 남이 알아들을 수 있도록 하지 않으면 안 된다. 즉 생활장면에서 말을 의사소통의 도구로 정확히 사용할 수 있도록 해야 한다. 난청이 된 이후 오랫동안 언어지도를 받지 않은 청각장애아동들은 조음기관의 어떠한 기질적인 문제가 없음에도 불구하고 조음기관의 운동성이 낮은 경우가 있다. 따라서 조기부터 언어지도와 청능훈련을 같이 실시하여한다.

(3) 그 외의 목적

부모나 언어치료사는 이상의 두 가지 목적을 분명히 알고 난 다음에는 일반교육에서의 언어지도 목표를 참고하여야 한다.

① 정서를 안정시키고 풍부하게 해 주며 신장시킨다.
② 집단생활에 적응시키고 바람직한 인간관계를 형성하도록 한다.
③ 말을 듣고, 말하고, 읽고 쓰는 생활의 즐거움을 알게 한다.
④ 풍부한 인간성을 배양한다.

2) 언어지도의 영역

언어는 언어체계와 언어기능의 측면으로 나누어진다. 언어체계란 개인이 습득한 언어(language) 그 자체를 의미하고, 언어기능이란 실현된 언어로서 빠롤

(parole)에 해당되며 개인의 언어행위를 의미한다. 따라서 언어지도를 계획할 경우에는 이 두 가지 측면이 모두 고려되어져야 한다. 만약 개인의 내면에 언어체계가 수립되지 않으면 언어기능 지도의 효과를 기대할 수 없는 것이다. 언어기능을 더 세분하면, 일반아동의 경우 언어 이해면은 듣기와 읽기이며, 언어 표현면은 말하기와 쓰기이다. 그런데 청각장애아의 경우에 듣기의 지도는 아동의 특성에 따라 청능훈련, 독화, 수화가 선택적으로 추가되며 말하기 지도는 발어지도라는 용어가 추가적으로 사용되고 있다. 말하기 지도를 발어 지도라고 명명한 것은 말하기 지도의 두 가지 측면, 즉 일반적인 말하기 지도와 말의 명료도를 높이기 위한 정확히 말하기 지도(조음지도)를 부각시키기 위한 것이다. 그리고 언어지도에 선행하거나 혹은 병행하여 청능훈련이 실시되어야 한다. 말소리를 인지하는 데는 다양한 이론들이 있다. 일반적으로 청각장애인들의 경우에는 말소리를 인지하는 감각적인 차단 때문에 말소리가 발달하지 못한다고 보기 때문에 이러한 측면이 우선시 되어야 한다. 뿐만 아니라 청각이라는 감각차단으로 인하여 다른 감각기능도 통합적으로 향상시켜주는 것이 필요하므로 감각훈련이 같이 이루어지는 것이 바람직하다. 감각훈련이 인지능력의 발달과 더 직접적인 연관이 있으나 인지적 조작의 바탕 위에서 언어가 발달된다고 주장하는 학자들이 많으므로 감각훈련의 중요성이 더욱 강조되고 있다. 그리고 읽기와 쓰기는 문자를 통한 언어지도이므로 일반아동의 지도방법과 동일한 원리를 적용하면 되는 것이다. 이상의 영역을 간단히 요약하면 다음과 같다.

- 언어
  - 감각훈련 : 언어지도에 필요한 시 · 청 · 촉각기능
  - 언어체계 : 내적언어체계 또는 내적언어능력(어휘, 문법, 어법 등)
    언어듣기(청능훈련, 독화, 수화읽기 포함)
  - 언어기능
    - 이해
      - 듣기
      - 읽기
    - 표현
      - 말하기(조음지도, 수화하기 포함)
      - 쓰기

각각의 언어지도 영역은 독특한 지도목표와 내용을 가지는 동시에 각 영역이 밀접한 관련을 맺고 있어서 상호협력하여 언어체계를 수립해 나가며 언어기능을 발달시킨다. 따라서 영역별 지도계획 및 방법이 깊이있게 연구되고 나아가

각 영역간의 연계성을 유지하고 균형을 잃지 않을 때 언어지도 효과의 극대화를 기대할 수 있을 것이다.

3) 언어의 특징

(1) 언어는 말을 통해서만 표현되는 것은 아니다.

말(speech)은 성도(vocal track)와 구강근육(oral musculature)을 움직여 언어(language)를 가청 형태로 표현하는 행동이다. 반대로 생각해 보면 언어는 화자의 말에 포함되어 있는 메시지(message)나 의미를 지칭하는 것이다. 다시 말해서 말은 형식의 측면과 내용의 측면이 있다. 우리는 언어가 없이 말을 하는 경우를 접한다. 예를 들면, 아무 의미를 모르면서 말을 기계적으로 따라 하는 경우와 구관조의 경우가 그렇다. 이와 반대로 말을 할 수 없으나, 언어를 가지는 경우가 있다. 청각장애인이 수화로 언어를 표현하는 것과 심한 근육 장애(neuro muscular disorders)를 지닌 사람이 의사소통판(communication boards)이나 기계를 사용하여 언어를 표현하는 것이 그 좋은 예이다.

(2) 언어는 의사소통의 개념에 포함된다.

의사소통(communication)이란 자기가 살고 있는 언어 공동체(speech community) 내에서 다른 사람과의 정보교환을 위한 화자(speaker)의 행동을 의미한다. 화자가 어떤 사람의 주의를 끌기 위하여 어깨를 두드리는 것도 의사소통 행동의 일종이다. 만약 언어가 개인간의 의사소통에 사용되면 그들 사이에는 언어적 메시지가 교환되고 있는 것이다. 그렇다고 하여 모든 의사소통이 언어적으로 이루어지는 것이 아님은 이미 잘 알고 있는 사실이다. 말하는 사람과 듣는 사람 사이에 이루어지는 실제 대화에서는 언어와 말과 의사소통이 명확히 구분되지는 않는다. 그래서 이 세 가지가 어디에서 시작되고 어디에서 끝나는지 분명히 밝히는 것은 쉬운 일이 아니다. 일반적으로 말해서 의사소통은 언어로 정보를 교환하는 틀이라고 할 수 있으며, 말은 가장 많은 사람들이 사용하는 의사소통의 실현이라고 할 수 있다.

(3) 언어는 자의적인 것이다.

어느 한 언어 공동체(speech community)가 그들의 언어에 사용하기 위해 선택한 특정한 언어학적 단위들은 나타내고자 하는 대상과 본유의 관계(in herent relationship)에 있는 것이 아니다. 예를 들면, 우리가 '바다'를 '하늘'이라 하지 않고 '바다'라고 부르는 데 어떤 이유가 있는 것이 아니며 다만 우리의 조상들이 '바다'를 '바다'라고 이름지었기 때문에 우리들이 '바다'라고 말할 따름이다. 또 '바다'를 영어로 'sky'라 하지 않고 'sea'라고 하는 것도 이와 마찬가지이다. 사회의 요구에 따라 새로운 낱말이 필요한 것처럼 그 낱말의 선택도 자의적이다. 이와 마찬가지로 어떤 언어에 있어서 문장규범(syntactic conventions)은 자의적이며 더 나아가 문장규범, 의미의 이해(semantic understandings), 의사소통의 상호관계 등 언어학적 용법의 모든 측면이 그 언어를 사용하는 사회에 의하여 자의적으로 확립된다.

(4) 언어는 상징적 관계(symbolic relationship)가 조직화된 하나의 집합체이다.

언어는 계속적 규칙적으로 되풀이되는 형태들(patterns)로 구성되는데, 그 형태들은 한정된 규칙을 통하여 생성된다고 할 수 있다(Chomsky, 1957, 1965, 1971). 즉 언어는 한정된 규칙을 가지며 그 규칙이 말의 이해와 산출을 지배한다. 언어는 단순히 낱말을 한 줄로 나열하는 과정이 아니며 낱말과 의미의 배열이 맞도록 체계적으로 조직되는 것이다. 이러한 규칙성을 일컬어 상징적 관계라고 한다. 우리 말에서 '동생을 넘어졌다'고 말하지 않는다. 왜냐하면 조사 '을' 다음에는 자동사가 오는 것이 아니라 타동사가 와야 하는 문장 규칙의 지배를 받기 때문이다. 한국어를 완전히 습득한 사람이면 누구나 위에 제시한 문장이 틀렸음을 알고 '동생이 넘어졌다'는 문장이나 '동생을 넘어뜨렸다'는 문장을 연상하게 된다.

언어에 내재하는 상징적 관계를 습득하게 되면 자기가 사용하는 언어에서 구사되는 모든 문장을 표현하고 이해할 수 있는 능력을 터득하였다고 할 수 있다. 이러한 능력을 일컬어 언어의 생성 능력(generative capacity of language)이라고 한다. 언어는 규칙 지배적이며, 언어규칙은 한정된 것이라고 하여 언어 사용자(language user)가 내재되어 있는 체계적인 표상(systematic underlying representations)을 말로 또렷이 표현할 수 있다는 것을 의미하는 것은 아니며, 다만 여태까지 들어 보거나 스스로 만들어 본 적이 없는 문장을 이해하고 만들어 낼 줄 안다는 것이다.

언어에 내재하는 상징적 관계나 규칙의 이와 같은 생각에 대한 평가가 활발히 이루어지고 있다. 왜냐하면 오늘날의 언어학 이론의 초점이 통사, 의미, 의사소통 가운데 어디에 있든 상징적 관계 및 규칙이 그 핵심을 이루기 때문이다. 언어학 이론은 상징적 관계나 규칙에 대한 견해에 따라 언어를 논하는데 중요한 두 가지의 특질을 이루며, 그 중에 한 가지는 언어능력이고 또 한 가지는 언어실현(performance)인데 Chomsky(1972)는 이것을 각각 심층구조(deep structure)와 표면구조(surface structure)라고 하였다.

심층구조는 어떤 문장을 만들어 내고 이해하는데 필요한 정신적 조작을 일컬으며 표면구조는 심층구조를 만드는데 있어서 표현되거나 이해되는 실제적인 음성과 음성결합체이다. 표면구조는 심층구조를 이론화하기 위하여 사용되어야 한다. 따라서 어떤 문장의 심층구조를 확실히 파악할 수 있어야 그 문장을 진정으로 이해하고 활용할 수 있다고 말할 수 있다. 그러나 다행히 대다수의 사람들은 심층구조의 관계를 명백히 이해하지 못하여도 생활을 잘 하고 있으며 심층구조를 알지 못해도 매일매일 의사전달을 효과적으로 잘 해내고 있다.

심층구조를 구성하는 요소에는 통사적(syntactic) 요소, 의미적(semantic) 요소, 화용적(pragmatic) 요소, 음운적(phonological) 요소가 있다. 통사론은 낱말의 순서와 낱말의 선택에 관한 것이고, 의미론은 특정의 문장형태와 어휘의 사용이 의도하는 의미와 관련된 것이며, 화용론은 문장형태의 의도적인 사용에 관한 것이고, 음운론은 음성체계를 통하여 실제적으로 언어를 산출하는 것에 관한 것이다. 개인이 문장을 만들어 내고 이해할 수 있게 되는 것은 통사적, 의미적, 화용적, 음운적 요소의 상호작용의 습득을 통한 것이다. 이러한 문제들에 대하여 가장 많은 도움이 되는 정보를 제공하는 학문은 언어학과 인접학문인 언어 심리학, 사회 언어학이다.

(5) 언어는 조직적이다.

언어규칙은 언어 사용자의 뜻에 의해 제멋대로 변하는 것이 아니며, 모든 문장에 두루 적용할 수 있는 것이다. 어느 한 언어공동체가 처음에 언어단위(language units)를 자의에 따라 선택하였더라도 일단 하나의 상징적인 관계를 나타내거나 사용하는 것이 결정되고 나면 그때부터 자의성이 없어지고 언어 사용자들이 그것을 체계적으로 고수해야 한다. 예를 들어, 우리가 꽃이나 나무를 심어 두는 그릇을 지칭하기 위하여 '꽃그릇'이라는 말을 새로 만들었다면 그 때부터 '꽃그릇'이라는 말은 셀 수 있는 명사, 측정이 가능한 실물을 지칭하는 보통명사로 사용되어야 한다.

(6) 언어는 언어공동체의 동의에 바탕을 두고 있다.

언어공동체란 동일한 언어규범을 따르는 사람들의 집단을 의미한다. 그런데 어떤 공동체이든 그 공동체 안에는 집단을 구성하고 있는 개인이 있기 마련이다.

따라서 국어나 영어, 그 외에 어떤 언어를 막론하고 논쟁거리가 전혀 없는 세계 공통어(universal language)는 찾아 볼 수 없으며, 어떤 언어라도 변이(variation)가 있다는 것은 일반적으로 잘 알려진 사실이다. 같은 언어를 사용하는 집단에서도 방언은 존재한다.

(7) 언어는 경험을 표현하고, 의사소통을 촉진하기 위하여 사용된다.

이것은 언어의 두 가지 중요한 용도를 잘 나타낸 말이다. 우리는 다른 사람들에게 자기의 아이디어나 메시지, 생각을 전달하기 위하여 언어를 사용한다. 아이디어를 개발하고 경험을 나타내기 위해서는 언어의 인지적 기초가 적용되어야 한다. 즉, 아동들에게는 언어학습에 필요한 인지적 지주(cognitive underpinnings)가 있다. 둘째, 언어는 하나의 체계로서 정보를 전달하는 데 가장 효과적으로 이용된다.

아동들은 계속적으로 언어의 형태를 만들어 내는 것이 아니며, 시간이 경과함에 따라 점차적으로 성인이 사용하는 언어모델에 가까운 유사어(approximations)를 학습한다. 언어의 형태(language forms)는 아동의 인지적 성장과 사회적 자각(social awareness)의 발달수준이 반영되어 나타난다. 청각장애아 언어지도 프로그램 설계를 할 때, 꼭 알고 있어야 할 것은 건청아동들이 언어를 어떻게 학습하느냐에 관한 지식이다. Lenneberg(1967)의 말을 빌면, 언어를 발달시키는 잠재능력은 청각장애아동과 건청아동이 동일하므로 건청아동들이 언어를 배우는 방법에 관한 지식을 충분히 터득할 필요성이 더욱 중요하게 인식된다.

2. 언어지도의 방법적 논쟁

1) 수화법과 구화법의 대두

(1) 레뻬의 수화법

Charles Michel de l'Epee(1712～1789)는 건축기사의 아들로 태어나 청년시절에는 기독교 얀센파(Jansenism)의 교인이었으나, 신앙을 강요하는 교회중심의 종파에 불만을 품고, 대학에서 법학을 연구하였다. 그는 한 미망인 R.F.Victor의 딸인 두 농아 소녀를 맡아 가르치게 되었다. 이것이 세계적 농교사로서 인연이 되어 그로부터 레뻬는 농아자의 교육과 구빈에 헌신하던 중에 그가 49세 되던 해인 1760년에 빈민 농아자의 교육과 보호를 위해 파리의 rue des Moulis에 세계에서 최초로 농아학교를 설립하였다.

레뻬는 종교적 자선정신에서 농아동의 교육에 관심을 가진 이래, 의도적으로 가난한 집의 농아동을 대상으로 보호 구빈하며 교육을 실시하여 왔다. 이것은 지금까지 레뻬 이전의 농교육자들이 모두 부유층의 자제를 대상으로 많은 보수의 댓가로 교육을 실시한 것과는 그 근본 취지가 달랐다. 당시의 농교육자들은 대부분 자신의 농교육 방법을 일종의 비법으로 간직하여 외부에 공개하기를 꺼려하였으며, 자기 가족중심으로 특정인에게만 그 방법을 전수시켰던 것이다.

이에 비해 레뻬는 처음부터 그의 교육방법을 공개하였을 뿐만 아니라, 어려운 사정에 있는 농아자 대중을 의식한 무한한 애정과 사명감에 입각한 그의 농교육 정신은 '博愛無私'이었다. 그리하여 레뻬의 농교육 업적과 그 정신은 프랑스 국내에서 뿐만 아니라 유럽의 각국에까지 농교육의 보급에 많은 영향을 끼치게 되었다. 특히 그의 후계자인 Sicard를 비롯해서 그의 많은 제자들이 구미의 각지에서 농학교를 신설하는데 직·간접적으로 기여하였다.

이와 같이 레뻬는 빈민 농아의 수용보호를 위해 개인재산을 바치는 한편, 이들 농아자를 위한 교수방법의 개발을 위해 Bonet, Amman 등의 방법을 연구하기도 했으나, 자신이 생각하는 교육목적의 실현을 위해서는 부적합한 것으로 생각하고, 농아자의 교수방법으로는 자연수화의 기초 위에 모국어 불어의 어법에 따른 수화법이 최선의 방법이라는 결론에 도달하게 되었다. '자연적 수화'란 의사전달의 일종으로 사용되는 자연적인(의태적인) 'gesture sign'으로서 이는 일상의 언어와는 다른 몇가지 제약성을 지닌다. 즉, ①사용어휘가 극히 한정되어 있고, ②추상적 개념의 정확한 표현이 불가능하고, ③그 표현이 자기 중심적이고, ④일정한 구문이 없다는 등을 들 수 있다.

레뻬는 이와 같은 자연수화의 제약을 극복하고, 일상의 음성언어에 대응할 수 있고, 정상인과 같은 정신발달을 농아자에게도 실현하기 위해 자연적 수화를 기초로 하되, 거기에 프랑스어 문법에 대응하는 조직적인 표현양식을 가함으로써 종래의 자연적 수화를 문법체계에 따라 조직화·세련화하고자 하였다.

나아가 레뻬는 농아자들이 다른 사람들과 의사소통하기 위해 그들의 손으로 표현되는 사인을 사용하는 것은 마치 정상인들이 그들의 모국어를 사용하는 것과 같이 그것이 농자의 모국어(mother tongue)라고 볼 수 있다. 이와 같이 수화는 농아자의 모국어와 같은 것이므로, 이를 통해 농아자는 사고하고, 그 도덕성이 개발될 수 있다고 믿었으며, 이러한 기초 위에서 농아자에게도 구화가 성립될 수 있다고 레뻬는 주장하였다.

엄격한 의미에서 볼 때, 레뻬는 농교육에 있어 구화법 그 자체에 대해서 전혀 무관심하지 않았으며, 다만 그는 구화 때문에 농아자의 모국어인 수화를 배척해서는 안된다는 입장을 취하고 있다. 또 한편 레뻬가 수화법을 농교수법으로 채택한 이유 가운데 하나는 그의 '농 언어관'에 기인한 것 외에도 한꺼번에 60명 가량이나 되는 집단을 교육하지 않으면 안 되었던 당시의 현실적 이유도 강하게 작용했을 것으로 본다. 어쨌든 이로써 레뻬에 의해 프랑스를 중심으로 '수화법'이 하나의 언어지도 방법으로 확고히 자리를 잡아오게 되었다.

이러한 수화주의는 최근 와우이식 수술이 보편화 되면서 청각장애아 언어지도 측면에서 많은 공격을 받고 있다. 그러나 와우이식 수술을 받는 경우에도 구화로 인한 의사소통이 100% 모두 가능한 것도 아니며 와우이식 수술의 대상이 되지 않는 아이들도 있다. 따라서 수화에 대한 지도 방법 및 수화에 대한 인식을 꾸준히 하고 있는 것도 중요하다.

(2) 하이니케의 구화법

레뻬가 파리 농학교에서 수화법으로 교육을 하고 있는 동안 Samuel Heinicke(1727~1790)는 독일 라이프찌그(Leipzig)에서 구화법에 의한 농교육을 실시하고 있었다. 하이니케는 1754년 한 농아자의 개인교수로서 소양을 쌓아온 이래, 1778년 August 군주의 소환에 의해 세계 최초로 공립 농학교를 설립하게 되었다. 당시 프러시아는 이미 의무교육제도를 법제화하고, 이를 추진하여 왔으므로 세계에서 가장 먼저 공립 농학교를 설립하여 ①교육 대상자의 연령을 6~40세로 하고, ②교육 내용은 일반 아동과 동일하게 하며, ③교육 목적은 장래의 자립인, 사회의 유능한 성원이 되게 하는데 있었다.

이처럼 독일의 농학교는 처음부터 전술한 레뻬의 농교육 시설에 비해 훨씬 근대적인 성격을 띠고 출발하였다. 하이니케는 철저히 구화주의에 입각하여 농교육을 실시하였다. 그는 수화법을 지팡이에 비유하여 보행이 불가능한 자에게는 지팡이 자체도 하나의 장애가 될 뿐이라고 하여, "농아자가 말하도록 하는 유일한 방법은 말하도록 가르치는 길 뿐"이라고 확신하였다(Hodgson, 1954).

그는 관념은 음성언어를 수단으로 해서 획득되며, 문자언어는 그 관념의 한 번역에 불과한 것이라고 믿었다. 그는 농아자는 소리를 기억하는데 곤란을 느끼므로 이를 보상하기 위해 청각 이외에 다른 감각을 활용하는 것을 착안하여 시각 및 촉각과 함께 미각까지도 활용하는 방안을 제안하였다. 가령 모음은 기억하기에 가장 힘든 음이므로, 이들 모음 소리에 미각을 결합하는 방안을 그의 제자들에게 적용하였다. 즉 /a/모음을 위해 냉수를 활용하고, /e/모음에 뜨거운 물을, /i/모음에 식초를, /o/모음에 달콤한 물을, /u/모음에 올리브유를 각각 활용하였다(Bender, 1981).

이처럼 수화법으로써 프랑스법과 구화법으로써 독일법을 레뻬와 하이니케의 출현을 기점으로 그 팽팽한 논쟁이 시작되었다. 그러나 레뻬의 방법은 공개되어 있으나 하이니케의 방법은 공개되어 있지 않아 방법적인 논쟁을 하기에는 무리가 있는 부분이었다.

그러나 현재 구화주의의 흐름의 시초가 되는 것이 하이니케의 구화주의이므로 이에 대한 기본 개념을 가지고 있기 바란다.

(3) 브레이드우드의 구화법

전술한 바와 같이 대륙에서 농학교 교육이 실시되는 동안 영국에서는 자원단체(voluntary organization)가 장애아를 위한 특수교육의 선구적 역할을 하여 온 가운데 최초의 농학교가 1783년 런던에 Thomas Braidwood(1715~1806)에 의해 설립되었다. 그는 A. Shirreff 家의 한 농아 소년을 지도한 것이 인연이 되어 Edinberg Academy(혹은 Braidwood's Academy라고 함)를 창설하여 세 차례에 걸쳐 Scots Magagine에 농교육에 관한 투고를 하여 가난한 농아동을 위한 국가 사회적 원조를 호소하는 한편, 농아자의 교육권 보장을 위해 교원 양성 계획을 수립할 것을 주장하였다.

그러나 당시 영국사회는 그의 구상을 받아 들여주지 않았으므로 그는 자신의 사업을 자기 가정의 사업으로 한정시켜 그의 교육방법을 비밀에 붙여 전수하였다. 브레이드우드는 농아동의 교육을 위한 공공의 후원을 강력히 촉구하면서도 그 자신은 주로 귀족층의 자녀들을 대상으로 비밀리에 농교육을 실시해 왔으므로 이것이 후에 그에 대한 비난의 소지가 되기도 하였다.

브레이드우드는 레뻬의 수화법에 퍽 회의적이었으며 그는 구화주의의 입장에서 특히, 단음법 내지 음소법에 의한 발어지도의 분석적 과정을 중시하였다.

영국은 브레이드우드의 농교육 업적이 선구가 된 이래, 자원단체의 활동이 중심이 되어 18세기 말에서 19세기 초에 이르기까지 농아동을 위한 Asylum 시스템이 크게 보급되었다. 당시 영국의 Asylum 시스템의 특성은 교육적인 면과 구빈시설의 성격을 강하게 가지고 있었으며, 언어지도는 주로 구화법을 취하고 있었다.

이상에서 보는 바와 같이 18세기 후반에 시민혁명 직전의 서구사회가 보이는 혼란한 사회적 여건하에서도 프랑스의 레뻬, 독일의 하이니케, 영국의 브레이드우드 등 선구적 농교육 전문가들의 헌신적 노력에 의해 마침내 학교교육의 형태로 농교육이 성립 발전하게 된다. 그러나 당시의 농학교의 형태 및 성격은 전적으로 교육을 위한 근대적 학교 교육 이전의 것으로서 농아자의 교육과 수용보호를 병행하는 시설적 성격을 강하게 띠고 있었다. 말하자면, 전형적인 기숙제 학교로서 'School'이라는 명칭 대신에 오히려 'Institute', 'Asylum', 'Academy'라는 이름으로 많이 불리워져 왔다.

2) 수화주의와 구화주의의 방법 논쟁

18세기 후반 프랑스에서 de I'Epee를 원조로 한 수화주의(manualism)와 독일의 S. Heinicke에 의한 구화주의(oralism)가 농교육의 방법론으로 확립되면서 부터 농교육 현장에서 양 방법론에 대한 격렬한 논쟁을 거듭해 왔다. 특히, 당시에 수화주의와 구화주의의 방법 논쟁은 방법론 자체에 대한 계속적인 깊은 연구 없이 논쟁을 위한 논쟁의 양상을 짙게 띄게까지 되었다.

구미에 있어 방법 논쟁의 추이를 보면 19세기 중엽까지만 해도 전반적으로 수화주의가 우위를 점하여 오다가 1880년 밀라노 국제회의 이후 구화주의가 크게 강조되어왔다. 밀라노 국제회의 이전의 100년 동안 대체로 수화가 우위성을 확보해 온 주요 이유는 다음 몇 가지 측면에서 생각해 볼 수 있다(김병하, 1973).

첫째, 당시 농교육계에 다른 농교육자에 비해 프랑스의 레뻬의 개인적인 인격적 감화력 및 교육적 업적이 다른 나라의 농교육자에게 까지 깊은 영향을 미치게 됨으로써 자연히 수화가 널리 보급될 수 있었다.

둘째, 구화법은 수화법에 비해 실제 적용상의 효과가 대단히 의심스러울 뿐만 아니라, 아직 그 지도체계가 과학적으로 충분히 세련되어 있지 못하였다.

셋째, 수화법은 처음부터 널리 공개되어 왔으나, 구화법은 특히 영국의 브레드우드(Braiddwood)등에서 볼 수 있는 바와 같이 일가의 비법으로 비밀리에 전수되어 온 것도 그 중요한 한 원인이 될 수 있었다. 이런 몇 가지 이유로 해서 수화법이 농교육 현장에 널리 파급되어 있었으나, 구화법에 대한 강조와 그 발전도 꾸준히 이루어져 왔다.

이를테면, 구화주의의 본산지인 독일에서 Hill은 하이니케의 영향을 받아 구화주의에 깊은 관심을 표명하는 가운데, 페스탈로찌의 '모친법' 원리를 농교육에 적용하여 지금까지 행해져 온 형식적인 문법에 대한 언어지도에 비판을 가하고 일상생활에서의 실제적 활용성에 기초한 언어지도를 강조하는 가운데, 일반아동의 언어발달에 일치하는 자연스러운 방법 원리를 농아동에게도 적용하여야 한다고 주장하였다. 한편 미국에서도 갈러뎃(E.M.Gallaudet)은 수화주의에 깊은 신념을 두고 구화와 수화를 병용하는 결합법을 제안하면서도, 독화가 가능한 농아동에게는 구화법을 적용할 수 있다는 것을 주장하였다(Carlo, 1964). 또한 미국에서 19세기 후반부터 보급되기 시작한 통학제 농학교의 증설은 구화주의를 보급하는데 주요한 배경이 되었다. 그러나 19세기 후반까지 농교육 현장에서 수화주의와 구화주의간의 갈등과 논쟁은 더욱 격렬해졌다. 양 방법론에 대한 논쟁은 마침내 국제 농교육자 회의에 까지 회부되기에 이르렀다. 1880년 이탈리아의 밀라노회의는 농교육 사상 주요한 의미를 지니므로 당시 밀라노 국제회의의 주요내용을 살펴보고자 한다.

밀라노 회의에는 16개국으로부터 116명의 농교육자가 참석한 가운데, 농교육의 방법에 관해 다음 문제들을 토의하였다.

- 수화법을 능가하는 구화법의 장점은 무엇인가?

- '순수한 구화법(pure oral)'은 어떤 것이며, '결합법'과 어떤 차이가 있는가?
- '방법적' 사인과 '자연적' 수화간의 정확한 경계를 어떻게 설정할 것인가?
- 농아자들이 쉽게 습득하는 가장 효과적이고 자연적인 언어수단은 무엇인가?
- 구화든 수화든 언어지도에 있어 문법은 언제, 어떻게 활용되어야 하는가?
- 책은 아동의 손에 언제 쥐어져야 하는가?

이들 각 주제에 대한 토의를 거쳐 구화법과 수화법에 대한 찬반을 표결한 결과, 다음과 같이 결의하기에 이르렀다.

농아동의 사회복귀를 위해서 그에게 보다 완벽한 언어지식을 주기 위해 구화법은 농아자의 교수를 위해 수화법보다 우선되어야 한다.

구화와 수화의 동시 사용은 말하기, 독화, 그리고 사고의 정확성을 기하는데 방해가 되므로 순수한 구화법이 채택되어야 한다(Report of International Congress on the Education of the Deaf, 1880, pp.4~5).

이어 밀라노 국제회의에서는 각국은 모든 농아동에게 공교육의 혜택을 보장할 것과 구화교육을 위해서는 한 학급당 아동수를 10명 이상 초과하지 말 것 등 아주 주요한 문제들을 결의하였다.

1880년 밀라노회의 선언 이후, 구화법이 점차적으로 확대보급되었는데 '프랑스를 제외한 유럽 농학교의 80%는 구화법을 채택하고 있었고, 폴란드, 노르웨이, 독일, 스위스 등에 있어서는 거의 100%에 달하고 있는데, 다만 스페인과 스웨덴에서는 50%정도에 달하고, 미국의 경우는 1910년까지 겨우 22%정도 구화법에 의해 지도되고 있다'고 보고하고 있다. 이처럼 1880년 선언이후 구화주의는 놀랍게 보급되어 왔으나, 교육의 실제 장면에서 그것의 구체적 효과는 20세기 농교육의 주요 과제로 넘겨지게 되었다.

3) 토털 커뮤니케이션적 접근

19세기 후반 이래 농아동을 위한 의사소통 방법은 전적으로 구화만을 지지하는 구화일변도주의와 구화와 수화매체를 결합하여 사용하는 것을 지지하는 결합법 등 두 입장으로 대별된다. 20세기 중반에 A. G. Bell에 의한 전화의 발명과 음의 전자공학적 원리를 활용한 보청기(hearing aid)의 개발은 농교육에 있어 구화법의 발전을 위해 중요한 계기가 된다. 특히 이에 영향을 받아 청각과 농의 과학인 청능학(audiology)이 새로운 연구분야로 등장하게 되었다. 이 청능학적 지식과 기술의 계속적인 진전에 따라 고성능 보청기가 다양하게 개발됨으로써 구화주의는 더욱 세련되어 왔다.

그러나 60년대에 접어 들며 교육현장에서는 구화일변도에 의한 교육성과에 깊은 회의를 표하게 되었고, 이에 따라 지문자와 수화에 대한 관심이 새로이 재고되기 시작하였다. 이 같은 일련의 반성에서 새로이 우리의 주목을 끌게 하는 것이 소위 60년대 초에 소련에서 제기된 신구화주의(neo-oralism)와 70년대에 미국을 중심으로 제기된 토털 커뮤니케이션의 이념이다. 신구화주의는 엄격히 통제된 실험의 결과, 조기에 지문자를 농유아에게 익히게 하는 것이 이후에 아동의 말하기와 독화기능을 강화한다는 것을 입증해 주고 있다(Moores, 1987). 당시 소련의 농교육자들은 2세된 농유아에게 가정과 탁아소에서 지문자 지도를 시작하면, 6세 경에는 수천 단어의 어휘가 개발될 수 있다고 하였다(Morkvin, 1960). 소련의 이 신구화주의는 미국에서 종래에 자신들이 개발한 로체스터법을 재평가하고 그 인식을 새롭게 하는 계기가 되기도 하였다.

미국은 밀라노 국제회의(1880년)이후 계속해서 구화일변도주의에 강한 회의를 표해 온 가장 대표적인 나라이다. 그래서 일찍부터 手指語에 깊은 관심을 표해 오는 한편, A. G. Bell의 공적에 의한 청능학의 발달, Goldstein박사에 의한 聽話法(acoustic method)의 개발 등에 의해 구화법에 대한 새로운 접근도 많은 성과를 보여 왔다. 그러나 대부분의 농교육자들은 하나의 방법으로서 구화일변도 접근이 가지는 명백한 한계성을 잘 알게 되었으며, 동시에 수화에 대한 긍정적 관심이 증대되는 가운데 60년대 후반 미국을 중심으로 소위 '토털 커뮤니케이션'이라는 개념이 농교육계에 널리 보급되기 시작하였다.

이 토털 커뮤니케이션 접근이 가지는 가장 중대한 의미는 특정의 의사소통 양식에 대한 정당성이 중요한 것이 아니라, 그 사람에게 가장 적합하고 용이한 의사소통의 모든 양식이 수평적으로 똑같이 존중되어야 한다는데 있다. 따라서 토털 커뮤니케이션은 농자를 위한 자유롭고도 융통성있는 접근이며, 농자를 위한 도덕권의 문제이기도 하다. 이런 관점에서 Garretson(1976)은 토털 커뮤니케이션의 개념을 아주 적절히 말해주고 있다.

> 토털 커뮤니케이션은 하나의 방법도, 예정된 교수체제도 아니다. 그것은 애매성, 막연한 추측, 긴장 등으로부터 농자를 해방시키기 위해 융통성있는 커뮤니케이션의 분위기를 존중하는 하나의 철학적 접근이다. 다양한 대화양 식간의 수

직적 차별을 없애고, 인간간의 상호작용을 위한 수용 가능한 도구로서의 모든 양식(modality)에 대해 적합한 지위를 인정해 주자는 것이다(p.90).

이 같은 토털 커뮤니케이션 접근은 70년대 중반 이후 미국을 중심으로 유럽의 농교육계에 재빨리 파급되어 왔다.

4) 청각구화법(Auditory Verbal)

듣기를 통해 가장 자연스럽고 명료한 구어를 습득할 수 있다는 데에 초점을 둔 청각구화법은 Pollack(1984)의 청각교육프로그램(acoupedic program)에서 발전된 재활방법이다. 청각구화법에 의한 치료는 청각장애 아동들이 말로 대화할 수 있도록 구어를 듣고 이해하는 것을 배우는 데 필요한 기술, 방법, 절차 등을 제공하고 관리하는 것이다. 청각구화법에서는 아동이 구어를 이해하고 발달시킬 수 있도록 자기 목소리뿐만 아니라 다른 사람의 말소리 및 주의의 환경음을 들을 수 있는 보청기나 인공와우의 사용법을 익히게 하고 또한 아동의 진전을 치료 세션마다 진단하고 평가한다(김수진, 2000). 이것은 이전의 구화주의에서 보다 발전적인 구화주의에 가깝다고 하는 것이 바람직 할 것이다.

이상에서 살펴본바와 같이 청각장애아동의 언어지도 방법은 다양한 방법적인 논쟁을 가지면서 발전하였다. 그러나 현재는 1960년 이후부터 꾸준히 이어져온 청각활용을 중심으로 하는 청각구화교육이 수화교육보다는 보다 활발히 이루어져 있으며 그 이유는 청각을 보조하는 보청기나 인공와우와 같은 기기의 발달도 큰 역할을 하였다고 볼 수 있다. Guberina의 Verbo-tonal법이나 Pollack의 청각구화법(auditory verbal)같은 것이 대표적인 예이다.

3. 언어지도방법과 동향

청각장애아동의 언어지도 중 특히 문법적인 측면 표면구조와 심층구조를 가르치기 위해서는 다음과 같은 방법들이 제시되고 있다. 이것은 미국에서 많은 사람의 지지를 받아온 지도방법은 다음과 같다.

① Wing의 기호체계법
② Barry법
③ Fitzgerald 법
④ 자연적인 접근법
⑤ 문형 지도법
⑥ 프로그램식 지도법
⑦ 행동수정법
⑧ 언어학적 접근법

1) Wing의 기호체계법

기호체계법은 문장내에서 말의 요소별 기능을 표시하기 위하여 문자(letters)와 숫자(numbers)를 사용한다. 어떤 낱말이나 어구 또는 어절위에 기호를 써서 문장 형식, 문장 기능, 문장 요소의 위치에 대한 단서를 제공해 준다.

그런데 기호의 종류는 크게 다음 네 가지로 분류된다.

① 기본요소: 주어(S), 동사(V), 자동사(V_1)
② 수식어: 동격이나 소유격에서 명사나 대명사
③ 접속사: 등위 접속사, 종속 접속사
④ 특수기호: 조동사나 시제 표시

아동이 단문을 만들어 내면 곧 기호를 사용한다. 어느 특정 수업에서 많은 문장이 만들어지고 나면 아동에게 기호참조(the reference of symbols)체계를 가르치기 위하여 각 문장의 부분을 하나하나 부호화 시킨다. 문장 조직의 단서를 주기 위해 사용되는 Wing의 기호를 사용하되 될 수 있는 대로 문장을 문단속에서 다루었다. 유감스럽게도 Wing의 기호체계는 강조점이 문장의 의미나 의사소통 능력에 있는 것이 아니라 오히려 통사적 성취(syntactic performance)에 있다.

2) Barry 법

Katharine Barry는 농아동들에게 낱말의 범주화(classes)과 문장 속에서 낱말끼리의 상호관계를 가르치기 위해 5가지 석판을 만들어서 사용하였다. 이 방법을 The Barry Five States라고 하는 데 여기서는 Barry법이라 칭하기로 한다. Barry는 농아동들에게 언어를 지도하기 위해서는 낱말과 낱말의 관계가 가시화되어야 한다고 주장하였다. 건청아가 음성에 의존하여 언어를 획득하는 것과 마찬가지로 석판은 아동에게 시각적인 규칙(sight rules)을 제시하는 것이라고 생각하였다.

Barry법에서는 언어 설명을 위한 구조를 제시하기 위하여 교실 벽에 큰 석판 5개를 걸어 둔다. 첫째 것은 문장의 주어를 설명하기 위한 것이고, 두 번째 것은 동사, 세 번째 것은 직접 목적어, 네 번째 것은 전치사, 다섯 번째는 전치사의 목적어를 설명하기 위한 것이다. 석판의 사용은 아동들이 자기의 이름을 알아보고 사물의 명칭을 어느 정도 알 때 비로소 사용하기 시작한다.

3) Fitzgerald 법

Fizgerald법은 크게 6가지 요소로 구성되어 있는데, 의문사로 쓰이는 낱말과 몇 가지 기호를 사용하여 말의 요소와 문장의 기능을 표시하는 것으로서 Barry의 분류법과 유사하다. Fitzgerald가 사용한 분류법 표제는 다음과 같다.

① 주어(Who, What)
② 동사와 서술어로 쓰이는 낱말
③ 간접 목적어와 직접 목적어(What, Whom)
④ 장소(Where)를 나타내는 어구와 낱말
⑤ 본동사를 변형시키는 여타의 어구와 낱말(for, from, how, how often, how much 등)
⑥ 때(When)를 나타내는 낱말과 어구

이상의 표제를 단서로 하여 언어를 지도하는데 복문도 연속적인 기호를 사용하면 분류가 가능하다. 농유아들은 주어, 동사와 같이 더 기초적인 표시로 낱말을 분류하여 언어학습을 시작한다. 처음 수년간은 아동이 학교에서 단서(key)를 익히게 된다. 그러므로 언어치료사는 새로운 언어형식과 원리를 설명할 때 단서를 이용함으로써 그것이 언어행위에 대한 기준과 자기교정의 수단이 되도록 유도한다. Fitzgerald(1943)는 자신의 지도법이 이전의 지도법과 두 가지 면에서 차이가 있다고 하였다. 첫째는 아동들이 통사적 관점에서 언어를 시각화하는데 도움이 된다는 것이고, 둘째는 단서가 언어학습의 분위기를 조성하는데 사용되도록 하였다는 것인데, 단서를 통해 언어를 배우고 있는 건청아동들이 일반적으로 접하는 언어경험에 계속적으로 노출될 수 있다는 것이다.

4) 자연적인 접근법

Mildred Groht(1958)는 언어 발달의 자연적인 면을 강조한 언어 지도법을 개발하였다. 이 방법은 단순히 통사적 순서를 정하는 수단으로 사용되는 Fitzgerald(key)법이나 Central Institute for the Deaf Language Outline(1950)과 같이 미리 정해진 낱말 목록이나 Croker-Johns-pratt 언어훈련 워크-북(1920, 1922, 1928)과는 서로 다른 방법이다. 자연적인 방법에서 주장하는 주요 골자는 언어를 통해 개념이 발달된다는 것이다.

5) 프로그램식 지도법

1960년대 교육에 있어서 교수기기와 컴퓨터 공학을 도입하는 일반적인 경향의 일환으로써 청각장애아동을 위한 프로그램식 언어 지도법이 개발되었다. 이 지도법들로부터 얻은 결과가 처음에는 전망이 있는 듯 하였으나, Stanford 대학에서 개발한 영어훈련 프로그램 등이 완전히 성공적이지는 못하다는 지적이 있었다(Fletcher and Suppes, 1973). 농청년들을 위한 동사훈련 프로그램에 관한 Bochner(1982)의 보고에 의하면 프로그램식은 학습지도력(instrustional power)이 부족하다는 것이다. 훈련과 연습프로그램이 효과적이라면 학생으로부터 얻은 반응이 지속적으로 뚜렷하게 나타나고 강화될 수 있는 것이어야 한다.

이상에서 언급한 것이 교수기기와 컴퓨터를 통한 지도가 교육적으로 아무런 도움이 되지 않는다는 것을 의미하는 것은 아니며, 이러한 지도법들이 오로지 표현구조만 제시하거나 연습시킨다면 심층구조를 이해하도록 기대할 수 없다는 것이다.

6) 행동수정법

심리학적 관점에서 본 언어습득과 관련된 자극-반응관계 및 작동적 학습(operant learning)과 관련지어 왔다. 발달심리학자들은 외적인 동기와 조절이 정상아동들의 언어습득에 가장 중요하다고는 생각하지 않더라도 중증의 언어장애 아동들에게 언어를 정착시키기 위해서는 학습이론을 적용하는 것이 효율적일 것으로 생각하였다.

언어의 획득에 행동수정법을 적용하는 경우에는 대체로 표현 기능의 획득에 강조점을 두어 왔다. 그러나 그림 변별법을 사용하는 수용능력의 발달에 관한 보고도 있다. 초점이 되어 온 표현 행동의 영역은 다음과 같다.

① 명사, 어휘의 획득
② 복수형의 사용
③ 관사와 조동사의 사용
④ 동사의 어미 변화
⑤ 구어적 행동의 감소
⑥ 전치사의 사용
⑦ 의문형의 사용
⑧ 두 낱말 연결 표현의 장려
⑨ 명사와 동사어구의 사용

행동수정 절차를 청각장애아 지도에 적용한 보고서가 나와 있다(Bennet and Ling 1973). Bennet와 Ling의 연구에서는 관사 the와 조동사 is를 사용하지 못하는 세 살 난 청각장애 여아에게 한 그림을 설명하는데 이 두 단어를 사용하도록 지도하였다. 처음에는 모방을 시키고, 그 다음에는 '이것에 대하여 나에게 말해봐.'라고 명령하는 말에 대답하도록 하였다. 이 여자 아이는 훈련을 전혀 받은 바가 없는 많은 그림을 설명하기 위하여 현재 진행형도 사용할 수 있게 되었다. 현재 진행형의 생성적인 상태를 검사하기 위하여 새로 획득된 행동을 곧바로 소거하고 나서 다시 회복시켰다.

이 연구에 대해 던질 수 있는 한 가지 의문은 is와 the에 대한 지식이 그림 묘사가 아닌 다른 상황에 일반화 될 수 있는지의 여부에 대한 것이다. 영어에서 조동사 be의 의미적 역할은 제한적이며, 그 의미에 대한 지식이 요구되지 않는 다른 현재 진행 장면에 일반화가 가능하였다. 반면에, 대화의 명사구에서 듣는 사람에게 정보에 관한 중요한 단서를 제공하는 'the'는 모방만으로 학습을 기대할 수 없을 것이다.

언어학습에 있어서 모방의 역할은 다소 특수한 면이 있다. 행동수정 프로그램은 행동을 형성시키기 위하여 모방에 많이 의존하나, 그러한 의존은 언어의 학습에 대한 질문을 던져보면 문제점이 나타난다.

7) 언어학적 접근법

언어학 이론과 아동언어의 설명에 관심이 증대되고 그 이론을 의사소통 장애아동들의 언어습득의 촉진을 위해 적용하려는 노력을 기울이게 되어 언어학 이론에 바탕을 둔 프로그램과 발달측면의 연구결과를 토대로 한 프로그램이 가장 많은 관심을 끌게 되었다. 언어학 이론을 토대로 한 지도법은 성인 모델을 연구하여 얻어진 정보를 이용한다. 언어의 곤란도와 복잡성은 성인모델이 판단하는 곤란도와 복잡성을 기초로 하여 결정된다. 발달적 접근법에서는 정상적으로 말하는 아동을 관찰하여 얻은 정보를 사용한다. 그리고 언어의 곤란도와 복잡성의 정도는 아동의 관점에서 결정되고 성인의 관점에서 결정되지 않는다. 언어학적 이론을 토대로 한 프로그램은 치료자 중심의 프로그램이며 발달이론에 근거한 프로그램은 아동 중심의 프로그램이다. 지금부터는 이 두 가지 프로그램에 대하여 더 상세하게 설명하려고 한다.

(1) 언어학 이론에 기초한 언어지도 프로그램

Blackwell과 Engen(1976)은 청각장애아동들의 언어규칙의 발달에 맞춘 전체적인 교육과정을 소개하였다(Rhode Island School for the Deaf Language Curriculum). 이 교육과정은 주로 문장의 습득에 초점을 맞춘 것이지만 의미적 발달에도 유의하였으며 언어와 인지적 성장의 관계도 고려하였다. 이 교육과정이 전제하는 것은 다음 두 가지의 가정을 토대로 하고 있다.

① 아동의 언어학습 활동의 기초는 어휘를 사용하는 것에 있는 것이 아니다.

따라서 언어교육의 일차적인 목표는 문장을 만들어 내는 기초적인 언어 지식을 발달시키는 것이어야 한다.

② 언어는 독립적으로 학습되는 것이 아니다. 따라서 언어지도는 학교 교육과정의 일부로 통합되어야 하며 나아가 아동의 요구와 지적 정서적 흥미에 맞추어 지도되어야 한다.

앞에서 언급한 바와 같이 언어의 통사적 요소를 강조한 것이다.

Peck(1972)도 언어학에 바탕을 둔 청각장애아 언어지도 프로그램을 설계하였다. 정형화된 언어체계가 세 단계로 조직되어 있다. 제 1단계는 청각장애아동들의 한 낱말 표현의 발달에 맞춘 것으로써, 연령에 관계없이 이 단계가 성취되지 않은 아동들을 대상으로 한다. 이것은 농아동들은 그들이 아직 습득하지 못한 정상적인 발달 단계의 표현 단계에서 시작해야 한다는 것을 전제로 한다. 나이든 아동들일지라도 사회적으로는 적당한 경험이지만 언어학적으로는 통제된 경험을 이용함으로써, 각 단계에서 요구하는 수준에 성공적으로 도달하여야 한다. 즉 나이가 많아도 언어발달 수준이 1어문 단계에 있으면 이 단계를 성공적으로 성취하여야 한다. 1어문 단계에는 부정, 긍정, 사람과 애완 동물의 이름, 사물의 이름, 장소의 개념, 시간의 개념 등이 포함된다. 이러한 말들은 두 가지 사회 언어학적 맥락, 즉 질문-대답의 형식으로 연습이 이루어져야 한다. 흥미롭게도 1972년에 소개된 Peck생각은 나무랄 데 없었지만 그들이 성공을 거두진 못하였다. 행위자, 행위대상과 같은 의미적 분류가 결여되어 있기 때문이다. 제 2단계는 2~5낱말로 된 낱말군에 관한 것으로 아동들이 이 단계의 언어 능력을 성취하도록 돕기 위하여 확장 기법(expansion techniques)을 권장하고 있다. 제 3단계는 Fitzgerald 단서와 비슷한 자리 조직(spot organization)을 이용하는 언어적 설명으로 되어 있다. 자리 조직에는 ①문장 변형 ②주어+수식어구 ③동사+직접목적어 ④목적어+수식어구 ⑤where ⑥when ⑦접속사 ⑧문장 끝에 구두점 찍기 등 8가지가 포함된다.

Muma(1974)는 언어장애아동들의 규칙 이해력을 발달시키는데 사용하기 위하여 언어학 이론으로부터 10가지 지도 절차를 고안하였다.

첫째는 교정법으로써 언어치료사가 아동의 오류를 지적하여 주고 알맞은 형태의 말을 가르쳐 준다. 예를 들어 아동이 'I is going'이라는 말을 하면 언어치료사가 '그게 아니야, I am going이야, I am이라고 말해.'라는 방식으로 반응해 준다. 그러나 Mellon(1967)과 Cazden(1965)은 이같은 교정법은 아동들의 기본적인 언어규칙 학습방법으로는 효과적이지 못하다고 하였다. 교정기법은 언어학습에 정적인 영향을 주지 못하며 언어사용이라는 입장 특히 자주 쓰이는 말인 경우에는 언어학습에 손상을 가져올 수도 있다는 것이다.

둘째로, 정상아동들에 대한 부모의 투입(input)에 관한 연구에서 설명한 바와 같이(Brown and Belluge, 1964), 확장법을 청각장애 아동들에게 사용하도록 권장하여 왔다(Scroggs, 1975). 언어의 확장은 아동의 말(utterance)이 성인이 사용하는 형태의 말로 확장되어 갈 때 비로소 확장이 이루어지는 것이다. 예를 들어 아동이 'Me go.'라고 말하면 어른이 'Yes, You are going.'이라고 말한다. 앞에서 말한 바와 같이 Scroggs(1975)는 교사들이 확장법을 체계적으로 적용한 결과 청각장애 아동들의 구화적 의사소통과 비구화적 의사소통을 의의있게 증진시켰다고 하였다.

셋째로, 단순 설명법(simple expatiation)은 언어치료사가 아동의 말에 대하여 논평을 하는 것이다. 논평은 한 주제의 문장에만 국한되며, 낮은 수준의 통사적 의미적 요구를 만족시켜 나간다.

예를 들어 아동이 'Birdie fly'라는 말을 하면 언어치료사가 'Yes, the birdie is pretty too.'라고 말한다. 단순히 설명만 곁들인 확장은 'The birdie is pretty.'라는 논평과 함께 'Yes, the birdie is flying.'과 같이 하는 것이다. Cazden(1965)은 이 방법이 장애아 보육학교에 다니는 아동들의 언어발달을 도모하는데 효과적임을 발견하였다. 왜냐하면 이 방법은 아동들의 의사소통의 기회를 다양하게 확대시키며, 또한 아동의 말이 주고받는 의사소통의 초점이 되기 때문이다.

넷째로, 복합 설명법(complex expatiation)은 단순 설명법을 통사적으로 변화시킨 것이다. 의미적 측면을 설명하며 확대시켜 나가지만 다소 복합적인 구문에 국한된다. 복합 설명법은 언어발달의 단계가 다소 앞선 아동에게 사용하는 것에 대해서는 유보적이다. 즉 다양한 변형방법을 알고 있는 아동들은 이러한 변형법을 유창하게 사용할 수 있도록 하는 것이 필요하다.

다섯째는 선택적 모델 제시법(alternative model)으로써, Blank와 Soloman(1968)은 이 방법이 추상적 사고를 발달시키는데 효과적이라고 생각하였다.

구체적으로 말하면 언어치료사가 직·간접적으로 특정의 말에 깔려 있는 논리를 탐색한다. 그렇게 함으로써 화자가 언어의 논리력을 알게 되고 주어진 생각을 표현할 수 있는 여러가지 방법을 고려하게 된다. 예를 들어 아동이 'Daddy go.'라고 말하며 언어치료사가 'Yes, is daddy going? Why is daddy going?'이라고 대응한다. 이 방법의 중요한 특징은 질문형식을 사용하는 것인데, 이 방법에 대한 효과를 알아보기 위하여 연구를 시도한 사람들이 많이 있다. Turnure, Buium, Thurlow(1976)등은 교육 가능급 정신지체 아동들을 대상으로 하여 질문형식이 언어의 정교화에 대한 유인이 되는지 알아보기 위한 검사를 하였다. 이 검사결과를 살펴보면 질문형식의 자극을 받은 아동들의 언어가 비질문형식의 자극을 받은 아동들에 비해 더 세련된 것으로 나타났다. 또 질문형식은 비질문형식에 비해 아동들에게 의미적 분석을 더 많이 유발하였으므로 질문형식은 언어의 정교화를 위한 방법으로서 타당성이 입증되었다고 할 수 있다.

(2) 발달 이론에 기초한 언어지도 프로그램

언어발달 장애아동을 위한 프로그램은 아동언어에 대하여 설명한 원리에 기초를 둘 수도 있다. Leonard(1975)는 만약 아동들이 처음에 언어의 의미적 측면에 관한 정보를 정상적으로 획득하면 이것이 언어치료 프로그램 계획 시에 고려되어야 한다고 하였다. Colins-Ahgren(1974, 1975)과 Hess(1972)는 정상아동들이 그러하다면 청각장애아동들에게 있어서도 마찬가지이므로 청각장애아동들에게 치료적으로 적절한 경험을 제공하면 이들의 취학전 연령에서 언어학습 능력이 정상화된다는 사실을 발견하였다.

이상에서 살펴 본 바와 같이 청각장애아동의 언어지도는 청능훈련을 전제로 하여 다양한 접근법으로 언어지도를 실시 할 수 있다. 위에 설명한 언어지도 방법, 동향, 교육 동향들 중 어느 한가지만의 최선이라고 할 수 없으며 다양한 방법들 중에서 각 아동에게 가장 적절한 것을 조기에 실시하는 것이 가장 바람직할 것이다.

참고문헌

권도하(역). (2004). **언어병리학 개론**. 대구 : 한국언어치료학회.

김병하 (1973). 난청아의 교육. 특수교육연구소(편). **특수교육원리**. 대구 : 대구대학교 출판부.

김수진. (2000). 청각장애의 청능재활: 청각-구화법. 언어층능장애 연수회:2000. 한국언어청각임상학회

석동일, 이규식, 박상희, 신혜정, 박희정. (2003). **청각재활**. 대구 : 대구대학교출판부.

석동일, 이상희, 박상희, 김영미, 최영화. (2000). **청각과 언어재활**. 대구 : 한국언어치료학회

최성규. (2004). **장애아동의 언어지도**. 대구 : 한국언어치료학회.

Bennett, C. and Ling, D. (1973). Discrimination of the voiced-voiceless distinction by severely hearing-impaired children. *J. Aud. Res. 13,* 271-279.

Bochner, J. H. (1982). *English in the deaf population.* In: Sims.

Brown, R. (1973). *A First Language:* The Early Stages. Cambridge, MA: Harvard University Press.

Chomsky, N. (1957). *Syntactic Structures:* The Hague: Mouton.

Chomsky, N. (1965). *Aspects of the Theory of Syntax.* Cambridge, MA: MIT Press.

Chomsky, N. (1971). *Deep structure, surface structure and semantic interpretation.* In: Steinberg and Jakobovits.

Collins-Ahlgren, M. (1975). Language development of two deaf children. *Am. Ann. Deaf 120,* 524-539.

Lennerberg, E. H. (1967). *Biological Foundations of Language.* New York: Wiley.

Moore, D. F. (1987). *Educating the Deaf: Psychology, Principles and Practices,* 3rd Edn. Boston, MA: Houghton Mifflin.

Schlesinger, I. M. (1971). *The grammar of sign language and the problems of language universals.* In: Morton (1971).

Whitney, P. (1998). *The Psychology of Language.* 이승복, 한기선(역) 1999. 언어심리학. 서울 : 시그마프레스.

제 2 장

언어지도의 기초

청각장애아동은 듣기 학습의 어려움으로 인해 청각기능이 열악할 뿐만 아니라 조음기관의 기능저하 현상을 초래한다. 본 장에서는 음성언어의 수용과 표현에 관련되는 기초 이론과 기능을 중심으로 논의한다.

1. 음성언어의 수용

1) 감각훈련

(1) 언어지도에 있어서 감각훈련의 의미와 그 역할

소리가 들리지 않아서 사물에 이름이 있다는 사실조차 알지 못하는 청각장애유아에게 어떻게 말을 가르칠 수 있을까? 청각장애유아에게는 잔존청력과 더불어 눈을 사용하여 입의 움직임을 보고 말을 이해하도록 하기 때문에 지도 초기부터 입의 형태에는 의미가 있다는 것을 이해시키려 하고 입의 운동을 변별하도록 요구한다면 결코 바람직한 언어발달을 도모할 수 없을 것이다.

처음부터 입모양에 의미가 있다는 것을 바로 이해시키고 입모양의 변별을 요구하는 것은 심리적으로나 시각 변별력 발달상 무리한 일이므로 입모양에 의미가 있다는 것을 이해하는 능력과 시각적으로 변별할 수 있는 능력에 도달하도록 하기 위한 감각훈련이 필요하다. 감각훈련은 언어지도에 들어가는 발판으로서 언어 기초 훈련의 역할을 한다. 다시 말해서, 아동들이 언어의 세계에 쉽게 들어갈 수 있는 인지적 기초를 마련하는 단계라고 할 수 있다.

감각훈련은 시각과 촉각훈련을 중심으로 이루어지며, 그 외의 감각도 훈련시킨다. 이 훈련을 통하여 입모양이나 음성에 의미가 있다는 것을 알게 되고 입모양을 이해할 수 있게 되며, 나아가 스스로 입을 움직이고 소리를 내어 말을 하게 된다.

아동은 경험의 과정에서 모든 감각을 통해 사물의 의미나 인상을 개념으로 획득한다. 그리고 언어능력의 발달과 동시에 획득된 개념이 언어로 분화되여 간다. 따라서 청각장애아동에게 모든 감각을 바르고 선명하게 경험시키고 확실한 개념을 가지도록 하면 말의 분화에 아주 효과적이다. 감각훈련의 의의는 이것뿐만이 아니다. 아동의 정신 발달은 주위의 모든 인상을 시·청·촉·미·후각을 통하여 받아들임으로써 가능하다. 청각장애아동도 물론 예외는 아니다. 따라서 교육의 시기가 빠르면 빠를수록 교육 내용의 비중을 감각훈련에 두어야 한다.

아동은 보고, 접촉하고, 만지고, 조립하고, 분해하고, 분류하고, 정리하고 모방하면서 여러 가지를 시험해 본다. 그러므로 감각훈련은 놀이를 통하여 공부하는 학습 형태이다. 청각장애아동에게 있어서는 아동의 흥미를 끌고 아동 자신이 좋아서 스스로 활동할 수 있도록 돕는 것이 무엇보다 중요하다. 그렇게 함으로써 아동의 긴장을 덜어주고, 불안감을 없애주며 나아가 아동에게 만족감이나 성공감을 주는 동시에 성격의 발달을 도와주는 결과를 가져올 수 있기 때문이다.

그 뿐만 아니라, 언어가 전혀 없었던 청각장애아동으로서는 태어나서 처음으로 다른 사람과 의지와 감정의 소통을 맛보는 좋은 경험이라 할 수 있다. 또 감각훈련은 언어지도를 위한 것뿐만 아니라, 장차 아동에게 폭넓은 교육을 행하기 위한 기초가 되며, 부모와 아동, 교사와 아동간의 친밀감 형성을 위해서도 아주 효과적인 방법이다. 감각훈련은 청각장애아동의 발달에 기초가 될 뿐만 아니라, 개성의 발달에 도움을 주며 교육을 위한 기초가 되므로 청각장애유아의 교육에 필수불가결한 것이다.

(2) 감각훈련과 언어발생의 심리적 조건

감각훈련은 짝짓기활동으로 시작된다. 짝짓기는 특성이 같은 종류의 것끼리 분류하는 활동으로서 아동의 흥미나 관심이 많은 탈 것, 동물, 과일 등을 사용하여 '실물과 실물', ' 실물과 그림', '그림과 그림', '실물 그림과 구형, 음성' 등과 같은 방법으로 짝짓는다.

이와 같이 하는 이유는 언어의 자의성 때문이다. 아동에게 언어를 발생시키기 위한 기초로 무엇보다 상징 기능이 요구된다. 즉 아동이 말하는 사람의 입술에서 '엄마'라는 말을 보고 '엄마'라는 말을 인식하기 위해서는 아동의 생각 속에 '엄마'라는 발음이 나타내는 구형과 연합되어야 한다.

심상은 지금 여기에 존재하지 않는 모델을 생각 속에 떠오르게 하는 것으로서 모방 발달의 연장이라고 할 수 있다. 모방은 모델을 재현하는 행동이다. 모방은 생후 1개월경부터 4개월경에 나타나기 시작하여 4개월에서 8개월경이 되면 체계적이 된다. 8개월경까지는 모델의 행동과 자기의 반응을 직접 지각할 수 있는 경우에만 모방할 수 있다. 그러나 8개월에서 1년경이 되면 이미 해 본 경험은 있으나 자기가 본 적이 없는 운동을 모방할 수 있게 된다. 그리고 1년에서 1년 반경이 되면 자기의 경험 목록에 포함되어 있지 않는 운동까지도 모방할 수 있게 된다. 이 시기에 이르면 모방이 학습의 수단이 된다. 나아가 1년 반에서 2년경이 되면 현존하지 않는 모델을 재현할 수 있게 된다. 즉 모방이 내면화되어 생각 속에서 모방이 가능하다.

현재 그 자리에 없는 대상을 재현하는 행동을 지연 모방이라고 한다. 지연 모방이 가능해지면 그것은 심상이 생기는 증거가 된다. 이 심상에 구형이나 음성이 결부되면 언어가 없는 청각장애 유아에게 언어가 발생된다. 이상과 같이 볼 때, 상징 기능과 지연 모방이 이루어지면 언어 발생의 심리적 조건이 준비된 셈이다. 상징 기능에 의한 놀이가 상징 놀이이며, 지연 모방에 의한 상징 놀이가 곧 놀이이다. 최초의 상징 놀이는 자기 자신의 행동인 것처럼 꾸며 하는 행동으로서 먹는 시늉, 자는 시늉 등이다. 그 후 2개월쯤 지나면 인형을 아기처럼 취급 할 수 있게 된다. 이리하여 '흉내내며 노는 놀이'가 많아지게 된다. 건청아동의 경우 흉내내며 노는 놀이가 많아지는 1년 반에서 2년경에 언어가 급격히 발달하는 것은 그와 같은 마음의 작용에 의한 것이다.

청각장애아동에게 있어서 '허구 놀이'의 의미는 단순히 언어지도 장면을 만들기가 용이하다는 데 있는 것이 아니라 언어를 발달시키기 위해 필요한 마음의 작용을 풍성하게 하는 놀이라는 데 있다. 그런데 청각장애아동에게 지연 모방이 나타나면 언어가 없는 그들에게 상징 기능을 통하여 언어를 습득시켜야 한다. 앞에서 말한 바와 같이 감각훈련은 짝짓기부터 시작되는데 이것이 실물→모형(또는 사실적인 그림)→투영(또는 약화)→선화(線畵)→구형→음성의 순서로 진행된다. 이것은 유아의 상징 기능의 발달에다가 지도 단계의 초점을 맞춘 것이다.

이러한 사물의 짝짓기를 통하여 명사와 형용사가 발생하며, 동작의 짝짓기에서 동사와 부사가 발생한다. 따라서 감각훈련은 사물→동작→심상→언어의 결부를 보다 용이하게 하기 위한 것이다.

2) 청각에 의한 언어수용

(1) 청력도에 의한 예측

말을 이해하는 과정에는 여러 가지의 변인이 작용하기 때문에 청각장애아동의 언어수용력을 청력도만으로 예측한다면 약 30%는 오류를 범할 수 있다(Ling, 1989). 즉, 말에 수반된 맥락, 화자의 발음의 명료성 및 운율적 특성, 그리고 의사소통 환경의 거리, 소음, 상황 등이 영향을 미치기 때문이다. 그래서 청력검사에 의해 작성된 청력도는 아동의 청각 가능성을 말해주는 것보다는 그들이 무엇을 들을 수 없는지를 더 잘 말해주고 있다고 볼 수 있다.

또한, 일상적인 청력검사는 자극음이 순음이며, 음의 강도와 고저만을 알 수 있다는 것도 하나의 문제이다. 순음은 일정한 강도와 주파수 특성을 가지고 있으나 실제의 말소리는 대부분 복합음이며 강도와 크기는 계속 변화한다. 게다가 청력검사에서는 들을 수 있는 최소음을 측정하게 되지만 일상의 말은 이보다 훨씬 큰 소리이다.

청력도에 의한 예측 청력의 역동범위(dynamic range)를 알 수 없다는 것도 문제점이다. 이는 청각장애아동의 청능학습의 가능성, 보청기의 선택과 적응과정 등에 효과적인 정보를 제공하지 못하기 때문이다. 따라서 보다 실제적이고 간편한 청취검사가 필요하다.

(2) 음성언어의 요소와 주파수 범위

음성언어의 요소별 주파수 범위는 대부분 잘 알려져 있다. 일상회화에서 사용되는 음성언어의 요소를 주파수 대역으로 나누어 제시하면 표 2-1과 같다(Ling, 1989).

〈표 2-1〉 음성언어의 주파수대별 요소

125 Hz	대부분이 남성 음성의 F_0
250 Hz	대부분의 여성과 아동 음성의 F_0 성인 남성 음성의 낮은 배음 작은 콧소리(/m/, /n/, /ŋ/)의 F_1
500 Hz	대부분 유성음의 낮은 배음 대부분 모음의 F_1 후설모음과 결합된 파열음의 터짐소리 /l/과 /r/음의 F_1
1,000 Hz	대부분 유성음의 높은 배음 비자음의 F_2 후설 및 중설 모음의 F_2 대부분 파열음의 터진소리
2,000 Hz	대부분 모음의 낮은 배음 전설모음의 F_2 대부분의 파열음 및 파찰음의 터짐소리 마찰음의 시끄러운 터짐소리
4,000 Hz	대부분 모음의 높은 배음 대부분 모음의 F_3 파열음과 파찰음의 터짐소리 시끄러운 유성 및 무성 마찰음
8,000 Hz	마찰음과 파찰음의 시끄러운 터짐소리

위 표에 나타난 F 표시는 음형대(Formant) 표시이다. 어떤 음을 조음할 때 발성기관이 공명체 역할을 하게 되는데, 자기의 고유진동수에 일치하는 외부음에 대해서만 공명한다. 이때에 해당 진동수 근처에 소리에너지가 집중되어 음질이 구별된다. 진동수가 낮은 것부터 차례로 제1, 제2, 제3, ··· 음형대라 하고 F_1, F_2, F_3, ···으로 표기한다. 모음을 상호 식별토록 해주는 것은 제1, 제2 음형대만으로 족하며, 대개 제1음형대는 모음의 높낮이를, 제2음형대는 모음의 전후 위치를 식별하는 구실을 한다.

모음의 각 진동수를 제1, 제2음형대로 구별한 자료를 통해 알 수 있는 것은 조음할 때 혀의 위치가 높이 올라가는 고모음일수록 제1음형대가 낮고, 전설모음일수록 제2음형대가 높아지는 것을 알 수 있다.

표 2-1에 제시한 자료에서 보면 말소리 구성 요소의 강도는 주파수 대역에 따라 다르다는 것을 알 수 있다. 또한 이 자료는 청각장애아동의 발성·발어지도

에 필요한 여러 가지 음성 정보를 제공할 수 있다. 특히, 실제적인 대화 상황에서 나타날 수 있는 음성 요소들을 주파수 대역으로 나누어 제시하고 있어서 아동의 언어표현과 수용을 분석적으로 평가하는 데 도움을 줄 수 있다. 예를 들어 아동의 말에 비음성이 나타나면 낮은 주파수 대역의 소리를 들을 수 없다는 것이 예측 가능하고, 마찰음과 같은 고주파음을 들을 수 있다면 음색의 구별과 관련된 공명음의 F_3도 들을 수 있다는 것이 예측 가능하다.

(3) 5개음 검사

청각장애아동이 어떤 특정 음을 발음할 수 없거나 다른 음으로 왜곡 또는 대치하여 발음하는 것은 그 음을 듣지 못하는 것이 제1차적인 원인이다. 따라서 발성·발화지도의 시작은 청취력의 평가로부터 시작되어야 한다. Ling(1989)이 제시한 5개음 검사는 청취력 평가를 위해 유용하다.

① 검사의 구성

이 검사는 약 1.8m의 거리에서 대화할 때 나타나는 말소리의 중요한 요소를 그 음의 개략적인 강도에 따라 주파수 대역별로 청력도에 표시한 것이다.

선정된 말소리는 ee[i], oo[u], ah[a], sh[ʃ], ss[s]의 5개음이다. 이를 청력도에 표시한 것은 [그림 2-1]과 같다. 청력도에 나타나 있는 바와 같이 자극음의 분포는 약 200Hz부터 6,000Hz까지, 그리고 30dB~60dB의 범위 안에 놓여 있다. 이 영역을 CLEAR(Conversational Level Elements in the Acoustic Range)라 하며, 일명 말소리 바나나(speech banana)라고도 한다.

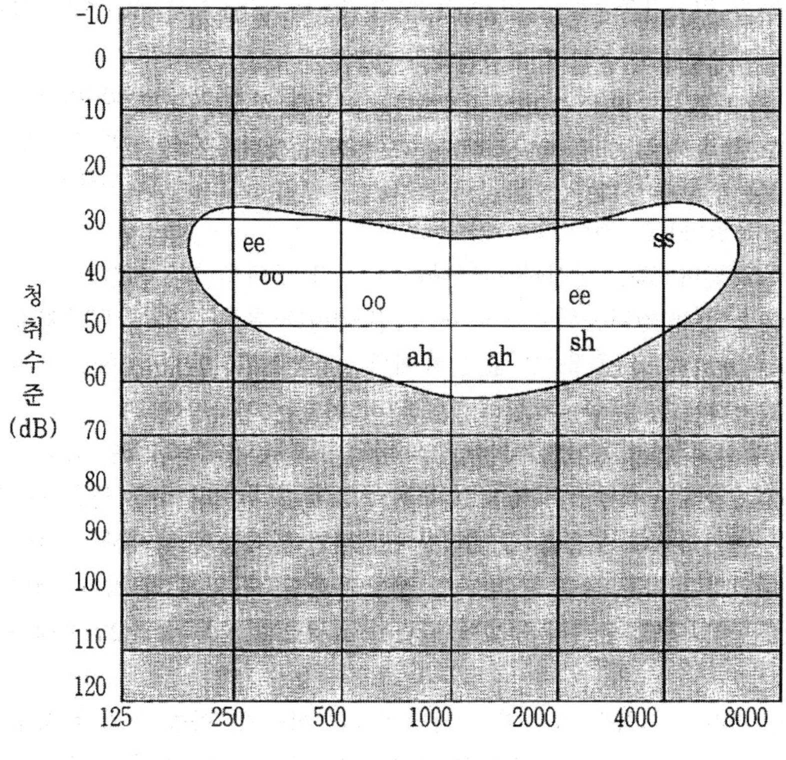

[그림 2-1] 5개음의 강도와 주파수

일상회화 시 말소리 요소는 대체적으로 이 그림의 바나나 모양 안에 포함될 수 있으며, ee[i], oo[u], ah[a]음의 제1음형대와 제2음형대도 이 영역 안에 포함될 수 있다.

② 검사의 활용

이 검사는 발성, 발화지도를 시작하기 전에 아동의 청취력을 평가하는 데 유용하게 사용될 수 있다. 교사는 아동에게 반응하는 방법을 알려주고(예를 들어, 박수를 치거나, 들은 소리를 모방하게 함), 자극음의 제시 방향(앞, 뒤, 옆), 제시 거리, 강도 수준을 달리하여 제시하고 그에 따른 반응을 평가한다.

자극음의 제시 방향을 달리하는 것은 검사의 신뢰성을 높이고 잘 들리는 귀를 알 수 있게 하며, 제시 거리를 달리하는 것은 음원과의 거리가 어느 정도일 때 들을 수 있는가를 알 수 있게 할 뿐만 아니라 자극음을 강조하여 강하게 들려주기 위해서도 필요하다.

보편적인 청취환경이라면 음원과의 거리를 ½로 줄이면 약 6dB의 음향이득을 얻을 수 있다. 또한 자극을 강조하여 제시했을 때와 작은 소리로 제시했을 때의 차이는 대략 12dB정도이다. 따라서 다양한 제시 조건에서 검사하여 아동의 청취 수준을 알아보는 것이 효과적이다.

5개음은 의미 있는 단서가 나타나는 각각의 주파수 대역에서 대표적인 것이다. 그래서 만약 청력손실도가 높아서 [i]나 [u]를 들을 수 없다면 300Hz 주변에서 나타나는 비음도 들을 수 없을 것이다. 또한 [ʃ]를 듣지 못하는 아동은 /i/모음의 제2음형대도 듣지 못한다.

이 검사는 선정된 5개음 이외에 또 다른 음을 추가하여 할 수 있다. 감음신경성의 최고도 이상의 청각장애아동은 주로 저주파수대의 음을 들을 수 있을 가능성이 많다. 그래서 250Hz대의 검사에 /m/을 추가하여 검사하는 것이 도움이 될 수 있다. 그러나 /u/를 대신하여 /ɔ/를 제시하는 것은 좋지 않다. 왜냐하면 /ɔ/의 제1음형대 주파수는 /u/보다 훨씬 높은 500Hz 이상이며, 제2음형대 주파수와의 차이도 다르기 때문이다.

5개음 검사는 아동의 보청기가 알맞게 기능하는지, 아동의 청각 특성에 적합한지를 신속하게 조사하는 데에도 유용하다. 예를 들면, 아동이 감기에 걸리거나 중이의 감염, 기타의 알레르기 증상을 보일 때에는 건강할 때보다 검사결과가 좋지 않을 것이다. 이 검사의 활용은 아동의 청력손실도가 일반적으로 250Hz: 80dB, 500Hz: 100dB, 1000Hz: 110dB, 2000Hz: 115dB, 4000Hz: 85dB 정도를 넘지 않을 경우에 가능하다. 이 범위 안의 청력손실도를 가진 아동이 적절한 보청기를 착용한다면 앞에 제시한 의미 있는 말소리의 구성요소를 탐지하고 변별할 수 있으나, 그 이상이면 청각에 의한 언어 수용에 어려움이 예상되기 때문이다. 따라서 이 검사는 청각에 의한 언어수용이 가능한 아동에게 임상적으로 적용하는 것이 바람직하다.

③ 5개음 검사의 활용 예

A아동의 청력검사 결과는 [그림 2-2]와 같다. 청력도에 ∧-∧로 표시된 것은 보청기를 착용한 상태에서의 청력역치이며, 청력도 'b'는 보청기의 재적합과 아동의 청각 특성에 맞는 새 이어몰드로 교체한 후의 검사 결과이다.

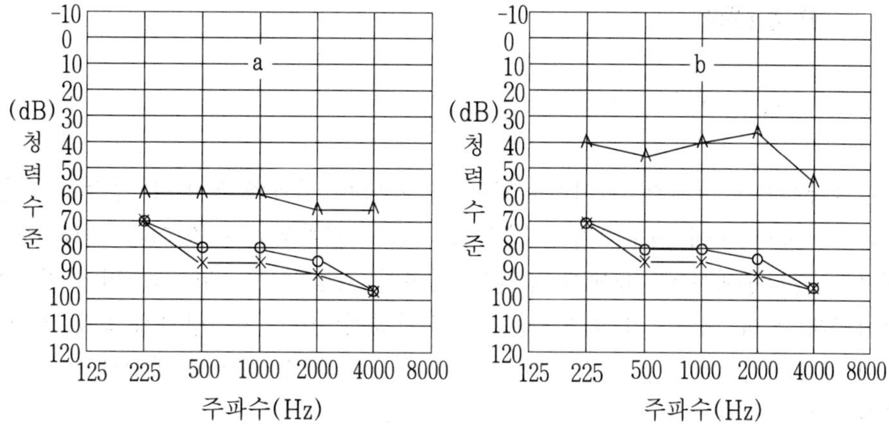

[그림 2-2] A아동의 청력도(a:보청기 조정 전, b:보청기 조정 후)

청력도에 의한 예측: 아동의 청력역치는 250Hz에서 가장 좋으며(70dB), 4000Hz에서 가장 나쁘다(95dB). 아동은 일반적으로 저주파역에서의 청취는 가능하나 고주파역에서의 청취는 불가능할 것으로 판단된다. 그런데 보청기를 착용한 상태의 청력역치는 크게 개선되지 않았다. 보청기의 평균적인 음향이득에 비추어 보더라도 너무 작은 증폭으로 보인다.

5개음 검사에 의한 예측: 이 아동의 청력은 1000Hz에서만 어음역 안에 들어가 있어서 5개음 검사의 /a/음만을 들을 수 있으며, /s/음의 청취는 곤란할 것이라는 점과 2000Hz에서의 음향이득이 너무 많다는 것을 알 수 있다.

5개음 검사: 실제의 검사 결과는 앞에서 예측한 것과 거의 동일하였다.

발성・발화지도를 위한 조치: 아동의 청각특성에 맞게 보청기를 재조정한다. 특히 2000Hz의 음향이득을 기술적으로 가능하다면 10dB정도 낮춘다.

4000Hz에서의 보청역치는 약 55dB이므로 마찰음 /s/를 들을 수 없다. 따라서 /s/음을 듣게 하려면 적어도 10~20dB의 이득이 더 필요하다. 보청기의 증폭이 더 이상 곤란하다면 음원을 가까이 하여 큰소리로 말해준다. 그러나 이렇게 함으로써 반드시 충분히 들을 수 있다는 것은 아니다. 만약 듣지 못한다면 /s/음을 시각 및 촉각을 활용하여 지도하는 것이 효과적이다.

(4) 청능훈련

① 청능훈련의 의의

청각장애아동 교육에 있어서 구화법의 개념은 독화와 발어에 청각을 이용하거나 그 협력 하에 이루어지는 것으로 개념이 전환되었다. 언어가 원래 청각적이므로 청각장애아동교육에서 청각의 협력이 가장 어렵다고 생각되어 온 것이 사실인데 음의 피드백이 가능하게 된 청각장애인이 많이 생기게 되었고, 비록 음의 피드백이 되지 않더라도 언어의 이해나 독화 및 발어의 발달에 큰 도움을 주고 있다.

청능훈련은 듣고 변별하는 능력을 기르고 지각한 음을 해석하고 판단하는 능력을 기르며, 청각장애아동의 언어 발달을 보다 효과적으로 진행시킴과 동시에 생활과 교육의 전 영역에 걸쳐 보청기 착용에 의한 청각 활용이 이루어질 수 있도록 교육적으로 배려하고, 환경음에 적응할 수 있도록 아동의 전반적 발달 과정 속에서 이루어져야 한다.

따라서 청능훈련의 목표는 첫째, 음을 지각하고 음에는 의미가 있다는 것을 알도록 하기, 둘째, 보청기 착용에 익숙하도록 하기, 셋째, 청각 자극에 유의하는 습관을 길러 청취능력을 발달시키기, 넷째, 발성·발어 및 언어의 보다 나은 발달 도모하기, 다섯째, 환경 속의 음들을 이해하고 환경과의 연합이 잘 이루어지도록 하기, 여섯째, 정서의 안정과 사회성의 발달 도모하기, 일곱째, 음의 세계에 적응하기, 여덟째, 전반적 언어 발달에 도움 제공하기로 요약할 수 있다.

② 청각기능의 심리적 측면

청각기능의 심리적 측면은 일반적으로 다음과 같은 세 가지 수준으로 나누어 설명된다.

첫째, 원초적 수준

이것은 생물학적으로 가장 기본적인 청각의 작용이며, 일상생활의 모든 청각적 배경으로서의 기능을 하게 된다. 이 수준에서의 시계가 째깍째깍 거리는 소리, 멀리서 오는 교통 소음, 가족들이 다른 방에서 움직이며 돌아가고 있는 분위기 등을 의식적으로 들으려 하지 않더라도 청각으로 느낄 수 있다. 이러한 환경 소음을 느끼고 인식함으로써 우리들이 이 세계에 살고 있다는 것을 실감한다. 갑자기 청각을 잃어 환경음을 듣지 못하게 된 사람은 세계가 죽은 것 같은 감정에 사로잡힐 수 있다.

중도 실청자는 자기가 어째서 이유를 알 수 없는 기분에 빠지는지 이해하지 못한다. 자기의 성격적 결함 때문이 아닌가 하고 생각하기도 한다. 이것은 바로 원초적 수준의 청각기능의 결여가 이와 같은 감정 상태에 이르게 한다는 것을 설명해 주지 않았기 때문에 일어나는 현상이다. 보청기를 착용시켜 외부 세계의 소리를 들을 수 있게 되면 비록 명료한 말이나 언어음의 특징을 지각하지 못하더라도 이 원초적 수준의 청각적 보상이 달성된다.

둘째, 신호적, 경보적 수준

이 수준의 소리 또한 우리들이 일상생활에서 끊임없이 접하는 사상(events)의 직접적인 기호(sign)나 신호(signal)의 역할을 한다. 우리들은 '벌'이라는 말(실제의 벌, 그것의 상징)을 듣고 놀라서 펄쩍 뛰는 것이 아니라 성난 벌의 날개 소리를 듣고 펄쩍 뛰어오른다. 이러한 청각적 기능을 신호적·경보적 수준이라고 하는데 생물학적 적응이나 습관의 형성에 매우 중요한 역할을 한다.

이 수준에서는 소리가 기호나 신호로 청취된다. 이것에 의하여 선풍기가 돌아가고 있다든가, 식기를 씻고 있다든가, 누가 계단을 오르고 있다는 등 여러 가지 사상의 작용을 지각하고 인지할 수 있다. 더 나아가 이 수준에 의하여 직접 시야에 들어오지 않고 접근해 오는 사상의 경보를 알아차릴 수 있다.

청각장애인은 이와 같은 청각적, 미적 경험이 극히 제한된다. 그러나 이 수준의 청각적 보상이 원초적 수준의 보상에 비해 비교적 용이하다. 이 실용적 수준의 장애는 근본적인 정서적 불안을 그다지 많이 일으키지 않는다.

셋째, 상징적 수준

사회적 측면에서 보면 청각은 언어의 이해를 위해 사용된다. 말은 주변의 사물, 사상 또는 제반 활동의 상징이다. '나무'라는 말은 정원에 서 있는 나무를 상징한다. 말은 상징적이기 때문에 이 청각적인 작용을 상징적 수준이라고 한다. 언어음의 조합에 의하여 우리들은 직접 눈앞에 존재하지 않는 물건, 또는 추상적인 관념까지 표현할 수 있다. 음성언어의 사용에 의하여 우리들이 상호 주고받는 영향의 범위가 극히 확대되고 다양해진다. 청각의 상징적, 언어 기호적 기능은 첫째, 경험의 내용 및 정도에 상응하는 언어를 매개로 하여 복잡한 경험을 상호 전달한다. 둘째, 언어에 의한 문법적, 구문적, 논리적 틀로써 사고를 명료하게 하고 구조화시킨다. 셋째, 부모나 사회로부터 언어에 의한 사회적 금지나 용인을 받음으로써 사회적 규범을 몸에 익히게 한다.

③ 청각적 반응행동의 분화

아동이 생후 2~3 개월이 되면 이미 자기가 발성하는 고함 소리나 그 외의 소리를 지각하며 발성이나 조음행동에 변화를 주는 피드백 회로를 형성한다. 3 개월이 되면 순환적으로 반복하는 옹알이를 시작한다. 이와 같이 신생아나 유아의 청각적인 반응행동을 상세히 관찰해 보면 청각기능의 분화가 놀랄 정도로 빨리 이루어짐을 알 수 있다. 신생아들은 성인이 겨우 들을 수 있을 정도의 소리를 듣고 그 소리에 대해 어떤 형식의 반응행동을 일으킬 수 있다. 이와 함께 칭얼거리고 있는 신생아가 낮은 소리를 듣고는 온순하게 되고 높은 음에 대해서는 고통을 느껴 일종의 움츠리는 반응을 일으키기도 한다.

신생아의 청각적 반응은 선택적이어서 주의를 끌어 반응을 증대시키는 자극에 대하여 극히 좋은 반응을 일으키게 되는 미분화된 단계에 머무르고 있다. 그러나 3~4개월이 되면 환경에 대한 적극적인 활동과 경험에 의해 다음과 같은 반응의 분화를 나타낸다.

- 환경 소음 속에서 어머니와 가까이 지내는 한 사람의 음성을 들을 수 있다.
- 어머니가 조용하게 말을 걸 때 방긋 웃는 표정을 짓는다.
- 어머니와 그 외 다른 사람의 음성을 듣고 변별한다.
- 다른 아기의 음성을 들으면 움직임이 활발해진다.
- 식기의 소리와 함께 식기가 보이면 식사를 기대하는 징조가 나타난다.
- 음원 쪽으로 몸 전체와 머리를 돌리려고 애쓴다.
- 배가 고파 울고 있을 때나 그와 비슷한 상황에서 어머니가 조용하게 부르는 소리나 우유병 소리를 듣고 울음을 멈춘다.

④ 청능 발달의 보상

첫째, 청능 발달의 유지

청능 발달을 유지하는 청각의 작용이 현저하게 제한되어 있는 고도 및 최고도 청각장애아동들은 주위의 여러 음향 자극 가운데 필요한 정보 요소를 검출하고 식별하는 것이 곤란하다. 그리고 더 치명적인 것은 언어음을 만들어내는 언어 음성에 부과된 음향적·음성학적 제약을 유효하게 이용하는 '음성의 생산과 듣기'라는 청각·음성 피드백의 확립과 음성언어를 사용하는 교신행동의 형성이 극히 곤란한 상태에 놓여 있다는 것이다. 그러나 어떤 양식으로든 교신행동의 관계가 한 번 성립되고 나면 극히 제한되어 있는 청각계라 할지라도 정보의 전달과 처리를 제법 기대할 수 있다. 이 기대치는 유아기에 청각 활용이 충분히 이루어질 때 증대된다.

청각장애유아는 비음성언어적인 상징체계를 획득하고, 그것을 매개로 하여 자성적 저단위 언어 행동으로부터 구성적 고단위 행동으로의 변환이 가능하게 된다. 상징행동의 대표적인 행동은 사물, 사상과 연관이 있는 특징을 추출하고 연관이 없는 특징을 제외하는 데 필요한 조작을 필요한 순서와 올바른 방향으로 행하고, 주어진 정보를 적절히 처리해 나가는 인지 기능의 발달을 유지하는 것을 들 수 있다. 즉, 궁극적으로 제한된 청각을 활용하고 이미 기술한 청각의 상징 기능을 제고하기 위해서는 그것을 보충하기에 충분한 규칙이나 체계의 획득이 모두 이루어져야 할 필요가 있다.

둘째, 고도 청각장애아동의 청각기능의 활용

고도 청각장애아동에게 여러 가지 음 자극을 물리적으로 많이 제공하는 것만으로는 청각-운동행동의 학습이 만족스럽게 이루어지지 않는다. 그래서 보청기나 인공와우를 통해 내이-청각, 중추-청각, 피질-연합 중추에 물리적, 생리적 자극의 양을 증대시키고 앞에서 설명한 청각 기능의 원초적 단계와 신호적, 경보적 단계의 기능을 높이는 것이 중요하다. 청각장애영아의 청각 활용은 0~1세의 시기가 듣기 준비기이므로 부모와 자녀를 보청 환경에 두기 시작한다. 보청 환경에는 보청기 착용 지도와 어머니의 지도가 포함된다. 어머니의 지도는 의도적인 지도법을 사용할 가능성이 높은 측면들을 어머니 본래의 양육 태도나 육아 행동으로 변환시키고, 장애를 진정으로 수용하고 정서적 안정을 취하도록 돕는 것이다. 또한 고도 청각장애아동은 [그림 2-3]과 같이 정보의 수용 가능성이 건청아동에 비해 현저하게 제한되기 때문에 촉·진동감각을 보조로 하고 시각과의 상호보완 관계를 형성하여 음성언어의 운율적 자질이나 음절적 자질의 파악이나 의미의 이해에 있어서 음성 언어에 부과되어 있는 규칙성을 유효하게 이용해 나갈 필요가 있다.

고도 청각장애아동의 음에 대한 민감도, 청각적 변별능력, 청각적 기억을 증진시키는 개별지도 프로그램은 다음과 같은 프로그램과 병행하여 실시할 필요가 있다.

㉠ 청각장애아동에게 보다 적합한 상징 기능을 구조화시키는 기회, 즉 비음성 언어적인 개념학습의 기회를 많이 제공한다.

㉡ 가정이나 지역 사회(유치원, 보육원 활동 표함)에서 건청아동과의 공유 경험을 많이 가지도록 하고, 언어 행동을 포함하여 전체적인 행동의 발달을 촉진하기 위한 보육 활동을 제공한다.

청각장애아동의 청능훈련은 대상 아동의 발달 단계를 신중히 검토하여 그기에 기초하여 구조화된 순서를 정확히 준비해야 한다. 아동의 발달 단계에 맞게 대응하지 않는 청능훈련 또는 언어지도는 비록 0~1세 사이에 시작되더라도 언어 행동의 발달에 정적 효과를 가져오지 못할 뿐 아니라 아동의 전체적인 행동 발달에 부적절한 영향을 미칠 수 있다.

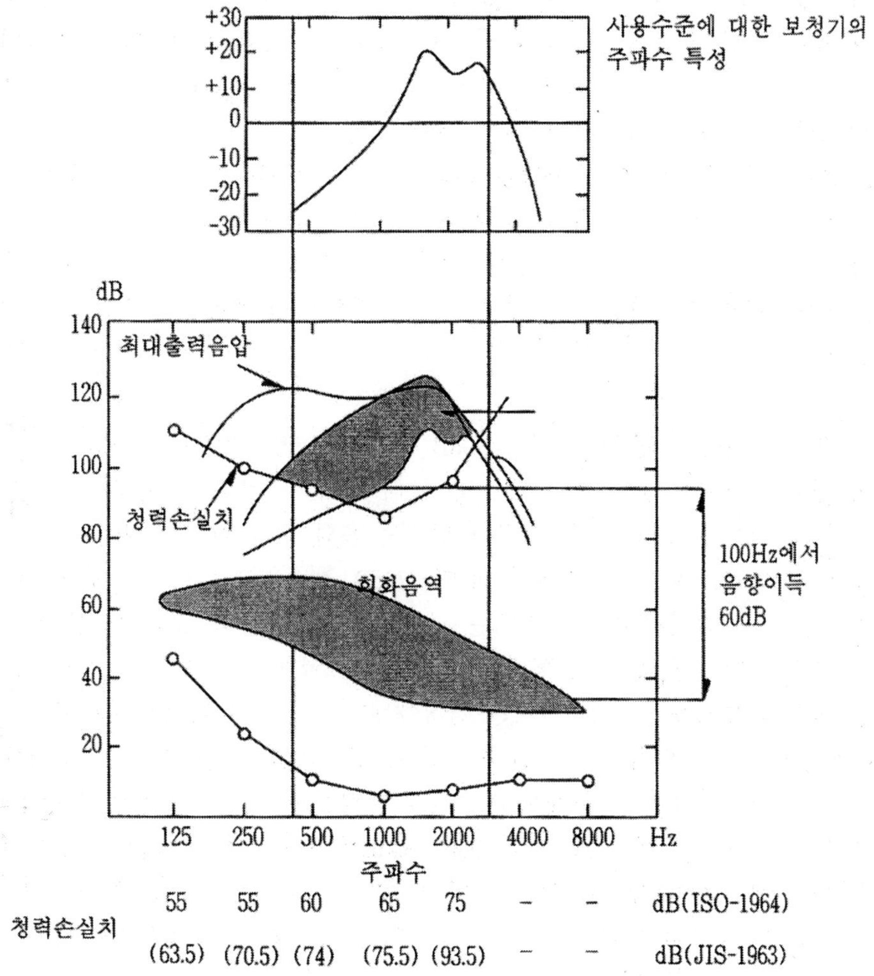

[그림 2-3] 통상회화 음역과 보청 고도 청각장애아동의 가청 회화 음역

⑤ 청력과 언어지도

청각장애 발견 즉시 다음과 같은 일반적 지도 과정이 실시된다.

- 감각훈련을 시작한다.
- 청능훈련을 시작하고 시 · 청 · 촉각의 협력 하에 언어를 습득시킨다.
- 발성 · 발어가 가능한 말부터 청각만 사용하여 변별하도록 하거나 듣고 말하게 한다.

이상의 지도 과정을 원칙으로 지도해 나가되, 아동의 언어 발달, 또는 언어 및 발음에 대한 청력의 작용 정도를 관찰하면서 다음과 같이 집단별로 분류한다.

A 집단: 청각을 중심으로 말을 습득한다.

B 집단: 청각을 중심으로 시각과 촉각 통합적 접근을 통해 말을 습득한다.

C 집단: 시각과 청각을 동시에 사용하고 촉각을 보조적으로 이용하여 말을 습득한다.

D 집단: 시각과 촉각을 중심으로 하여 청각을 보조적으로 이용하여 말을 습득한다.

A 집단의 아동은 청력손실치가 50dB 이하로서 정상적이거나 정상에 가까운 언어 발달이 이루어진다. 자음과 모음의 대부분을 귀로 듣기만 하여도 그대로 발음할 수 있으며 조음에 어려움을 나타내는 음의 수가 매우 적다.

B 집단의 아동은 청력손실치가 50dB~70dB 전후로서 말이나 조음발달에 지체가 확연히 나타나며, 2~3세경에는 의도적인 청능훈련과 조음지도를 하지 않더라도 몇 마디 이상의 말을 청각을 통해 자연스럽게 습득한다. 자연 상태로 두어도 발음의 명료도가 4세경까지는 건청아동과 거의 차이가 없으나, 문장은 낱말 또는 낱말을 나열하는 정도에 불과하다. 청능훈련과 언어지도를 의도적으로 실시하면 말의 수가 급격히 불어나고 필요에 의해 보청기를 스스로 착용한다.

C 집단의 아동은 청력손실치가 70dB~85dB 전후로서 음에 대한 반응이 비교적 분명하지만 자연 상태로 두면 말이 생성되지 않는다. 목소리의 질은 명료하지만 무의미 음의 변별이 곤란하다. 보청기는 청능훈련이 진행됨에 따라 점차 적극적으로 착용하게 된다.

D 집단은 청력손실치가 90dB 이상으로서 음에 대한 반응이 나타나지 않는 경우가 많고 청능훈련을 하더라도 A, B, C 집단의 아동만큼 효과를 거두기가 대체로 어렵다.

그러나, D 집단의 아동도 훈련에 미치는 여러 가지 변인에 따라 다른 집단에 못지않은 성과가 나타나는 경우가 많이 있다. 따라서 청능훈련에 대한 효과를 단순히 잔존청력의 수준에 따라 수량적으로 판단해서는 안된다. 아동의 특성에 맞는 보청기의 착용과 적절한 지도가 이루어지면 잔존청력의 수준에 관계없이 청각 활용의 가능성이 높아진다.

앞에서 말한 바와 같이 이러한 구분은 편이에 의해 물리적 수치를 기초로 한 것이기 때문에 실제에 있어서는 많은 차이가 있다는 것을 염두에 두어야 할 뿐 아니라 청각교육의 여건만 충실히 갖추어진다면 이러한 구분이 전혀 필요 없이 모든 아동을 순수하게 청각에만 의존하여 교육할 수 있다는 가설까지 세워볼 수도 있다.

⑥ 청능훈련의 지도내용

청능훈련의 지도내용을 단계별 조목별로 열거하여 순서대로 지도하는 데 대하여 반론의 여지가 없는 것은 아니지만 지도내용에 대한 이해를 돕기 위하여 단계별 지도내용을 열거하면 다음과 같다.

1단계: 음을 지각하고 보청기를 즐겨 착용하기

a. 자연음에 주의를 기울인다.
b. 증폭음에 주의를 기울인다.
c. 환경음에 주의를 기울인다.
d. 보청기 착용을 즐겨한다.
  · 음량이 적고 조용한 곳에서 착용한다.
  · 처음에는 짧은 시간, 점차 긴 시간 동안 착용한다.
  · 공부를 하거나 TV를 보는 것 등의 특정 시간에 착용한다.
  · 항상 착용한다.
e. 음의 유무를 구별한다.
f. 음의 차이를 구별한다.

2 단계: 소리나 말을 듣고 구별하기

a. 1단계의 청능훈련 수준을 완벽하게 발전시켜나간다.
b. 의성어와 의태어를 구별한다.
c. 음악을 즐겨 듣고 음의 내성을 기른다.
d. 악기음으로 소리의 강약, 대소, 장단, 단속, 리듬, 고저를 구별한다.
e. 낱말을 듣고 음성을 구별한다.
  · 목소리의 유무를 식별한다.
  · 큰 목소리와 작은 목소리를 구별한다.
  · 이미 습득한 음절의 수와 다른 낱말을 구별한다.

· 높은 목소리와 낮은 목소리를 구별한다.
· 남자와 여자의 목소리를 구별한다.
· 낱말을 귀로만 듣고 구별한다.
· 다른 감각과 통합적으로 듣기를 한다.

3 단계: 말의 리듬을 익히고 보청기에 익숙해지기

a. 2단계의 청능훈련 수준을 완벽하게 발전시켜나간다.
b. 문장을 듣고 강세와 억양, 말의 의도, 분위기 등을 구별할 수 있다.
c. 노래를 듣거나 부른다.
d. 보청기 사용에 숙달된다.

⑦ 청능훈련 상의 유의점

a. 청각장애가 발견되는 즉시 실시한다.
b. 청능훈련은 특정 시간뿐만 아니라 생활 전반을 통하여 행한다.
c. 훈련의 성과를 너무 성급하게 기대해서는 안된다.
d. 아동이 예기치 못한 큰 소리를 갑작스레 들려주지 않도록 주의한다.
e. 아동의 청력의 질과 정도 및 장애의 상태에 맞추어 훈련한다.
f. 귀에 맞는 보청기를 착용하고 처음에는 볼륨을 작게 하여 시작한다.
g. 아동에게 가장 쾌적하고 잘 들을 수 있는 음량을 확인하여 들려준다.
h. 아동의 듣기능력 발달 수준에 맞도록 지도내용을 재구성하여 지도하여야 한다.
i. 잔존 청력 정도에 관계없이 조기에 정상적인 훈련을 받으면 듣고 변별할 수 있는 능력이 발달할 수 있다.

2. 음성언어의 표현

1) 호흡훈련

호흡연습이라든가 호흡훈련에 있어서의 호흡은 눈에 보이거나 들리지 않는다.

물리적으로 말하면 공기의 유동이다. 말이라는 것은 호기에 소리가 실려 있는 모양이다. 소리의 기본이 되지 않는 호흡훈련은 여러 가지 문제를 나타낼 수 있다. 일상회화에 직결된 호흡훈련이 중요하며 이것이 호흡훈련의 목적이 되어야 한다.

(1) 호흡의 유형

회화에 있어서 바르고 명료하고 유창한 말이란 흡기, 호기가 정확하게 이루어지고 경제적으로 사용되고 있기 때문이다. 청각장애아동의 경우에 말이 불분명하고, 알아듣기 어려운 가장 큰 요인은 말에 수반된 호흡의 안정성이 떨어지고 조화를 이루지 못하는 데 있다. 회화의 원동력은 호흡, 특히 호기에 있다. 호흡에는 (1)견식호흡, (2)흉식호흡, (3)복식호흡의 세 가지 유형이 있다.

복식호흡은 세 가지의 호흡법 중, 가장 강하고 깊은 호흡으로서 아동이 복식으로 호흡을 하고 있는지를 확인하기 위해서는 누운 상태에서 가슴이나 배의 상하가 운동을 보면 된다. 성인은 평상시에 대개 1분에 36번 호흡을 하는데, 호흡은 그때의 신체사정이나 운동, 또한 심리상태 등이 영향을 미친다. 호흡은 ① 숨을 입으로 들이쉬고 입으로 내쉬기, ② 숨을 입으로 들이쉬고 코로 내쉬기, ③ 숨을 코로 들이쉬고 입으로 내쉬기, ④ 숨을 코로 들이쉬고 코로 내쉬기의 네 가지 종류가 있다.

그러나, 회화 시에는 입과 코 동시에 숨을 들이쉬고 입으로 내쉬기, 입과 코 동시에 숨을 들이쉬고 코로 내쉬는 호흡을 자주 사용한다. 일반적으로 호흡의 통로에 따른 호흡연습에 있어서 호기의 장단, 강약, 완급, 단속 연습을 여러 가지로 결합시켜서 연습하는 것이 중요하다. 내쉬는 숨, 즉 호기에 관해서는 전술한 바와 같이 숨을 내쉴 때 도중에 스타카토(휴지)를 넣어 급히 들이쉬어 급히 내쉬기, 천천히 내쉬기도 한다. 회화에서 가장 많이 사용되는 호기의 연습을 위해서 ①급히 들이쉬고 중도에 한 번 스타카토를 넣어 천천히 내쉬기, ②급히 들이쉬고 중도에 두 번 스타카토를 넣어 천천히 내쉬기, ③급히 들이쉬고 중도에 세 번 스타카토를 넣어 천천히 내쉬기를 주로 한다.

(2) 호흡훈련

밝고 정확한 발어를 위해서는 충분한 호흡훈련이 전제되어야 한다. 청각장애아동의 경우 발어 시에 필요 이상의 숨쉬기를 하거나 긴장된 소리나 중단된 소리를 내는 경우가 많다. 짧은 말(일음절이나 이음절의 말)에서도 마지막 음절은 숨이 부족하여 소리가 차차 소실되거나 한 단어 중 어두의 음에 특히 많은 숨을 사용하는 경향이 적지 않다.

호흡훈련은 호기 및 흡기의 연습이지만 중요한 것은 호기이므로 호흡연습을 많이 해야 한다. 청각장애아동의 호흡훈련은 가시적 훈련이 되어야 한다. 그렇지 않을 경우 지도내용을 오해하여 오류를 범하기 쉽다. 따라서, 호흡훈련을 위해 검식기, 종이조각, 셀로판 등의 간단한 도구를 사용하여 시각, 촉각을 통하여 하는 것이 중요하다.

① 누운 상태에서의 호흡 기초훈련

아동을 마루 위에 조용하게 눕히는 경우, 흉부가 움직이고 있는 흉식호흡과 복부와 흉부가 동시에 움직이고 있는 복식호흡을 생각할 수 있다. 흉식호흡에 이어 복식호흡을 모방하도록 하기 위해 지도자의 복부의 움직임에 주의를 주고, 가는 깃털과 같은 것을 비공에 갖다 대어서 부드럽게 호흡을 하여 숨이 길게 나오도록 연습을 계속하여 복식호흡을 하도록 유도한다.

심호흡을 시키기 위해서는 먼저 어깨에 힘을 주어 될 수 있는 한 천천히 내쉬는 것이 좋다. 이때 과장됨이 없는 자연스런 구형에서 지도해야 한다.

② 폐활량 늘이기

화살불기, 풍선불기 등을 통해 폐활량을 늘일 수 있다. 이러한 놀이도구를 이용한 호흡훈련은 초기에는 아동의 능력에 맞게 단순히 화살을 멀리 불거나 작은 종이풍선을 부는 등의 활동을 하다가 차츰 목표물 맞히기를 한다거나 고무풍선을 부는 등의 활동으로 발전시켜나간다.

③ 호기의 지속, 장단, 강약 등 기식의 조정

하모니카와 같은 부는 악기를 가지고 단지 「푸푸」하고 부는 것만으로도 이러한 연습의 효과를 거둘 수 있으며, 달리기를 하거나 교실 내를 일렬로 도는 활동을 통해 폐활량을 늘인다.

④ 길고 부드럽게 내쉬기

숨을 길고 부드럽게 내쉬는 것은 회화에 있어 매우 중요하다. 비누방울 불기는 이러한 호흡훈련을 위한 대표적인 훈련 방법 중의 하나이다. 처음에는 자유롭게 불도록 하며, 비누방울 불기가 어느 정도 가능하게 되면, 관의 크기를 조절하여 큰 비누방울 만들기를 한다. 큰 비누방울을 만들려면 숨을 깊게 들이쉬어 차츰 서서히 내쉬지 않으면 안 된다는 것을 이해하게 한다.

이외에도 호기를 조절하여 공을 공중에 높게 또는 낮게 뜨게 하거나 공중에서 정지시키는 등의 여러 가지 재미있는 놀이를 할 수 있는 호루룩 불기도 매우 좋은 훈련 도구이다.

⑤ 음절을 이용한 호흡훈련

거울 앞에 아동과 교사가 같이 서서 부드러운 깃털 두 개를 준비하여 하나는 비공에, 다른 하나는 입술에 갖다 대고 「우」 구형에서 숨을 가볍게 코(입)로 들이쉬고 입(코)으로 내쉬는 호흡연습을 한다.

이와 함께 붉은 셀로판(폭 5cm, 길이 15cm가량의 장방형으로 절단된 것)으로 가늘고 긴 자루를 만든다. 이 자루의 앞부분을 입 속에 넣어서 숨을 들이쉬고 내쉬고 한다. 이 셀로판의 가늘고 긴 자루는 「우」와 「오」에 적합한 것으로 자루를 왼손에 쥐고 자루의 앞부분을 입 속에 넣어 이 자루의 입구를 양입술로 숨이 빠지지 않도록 불고 「우」를 발음하면, 소리의 진동이 자루에 전해지고 다시 자루를 쥐고 있는 왼손에도 전해진다. 큰 소리를 내면 한층 더 진동하고 발성을 중지하면 진동이 없음이 촉지된다. 이것에 의하여 소리의 대소, 장단, 계속, 완급을 지도한다. 또한 숨을 내쉬면 자루가 부풀고, 숨을 들이 쉬면 자루의 부피가 줄어들게 되므로 숨쉬기의 연습에도 효과적이다.

모음 구형문자 카드를 지적하게 하여 호흡훈련을 할 수도 있다. 교사나 치료사가 「아」라고 말하면 아이들은 「아」 구형카드를 지적한다. 맞춘 아이에게는 상을 주고, 다음 연습을 한다.

* 숨쉬기는 입을 벌릴 수 있는 데까지 벌려 숨쉬기를 한다.

「아」—— —— > 숨쉬기 —— —— > —— —— 숨그침

「아」—— —— > —— —— > —— —— —— ——

이와 같은 연습을 「이」, 「우」, 「어」, 「오」에 관해서도 행하고 「우오」와 같이 두 음을 붙여서 행해도 좋다.

고무풍선을 불어 입구 쪽을 실로 묶고 양손에 쥐고 입을 가까이 대어(5mm가량) 모음을 한 음씩 또는 두 음, 세 음, 네 음, 다섯 음 등 여러 가지 음절을 연습하는 것이 좋다. 매일 말하는 음을 촉지시키고, 소리의 크기(숨의 대소), 소리의 길이(숨의 장단)를 꾸준하게 지도한다.

호흡연습이라 하면 거의 구형은「우」의 구형에서 들이쉬고 「아」 또는 「우」의 구형에서 내쉬는 것이 보통이지만, 여러 가지로 구형을 변화시켜서 「어」, 「오」, 「에」, 「이」등도 가능하도록 연습하는 것이 좋다. 구형이 작은 「우」의 구형에서 들이쉬거나 내쉬는 것이 지속성이 있고 재미가 있다.

호흡연습은 숨쉬기 연습이지만 호기에 음성이 동반하면 그것이 곧 발성이 된다. 호흡할 때에 성문이 서서히 닫히면 숨과 같이 음성이 새기 시작하여 이른바 기식음 소리가 된다. 또한 음절지도로서 한 음만을 지도하는 것은 회화음으로서 흐르는 호기에 실린 음이 아니며, 한 음만이 발성되는 것은 음성이 발생하기 전에 성대를 강하게 닫을 때에 일어난다. 결과적으로는 무리한 발음 시도가 되어 딱딱하고 폭발성의 시끄러운 소리가 생긴다. 흐르는 호기에 따라 발음해야 혀의 접촉이 정확하고 바르게 된다.

음절지도는 중요한 것이지만 그 전에 음성 접근으로서의 발어유도가 중요하다. 호흡이 바르면 음성도 바르다. 따라서 듣기 어려운 발음을 하는 것은 음성 접근의 훈련이 부족하기 때문이라고 할 수 있다. 호흡연습은 숨쉬기에 문제가 있고, 발성연습은 음성에 문제가 있다고 해서 별도로 취급해서는 안된다.

⑥ 문장을 이용한 호흡훈련

<u>복숭아</u>
<u>복숭아</u> <u>꽃</u>
<u>복숭아</u> <u>꽃이</u> <u>피었습니다.</u>

여기의 선기호는 어구나 문장의 경우에서 문자를 하나하나 제시하는 대신에 선기호만을 제시하여 지도하는 것이 효과적이다.

2) 조음기관 훈련

(1) 청각장애아동의 조음기관 사용

청각장애아동의 발어시의 구형은 부자연스런 과장이 수반된 경우가 많다. 예를 들어 발어 중 입술을 관찰하여 보면, 상하의 입술이 가능한 한 오므라들어 입술이 젖힌 상태가 되는 현상을 나타낸다. 평소는 부드러운 입술이 발어나 발음을 하게 되면 입술에 힘이 가해져 변형되는 것은 무슨 이유인가? 그것은 청각장애아동의 모방이 서투르기 때문인지, 교사의 과장된 시범 때문인지는 분명하지 않지만 지도 시 이러한 문제점들을 충분히 인식하고 있어야 한다.

발음이 서투른 사람은 하나의 음을 발음하여 끝나는 순간에 혀가 후퇴하게 되며, 조음때에도 혀 끝에 힘을 넣거나 혀가 긴장, 수축하여 세로로 길게 되어 구부러져 후퇴하는 경향이 있다. 건청아동들은 이야기 중에 자신이 자각하지 못할 정도로 자유롭게 턱을 움직이고 있지만 청각장애아동의 경우에는 상당히 어색한 모양으로 움직이고 있다. 또한 이와 이를 서로 맞물거나 때로는 음을 내지 않는 아동도 있다. 이것은 청각장애아동의 뺨이나 턱 밑에 손을 갖다대어 관찰하면 즉시 알 수 있다. 이런 경우 손가락 두 개를 겹쳐서 들어갈 정도로 입을 벌리고 「아」를 발음하는 아동이 많지만 그것은 심하게 턱뼈를 움직이게 한다(이러한 것을 「턱을 떨어뜨린 발어」라고 한다).

일상회화 가운데서 비교적 개구도가 작은 「ㅣ」를 중성으로 하는 음이나 「ㅜ」를 중성으로 하는 음이 연결된 말은, 이와 이가 서로 맞물리게 된다. 청각장애아동의 발어 시에 턱에 손을 대어보면 모든 아동이 이와 같다고 하여도 과언이 아니다. 「아기」라는 말에 있어서 개구도가 큰 「아」음에서 개구도가 작은「기」음에 연결될 때에 이가 서로 맞물린다. 입을 크게 벌리면 혀가 후퇴하게 되고, 입을 오므리면 오므리는 정도에 따라 혀가 후퇴하여 압축된다. 손가락을 두 개 겹쳐서 들어갈 정도의 개구도는 극단적으로 가장 심한 개구도이다. 양치질을 하는 경우 아래 이만을 닦을 때의 혀의 상태와 같이 하나 하나의 음에 대해서도 혀의 후퇴현상이 나타난다. 이와 같이, 혀의 후퇴현상에 따른 발어는 특히 경계하지 않으면 안된다.

청각장애아동은 어두에 「ㅡ」나 「ㅜ」음이 있을 때도 이를 맞무는 경향이 있다. 아동의 턱 밑에 손을 대어보면 쉽게 알 수 있다. 턱의 움직임에는 첫째, 윗니 부근에 아랫니가 들어가는 상태, 둘째, 윗니와 아랫니가 서로 맞물려 있는 상태, 셋째, 윗니보다 아랫니가 튀어나온 상태 등 크게 세 가지로 구분할 수가 있다. 예를 들어 일상회화 중에서 「ㅣ」를 중성으로 하는 음을 포함하고 있는 말에 있어서도 이를 무는 것과 같은 상태는 없다. 그러나 청각장애아동은 전술한 것과 같은 경우가 많은 것으로 보아 어릴 때부터 음기 훈련이 필요하다.

(2) 입술훈련

① 입술을 부드럽게 만들기

윗입술을 손끝으로 잡아 문질러서 부드럽게 한 다음 아랫입술을 잡아 문질러 부드럽게 해준다. 혀끝으로(혀를 길게 내지 않는 것이 좋다. 혀를 길게 내면 혀가 딱딱해지게 된다) 윗입술을 핥고, 다음에 아랫입술을 핥는 동작을 번갈아가며 반복한다. 입술을 가볍게 닫고, 혀로 상하의 입술을 동시에 좌에서 우로, 우에서 좌로 핥으며 같은 방법으로 거듭 반복한다.

② 「유유···」의 연습

「우」의 발음이나 「ㅜ」를 중성으로 한 여러 가지 음의 발음에 대하여 입술을 관모양으로 뾰족하게 하도록 하면 원래 부드러운 입술을 고의로 딱딱하게 만드는 것과 같은 결과를 가져오고, 뺨이 오목해지면서 딱딱하게 변한다. 입술훈련 시에 입술을 돌출시켜서 행하는 훈련이 많았지만 「유유···」의 훈련을 하는 것이 보다 효과가 크고 자연스럽다. 교사와 아동이 함께 거울을 향하여 입술의 부드러운 사용법을 모방시키는 것이 중요하다. 소리가 나는 아동에 대해서는 「유」음이 「이」, 「우」등의 소리와 이음화현상을 일으키지 않도록 주의해야 한다. 처음에는 아동이 모방하기 쉽도록 천천히 행하고, 익숙해지면 일상회화와 같은 속도로 연습한다. 촛불끄기나 장난감을 불 때와 같이 강하게 숨을 내쉬는 경우가 있으므로 정상적인 숨이 나오도록 유의할 필요가 있다.

③ 「마, 바, 파···」의 연습

「마, 바, 파」 등 입술소리는 양입술을 가볍게 닫고 내는 음이다. 교사가 아동에게 잘 보이도록 구형을 크게 하여 모방시키면 입이 작은 아동은 더욱 더 구형을 크게 하기 위하여 턱을 떨어뜨리게 된다. 이 때 교사는 구형을 자연스럽게 하는 것이 좋다. 「파」음을 낼 때에 강하게 호기를 내면 폭발적인 음이 된다. 이런 경우 입술도 딱딱해지고 소리도 좋지 않게 된다. 입술을 부드럽게 사용하는 일이 주된 목적이다. 숨쉬기는 일상회화와 같은 속도로 하는 것이 좋다. 「바」는 「파」보다도 양입술을 가볍게 닫고 발성한다. 그래서 음을 계속하여 「바바···」로 발음한다.

「마」는 「바」보다도 입술을 부드럽고 가볍게 조음한다. 강하게 상하의 입술을 닫는 경향이 있는데 이것은 금물이다. 느슨하게 닫는 것만으로 충분하다. 이 요령이 어떤 방법으로도 가능하지 않은 아동에게는 지도자의 입술에 손을 갖다대어 긴장하고 있지 않음을 먼저 이해시키고 아동의 손가락 네 개를 아랫입술로 생각하고, 교사의 손가락 네 개를 윗입술로 생각하여, 아동의 네 개의 손가락에 매우 가볍게 접촉시켜 「마」음을 부드럽게 낼 수 있도록 양순폐쇄의 상태가 어떠하다는 것을 촉지시키는 연습을 반복한다.

④ 「ㅣ」를 중성으로 한 입술소리의 연습

이것도 앞에서와 같이 입술을 부드럽게 사용해야 되며 입술이나 뺨에 조금이라도 힘이 들어가지 않도록 하는 것이 중요하다. 그리고 「비」음이나 「미」음이 나오게 될 때 입술운동이 부드럽게 되도록 지도한다. 적당한 때에 호흡과의 조화도 이해시킬 필요가 있다. 「ㅣ」를 중성으로 한 음은 비음화되는 경우가 많으므로 모음부가 비음화되어 있는 아동은 작은 물건을 입에 물게 하여 「피 --」나 「비 --」를 발음시켜서 입에서 숨이 나오는 것을 알게 한다.

⑤ 종이관을 사용한다

종이로 연필크기의 관을 만들어 한쪽 끝을 굽혀서 입 속에 넣고 「비···」라고 발음하면, 관을 쥐고 있는 손에 「비」음의 진동이 잘 이해된다(「바」음도 같다).

⑥ 「ㅜ」를 중성으로 하는 음의 연습

이러한 입술훈련은 간단히 이해하기는 어렵지만, 입술훈련에는 가장 적합한 것이다. 이 지도에 있어서는 전술한 「유」와 같이 입술을 오므리고 갑자기 터뜨리듯이 발성해서는 안된다. 과장하지 말고 자연스럽게 입술을 움직여 모방시키는 것이 좋다. 이때 교사의 아랫입술에 아동의 손가락을 갖다대어 지도자가 「무」를 발음한다. 이러한 방법은 「무」를 지도함에 있어서 가장 효과가 있는 방법이며 「무」외에도 「마」나 「바」를 발성시킬 때도 적절하다. 「부」는 약파열음인데 파열을 가장 약하게 하여 입술을 사용한다. 유희 중에 먼저 입술훈련을 하고 교구를 사용하여 연습하는 것이 좋다.

⑦ 「와와」의 연습

「와」를 발음하기 위해서 입술을 오무리면 도리어 혀를 딱딱하게 만드는 결과를 초래한다. 와(wa)의 자음부(wa의 w가 자음부, a가 모음부)의 조음요령은 어쨌든 과장하지 않는 것이다. 그래서 「와」의 모음부 「a」로 옮겨갈 때에 구형을 크게 하여 턱이 밑으로 떨어지지 않도록 유의하여 입술을 자연스럽게 사용하는 방법을 연습시키는 것이 좋다. 초기에는 「와」의 양순자음을 조음하기 위해, 양순을 닫고 파열음 「파」를 발음하는 경우가 많아서, 「오」음에 가까운 구형을 하여 양순을 폐쇄시키지 않는다는 것을 이해시키고, 손가락을 입술 사이에 넣어 「와」를 발음시킨 다음, 익숙해지면 손가락을 빼고 「와와···」를 발음한다. 이때 「우와」로 발음하는 일이 없도록 주의해야 한다. 처음에는 천천히, 나중에는 속도를 빠르게 하여 일상회화 때와 같은 속도로 말할 때까지 연습하는 것이 좋다.

(3) 혀 훈련

① 혀를 전후, 좌우로 움직이기

혀를 전후로 연습한다는 것은 입술을 조금 벌리고 그 사이에 혀를 넣어서 당기는 연습이다. 혀의 운동이 자유로우면 용이하게 발음, 발어가 가능하다. 청각장애아동이 혀를 길게 내미는 습관이 들지 않도록 해야 한다. 혀를 길게 내밀면 혀가 딱딱해진다.

혀를 좌우로 이동시키는 연습이란 혀끝을 양 입술 사이에 조금 밀어 넣고, 좌측에서 우측으로 움직이는 것을 반복하는 연습을 말한다. 이 때 혀끝이 입술보다 약간만 앞으로 나올 정도가 좋다.

② 혀끝을 윗니와 아랫니 밖으로 내었다가 끌어당기기

전술한 바와 같이 혀를 전후, 좌우로 움직이는 연습이 익숙해지면 다음 연습으로 이동한다. 입을 조금 열고 혀를 넣어서 상하의 이가 조금 보일 정도로 가볍게 물었다가 밑으로 당긴다. 이 혀 운동을 거울 앞에서 반복하여 연습시킨다. 이것은 모음 「아」의 기본훈련이 됨과 동시에, 혀가 후퇴하는 아동을 자연스럽게 혀의 위치를 교정시키며, 혀가 불안정한 아동의 혀를 안정시키는 등의 큰 효과를 볼 수 있다.

③ 혀끝으로 윗입술을 핥기

청각장애유아는 연습 초기에는 전설 면을 위로 올리는 모방을 하기 어렵다. 이때 혀를 넓고 평평하게 하는 것이 중요하며, 입술을 즐겨 핥도록 설탕 등의 유도물질을 바르는 장소도 윗입술의 위쪽보다는 윗입술의 아랫쪽이 좋다. 또한 이것은 「ㄹ」를 초성으로 하는 음의 기본훈련이 되기도 한다. 이러한 혀 훈련 시에 아동의 혀가 기둥모양으로 되는 경우는 혀끝에 힘이 들어가므로 주의하지 않으면 안된다.

④ 윗니 속을 약하게 핥기

윗입술을 가볍게 핥는 것보다 어려운 것은 윗니 속을 핥는 연습이다. 긴장을 풀지 않고 강하게 핥지 않도록 주의를 요한다. 이때 교사의 혀에 아동의 손가락을 갖다대어 가볍게 핥는 방법을 인식시켜 준다.

⑤ 혀의 안정

「아」를 구형할 때에 혀가 우측으로 비틀어지거나 좌측으로 비틀어져서 불안정한 상태가 되는 수가 적지 않다. 장난감 공을 혀 위에 놓고 그것이 떨어지지 않도록 훈련시켜서 혀의 안정을 바라는 것은 상당히 어렵지만, 웨하스와 같이 얇고 평평한 단맛이 있는 과자조각을 사용하면 좋다. 아동과 같이 나란히 거울 앞에 앉아 입 속에 넣어서 먹을 때에 교사가 혀를 보이고, 혀에서 이까지 계속하여 신축성 있게 움직이도록 과자를 놓고 먹으면서 따라하게 한다. 이 연습에 있어서는 교사가 먼저 시범을 보이고, 과자를 중설에 놓는 것보다는 전설에서 아랫니에 이르는 곳에 놓는 것이 효과적이다. 그래서 과자를 전설에 놓기 전에 「아」의 바른 형태를 모방하도록 요구하는 것이 좋다. 혀의 안정을 꾀하는 것은 「아」음에만 국한시키지 말고 「마」, 「바」, 「파」 등의 용이한 음으로 유도하는 것도 필요하다.

⑥ 「ㅌ」를 초성으로 한 음의 연습

먼저 「타타…」라고 말을 시킨다. 「타」음은 「파」음보다도 자음의 호기압이 약해서 강하게 호기를 내면, 숨이 끊어져서 한 음만으로 끝나게 되므로 가볍게 호기 모방을 하도록 해야 한다. 그러기 위해서는 교구도 대단히 강한 호흡으로 반응이 가능한 적절한 것을 선정하고 거울을 보면서 「타타…」, 「터터…」, 「토토…」 등으로 혀의 훈련을 한다. 이때 혀를 후퇴시키는 아동은 /a/의 발음시에 큰 구형을 하는 아동에게 많으며, 지나치게 큰 구형을 하지 않도록 주의시켜야 된다. 「타타타」를 장음화하여 「타--타--타--」로 연습하여 혀의 바른 상태를 모방하는 연습도 반드시 해야 한다.

⑦ 「ㄴ」를 초성으로 하는 음의 연습

이상과 같은 예는 혀를 가장 부드럽게 사용하는 것이 목적이지만 이와 같은 연습에 의하여 「나」, 「노」, 「누」 등이 나오면 다행이다. 종이를 말아서 아동의 비공에 알맞게 들어갈 정도로 가늘고 긴 관을 만든다. 이때 한쪽 끝은 풀로 발라서 막고, 반대쪽의 열린 부분을 아동의 비공에 넣어서 「나나…」, 「노노…」, 「너너…」 등을 작은 소리로 연속 발음시키면 콧소리의 진동이 촉지된다.

⑧ 「ㄹ」를 초성으로 하는 음의 연습

구형을 작게 하여 「라라…」와 같이 혀운동을 한다. 구형을 크게 하여 이것을 행하면 혀가 굳은 모양으로 되어 실패한다.

⑨ 「타라타라」, 「토로토로」의 연습

「타라타라···」, 「토로토로···」, 「터러터러···」 등으로 연속 발음하여 혀가 리드미칼하게 움직이는 훈련을 한다. 이때 구형은 작게 하는 것이 좋다. 「ㅌ」를 초성으로 하는 음이 「ㄹ」를 초성으로 하는 음의 유도음으로 되어 「ㄹ」를 초성으로 하는 음이 쉽게 나올 수 있게 된다. 또한 「ㄹ」를 초성으로 하는 음을 「ㄴ」를 초성으로 하는 음으로 대치화시키는 아동이 많이 있으므로, 이것을 예방하기 위한 것도 된다.

(4) 턱 훈련

① 턱을 좌우로 움직이기

턱을 좌우 움직인다는 것은 턱을 좌측에서 우측으로 이동하는 운동을 반복하는 것을 말한다. 턱의 좌우운동은 턱을 부드럽게 움직이는 모방력을 길러주는 연습이다.

② 「야야···」, 「요요···」의 연습

「야야···」를 연속음으로 발음하면 최초의 「야」만은 턱을 사용하지만, 제2음 이하는 거의 턱을 사용하지 않는다고 생각될 정도로 움직임이 없으며, 개구도에 따라 혀를 움직이는 것이 이해되지만, 여기서는 제1음 이하도 한음 한음 턱을 사용하여 상하로 움직이는 연습을 한다. 이 훈련의 목적은 발음시의 턱 사용을 부드럽게 하는 것이다.

청각장애아동들은 이러한 턱 모방 시에 이를 맞부딪치거나 턱을 딱딱하게 움직이는 경우가 의외로 많다. 이 모방훈련 시에, 껌을 씹은 후 손가락 끝으로 껌을 집어서 아랫니에 놓고 「야야···」를 발음하여 윗니나 아랫니의 이가 부딪치거나 껌에 닿지 않도록 하여 반복한다.

③ 「ㅌ」, 「ㅅ」를 초성으로 하는 음의 연습

「아야어여…」, 「가갸거겨…」등을 발음하여 보면 「ㅅ」, 「ㅌ」, 「ㄱ」, 「ㅁ」, 「ㅇ」를 초성으로 하는 음은 턱을 사용하는 음이라는 것을 알 수 있다. 이것은 「ㅏ」를 중성으로 하는 음을 발음하여 자가 진단을 해보면 잘 알 수 있다. 따라서 턱을 사용함에 있어서는 「ㅍ」, 「ㅌ」, 「ㄱ」, 「ㅁ」, 「ㄴ」, 「ㅅ」, 「ㅈ」 등을 초성으로 하는 음이 적당하다. 처음에는 천천히, 후에는 회화속도로 말하도록 한다.

④ 「ㄴ」를 초성으로 하는 음의 연습

「ㅅ」, 「ㅌ」를 초성으로 하는 음보다도 「ㄴ」를 초성으로 하는 음은 턱을 부드럽게 사용해야 한다. 앞에서 서술한 바와 같이 혀를 부드럽게 사용하는 것이 중요한 만큼 턱도 자연스럽게 사용하도록 지도하는 것이 중요하다. 가늘고 긴 종이관을 비공에 넣어 소리를 코로 통과시키면서 「나나…」와 같이 턱의 바른 사용방법을 지도한다.

⑤ 2음절어로

청각장애아동은 입을 적당하게 벌려서 발음하는 「ㅗ」, 「ㅔ」를 중성으로 하는 음을, 「ㅏ」를 중성으로 하는 음과 같은 크기로 입이나 턱을 사용하는 경우가 많다. 그래서 먼저 「이아」, 「이오」, 「우아」, 「우오」, 「우오아」 등을 거울을 보면서 모방시킨다. 이것이 익숙해져서 턱을 부드럽게 사용하는 모방이 가능하게 되면, 이번에는 「아이」, 「아우」, 「에이」, 「에우」, 「아오우」 등을 연습한다. 또, 「이에아」, 「아에이」, 「우오아어이」, 「아오우어이」, 「아어오우이」 등 모음을 여러 개 합쳐서 턱훈련을 한다.

(5) 연구개훈련

① 이닦기

이닦기를 시키는 것은 후설면을 연구개에 접촉시키는 것이 목적인데, 이것은 「ㄱ」이나 「ㅋ」을 초성으로 하는 음을 지도할 때의 중요한 방법이 된다. 세수를 할 때나 식사를 할 때에 이닦기를 시켜서 어디에서나 이닦기가 가능하도록 훈련하는 것이 바람직하다.

물을 입 속에 넣고 「칼칼칼」하는 소리를 내지 못하는 아동이 적지 않다. 많은 양의 물을 입 속에 넣지 말고, 소량의 물을 입 속에 넣어 스스로 비공을 쥐고 이닦기를 시켜 연습을 반복하면 가능하게 된다.

② 「ㄴ」, 「ㅁ」를 초성으로 하는 음으로

「ㄴ」, 「ㅁ」를 초성으로 하는 음에 대해 훈련하면 연구개의 훈련에 많은 도움이 된다. 「ㄴ」, 「ㅁ」를 초성으로 하는 음의 훈련은 종이튜브를 비공에 넣어서 연습하면 효과가 있다.

3. 언어의 구성요소와 청각장애

모든 구어는 공통적인 특징과 함께 나름대로의 독특한 특징도 갖고 있다. 구어는 다양한 음의 종류, 단어 형성법, 문장 구성법, 의사전달을 할 때 문장을 연결하는 방법 등에서 차이를 나타내고 있다.

여기서는 언어의 중요한 구성요소에 대하여 개괄하고, 언어와 말의 관계 및 청각장애아동이 말을 지각하고 습득하는 방법을 기술하고자 한다.

언어 습득기에 있는 일반아동은 소리, 단어, 문장, 담화 등을 동시에 학습하게 된다. 그들은 무엇을 말할 것인지를 배우는 동시에 어떻게 이해하고 말해야 하는지도 배우게 된다. 청각장애아동이 건청아동의 구어 습득 방식을 따르는 것이 중요하다고 할 수 있다. 말은 단순하게 가르쳐지는 것이 아니라 의사전달 체계로서 학습되는 것이기 때문이다.

1) 형태음소론과 청각장애

형태음소론(morphophonemics)은 소리의 형태와 의미를 다루는 분야다. 소리의 형태와 관련해서 음운은 말의 뜻을 구별해 주는 소리의 단위로서 변별적 기능을 가진 음성을 말한다. 의미와 관련해서 의미를 가지고 있는 가장 작은 단어

혹은 단어의 일부를 형태소라고 한다. 예를 들어서 '하늘'을 '하'와 '늘'과 같이 더 쪼개면 '하늘'의 의미는 상실되고 만다. 형태소는 자립성 여부와 의미의 허실에 따라 자립 형태소와 의존 형태소, 실질 형태소와 형식 형태소로 나누어진다.

'하늘이 푸르다'에서 '하늘'은 자립성이 있으므로 자립 형태소, '이', '푸르', '다'는 그 자체로는 자립성이 없고 다른 말에 의존해야만 하기 때문에 의존 형태소라고 한다. 또한 '하늘'이나 '푸르'는 구체적인 대상, 동작이나 상태와 같은 어휘적 의미를 표시하므로 실질 형태소(어휘 형태소)라 부르며, '이'와 '다'는 실질 형태소에 붙어 주로 말과 말 사이의 관계나 기능을 형식적으로 표시하므로 형식 형태소(문법 형태소)라 부른다(남기심 · 고영근, 1986).

대부분의 청각장애아동들은 문법 형태소를 자발적으로 습득하기 어렵기 때문에 그것을 사용하는 규칙을 의도적으로 학습해야 한다. 청각장애아동이 효율적으로 말하기 위해서는 모국어의 음소, 형태소, 소리의 길이 등을 산출할 수 있어야 한다. 말소리를 습득하는 데 겪는 어려움을 줄이거나 제거하기 위해서는 보청기, 인공와우, 촉각 보장구 등의 감각 보장구를 적절히 선택해서 사용할 필요가 있다.

2) 어휘론과 청각장애

단어는 문장을 구성하는 기본적인 단위이며, 내용어와 기능어로 이루어져 있다. 내용어는 대상, 사건 및 행위를 나타내며, 기능어는 그것 자체로는 단일 의미를 갖지 못하지만 문장에 의미를 부여한다. 언어가 의미 있게 되려면 내용어와 기능어가 문장 내에서 적절히 결합되어 특정한 순서로 배열되어야 한다. 예를 들어 '나 너(네) 빵 주었다.'와 같은 문장은 내용어 만을 배열한 것이어서 정확한 의미를 파악하기 어렵다. 그러나, '는', '에게', '을'과 같은 기능어가 적절히 결합되면 문장의 정확한 의미가 드러나게 된다.

청각장애아동은 일반아동과 마찬가지로 이름붙이기 놀이을 통하여 내용어를 즐겁게 배울 수 있다. 부모는 아동의 시선을 쫓아서 아동이 보는 물건의 이름을 말한다. 일부 부모는 아동을 위해서 일부러 손으로 가리키면서 사물의 이름을 말하기도 한다. 그러나 기능어는 이와 같은 방식으로 학습되지 않는다. 아동이 기능어를 배우고 그 의미를 정확하게 파악하기 위해서는 문장수준에서 말해야 한다. 이것은 일상생활에서 흥미로운 경험을 소재로 부모와 아동이 언어적 상호작용을 하는 가운데 습득될 수 있다. 따라서 기능어이든 내용어이든 대부분의 단어는 일상생활의 경험 내에서 흥미로운 사건이나 대상을 문장수준으로 말함으로써 잘 습득된다고 할 수 있다.

3) 통사론과 청각장애

어떤 내용의 이야기, 그것이 길거나 짧거나 관계없이, 모든 이야기는 문장들이 모여서 이루어지게 된다. 무슨 이야기이든지 그 기본단위가 개개의 문장인 만큼 모든 통사론적 비밀은 한 문장의 구조 속에 감추어져 있다고 할 수 있다. 이런 까닭에 통사론 연구의 대상 범위는 대개 한 문장 단위의 한계를 벗어나지 않는다.

'내가 보고 싶은 학생이 있다.' 라는 문장 속의 밑줄 친 부분 '내가 보고 싶은 학생'은 내가 학생을 보고 싶어 한다는 뜻으로도 해석이 되고, 학생이 나를 보고 싶어 한다는 뜻으로도 해석이 된다. 그런데 위의 문장 다음에 '그 학생도 나를 보고 싶어 할 것이다.'라는 문장이 뒤따르면 '내가 보고 싶은 학생'은 '내가 보고 싶어 하는 학생'이라는 뜻만 가지게 된다. 만약 '어제 그 학생은 나에게 보고 싶다는 전화를 했다.'라는 문장이 뒤따른다면 그 문제의 구절은 '나를 보고 싶어 하는 학생'의 뜻만 가지게 된다. 이것은 독립된 개별적인 문장이 통사론적으로 설명되어야 할 모든 문제를 다 안고 있다는 뜻이 된다. 따라서 개별적으로 독립된 문장 안의 통사론적 사실이 설명되면, 앞뒤 문맥 속의 문장에 대한 문법적 사실은 자동적으로 이루어지게 된다. 통사론 연구의 대상 한계가 한 문장의 범위를 넘지 않는 까닭이 여기에 있다(남기심 · 고영근, 2003).

이와 같이 언어학에서 중요한 영역 중의 하나인 통사론은 Chomsky(1957)가 「Syntactic Structure」를 발표하면서 통사분석에 대한 관심이 고조되었다. Chomsky는 문장이 언어의 기본 단위라고 생각하였으며 한정된 수의 통사규칙이 무한한 수의 문장을 만드는데 사용될 수 있다는 것을 보여 주었다. 또한 외형적으로 표현되는 문장은 내적인 심층구조를 표상한 것에 지나지 않는다고 주장하였다.

일반아동은 일상생활 장면에서 의미 있는 의사소통을 하면서 통사론적 지식을 무의식적이고 자연스럽게 습득한다. 그들은 통사론적 구조를 형식적으로 가르치지 않아도 언어를 습득할 수 있다. 그러나 청각장애아동이 그러한 목표를 달성하기 위해서는 비형식적인 언어 학습과 더불어 형식적인 지도가 필요하다. 청각장애아동의 통사론적 결합을 다루는 최상의 방법은, 그들에게 흥미 있고 분명한 목적이 있는 주제에 관하여 의미 있는 의사소통을 하는 것이다. 언어의 구조, 의미, 목적이 유의미한 언어적 환경 내에서의 의사소통을 통해서 모두 통합될 수 있다.

통사론과 말 사이에서 가장 중요한 관계는 모음과 자음이 연결되는 구조가 아니라, 운율이 통사론적 구조에 어떠한 단서를 제공하는가에 있다. 이러한 단서는 의문문과 서술문을 구별하게 할 뿐 아니라 멈춤이 문장의 경계를 표시하고, 강세와 억양이 구와 문장의 경계를 표시한다는 것을 알려준다. 또한 운율은 감탄문을 명확하게 표시하기도 한다. 따라서 구어에서 운율은 발화에 무작위적으로 올려지는 것이 아니라 의미의 전달을 돕는 잘 조직화된 체계라고 할 수 있다. 이와 같은 통사론적 구조의 습득은 어릴 때부터 보청기 등 적절한 감각 보조기를 사용하여 일상생활 장면에서 구어에 의한 의사소통을 통하여 이루어져야 한다.

4) 의미론과 청각장애

언어의 의미론적 측면은 의미 있는 참조물과의 관계이다. 즉, 우리가 남자나 사과를 언급할 때 실제의 사람이나 물건을 지시하기 위해서 '남자'와 '사과'라는 단어를 사용하는 것과 같다. 언어의 의미적 특성은 단어수준과 문장수준 모두에서 존재한다. 단어수준에서의 의미론적 특성은 앞에서 언급한 형태소나 형태소의 결합으로 표시된다. 본질적으로 단어의 의미는 사전에서 정의된 것으로 볼 수 있다. 문장수준에서의 의미론적 측면은 문장에 사용되는 개개 단어가 의미 있는 방식으로 다른 모든 단어들과 관계되어 표시되는 것이다. 사람과 사물 그리고 사건 사이에 어떤 관계가 존재하는지에 따라서 문장은 그 의미론적 내용으로 분류될 수 있다(Ling, 1989).

① 소녀가 달린다. (행위자 - 행위)
② 말이 자란다. (경험자 - 과정)
③ 집이 부서졌다. (수동자 - 행위)
④ 철수가 유리창을 깼다. (행위자 - 수동자 - 행위)

⑤ 벽돌로 유리창을 깼다. (도구 - 수동자 - 행위)
⑥ 철수가 자신의 은퇴를 계획했다. (행위자 - 보어 - 행위)
⑦ 영희는 바이올린을 좋아한다. (경험자 - 주동자 - 과정)
⑧ 철수는 계획에 대해서 생각했다. (경험자 - 보어 - 과정)
⑨ 그 남자는 암소를 가지고 있다. (수익자 - 수동자 - 과정)
⑩ 정원은 비를 필요로 한다. (수동자 - 도구 - 과정)
⑪ 철수는 교수다. (실제 - 실체 - 서술)
⑫ 정원은 푸르다. (실체 - 실제 - 서술)
⑬ 철수는 늦었다. (실체 - 시간 - 서술)
⑭ 정원에서 난 열매는 너에게 좋다. (실체 - 이유 - 서술)
⑮ 이 열매는 영희를 위한 것이다. (실체 - 수익자 - 서술)

이러한 예는 언어를 구성하는 문장에서 볼 수 있는 의미론적 관계이다. 구어를 숙달하기 위해서는 위에 열거한 의미론적 관계를 이해하고 사용할 수 있어야 한다. 아동 발화 중에서 초기에 발견되는 가장 간단한 것은 그 의미론적 속성에 따라서 구분될 수 있다. 아동은 몇 개의 의미론적 범주를 점점 더 많이 확장해 간다. 아동이 더 복잡한 형태의 발화를 발달시켜갈 때 일어나는 변화는 구문론과 의미론의 상호작용적 산물이라고 할 수 있다.

의미론과 말의 관계를 보면, 모음과 자음으로 구성되는 분절음운은 의미와는 거의 관계가 없다고 할 수 있다. 즉 의미론적 범주에 관련된 특정한 말소리는 없다고 할 수 있다. 그러나 어떤 발화에 내재하는 소리의 길이나 억양같은 비분절 음운은 의미를 강화할 수 있는 중요한 방법이 된다. 즉 문장 내에서 억양과 강세의 유형에 따라서 누가, 언제, 어떻게, 왜 등의 의미에 관한 정보를 부각시킬 수 있게 된다.

5) 화용론과 청각장애

협의의 언어학적 관점에서 화용론은 문장의 진위와 논리에 관한 것이고, 문장이 화자가 처한 상황에 얼마나 적합한가에 관한 것이다. 우리는 상대방이 반응하도록 하기 위하여, 또 그들의 태도와 행동에 영향을 미치기 위하여 구어를 사용한다. 이러한 사회적인 목적이 성취될 수 있는 여러 가지 화용론적인 방법들이 있다. 질문하고, 논평하고, 부르고, 간청하고, 협력하고, 토론하고, 알려주고, 항의하고, 인사하고, 논쟁하고, 주의를 요청한다. 간단히 말해서 우리는 수많은 방법들을 사용하여 말로 의사를 전달한다. 말은 기본적으로 사회적 목적을 갖고 사용되며, 그러한 목적을 다스리는 사회적 규칙이 있다. 우리는 화자가 처한 특정한 상황과의 관계에서 발화의 논리를 알지 못한다면 상대방을 잘못 이해하게 된다.

청각장애아동의 말을 발달시키기 위해서는 그들이 표현하는 화용론적 기능이 사실을 반영하며 사회적 통합성을 가지고 있다는 것을 인식할 수 있게 해주어야 한다. 발화의 화용론적인 측면이 무시될 때 의사전달의 많은 부분이 실패하게 된다. 청각장애아동에게 말을 가르치는 맥락은 일상생활에서 구어가 사용되는 장면과 같거나 유사해야 한다. 형식적인 교수법으로 가르친 말기능이 일반화되지 않고 일상생활 장면으로 전이되지 않는 경우가 있다. 그러한 이유 중의 하나는 아동이 생활하고 의사소통하는 실생활 장면을 형식적인 교수장면에 구체화하지 못하기 때문이다.

형식적 교수법으로 음성적 수준의 말 기능을 발달시키는 데는 부모와 교사·아동 사이에 충분한 의사전달 상호작용이 유지되도록 하여야 한다. 그러한 상호작용은 구어의 다양한 화용론적 기능을 경험할 수 있도록 구조화된 장면에서 이루어져야 하며, 수업에서 배운 음성적 기능을 의사소통에 사용할 수 있는 기회가 부여되어야 한다. 아동이 책상 앞에 앉아서 말하면 교사가 분석하고 강화를 주는 식의 말 수업은 구어의 사회적·화용론적 실체를 가진 경험의 기회를 제공할 수 없다. 결론적으로 구어의 화용론적 기능을 발달시키기에 가장 좋은 장면은 실생활 장면이다.

6) 담화론과 청각장애

대부분의 의사소통은 하나 이상의 문장으로 이루어진다. 내재된 규칙에 따라 몇 개의 단어들이 연결되었을 때 문장이라고 부르듯이, 어떠한 관습에 따라 문장이 연결된 발화를 담화라고 한다. 우리는 설명하거나, 이야기하거나, 사건을 기술할 때, 의사전달 목적을 달성하기 위해서 여러 개의 문장을 사용한다. 각각의 담화유형은 독특한 관습에 따라서 구성된다. 아동이 이러한 관습을 배우고 사회적으로 수용되는 방식에 의해서 담화하려면, 주변의 의사소통 장면에서 감각적 정보를 충분히 입수하여 참여하고 관찰할 수 있어야 한다. 이런 관점에서 잘 선택되고 최적으로 작동하는 보청기나 기타의 감각 보조기를 사용하는 것은 필수적이다.

(1) 대 화

대화는 논평, 요구, 인정, 대답의 네 가지 유형의 담화로 구성되어 있다. 대화는 기술, 해설, 질문, 설명 등 모든 유형의 담화를 포함한다. 우리는 대화할 때 효과적이고 유쾌한 활동이 되도록 하는 규칙에 따라서 청자와 번갈아 가면서 이야기 한다. 첫 번째 단계는 인사를 교환함으로써 교제를 시작한다. 화자가 하나의 주제를 도입하고 특정한 청자가 계속하도록 신호를 줌으로써 교제의 첫 번째 절을 끝낸다. 그 신호는 언어적일 수도 있고 비언어적일 수도 있다. 예를 들면, 화자는 특정한 청자에 대한 질문을 할 수 있고, 이것은 다른 청자를 바라보면서 마지막 문장을 말함으로써 반응할 사람이 누구인지를 명시할 수도 있다.

대화기능은 아동이 첫 단어를 말하기 전에, 발성 형태를 사용할 때부터 그것을 교대로 하도록 권장함으로써 획득되기 시작한다. 일단 언어적 상호작용을 하게 되면 성인들은 말이나 미소로 인정을 표시하거나 명확하게 하기 위해 자신의 목표를 포기하는 방식으로 그들의 발화에 반응함으로써 대화가 장려될 수 있다. 대화는 아동의 흥미를 반영하며, 그 목적은 성인과 아동의 상호작용에만 국한되지 않는다. 대화는 아동들 사이에서도 이뤄지고, 그들 상호간에 장려되기도 한다. 청각장애아동이 건청친구나 건청형제들과 대화를 하도록 권장하는 것도 매우 중요하다. 이런 형태의 상호작용은 구어 발달을 의미 있게 촉진시킨다.

(2) 기 술

기술은 공간 지향적인 경향이 있다. 집이나 방이나 물건을 묘사하기 위해서는 어떤 것이 다른 것과 맺고 있는 위치적인 관계에 대해서 명시해야 된다. 아동의 기술 개념과 어휘를 발달시키기 위해서 사용되는 방법은 주변에 있는 물건을 숨기고 찾는 놀이를 하는 것이다. 부모와 아동은 숨겨진 물건이 있는 위치에 대한 단서를 물으면서 숨기기와 찾기를 교대로 할 수 있다. 숨겨진 물건이 아동에게 흥미로운 것일 때 놀이는 더욱 재미있게 된다.

(3) 해 설

해설은 매우 복잡한 규칙을 가지고 있다. 우선 '옛날---' 같은 장면을 설정하면서 시작한다. 다음은 주제를 제시하고, 그 주제를 흥미롭게 만드는 사건을 구체화하고 그와 관련되는 내적인 생각이나 느낌을 표현해야 한다. 그런 생각이나 느낌에 대하여 반응을 나타내고 논의하며 주인공의 생각이나 느낌에 대한 윤곽을 나타내어야 한다. 또 일어난 행동과 그 결과에 대해서 설명해야 되고 마지막으로 그 결과에 대한 관련 인물들의 반응을 진술해야 한다.

아동은 타인이 들려주는 이야기나, 타인이 자신에게 묻는 질문에 답하면서 해설 기능을 학습한다. 아동의 해설 기능을 발달시키기 위해서는 문장을 연결시킬 때부터 장려되어야 한다. 부모가 자연적인 사건의 순서에 따라서 해설을 엮어 나가게 된다. 이 단계에서 시간 개념도 어느 정도 습득하게 된다. 아동에게 '왜'라는 질문이 주어지게 되면 해설에서 인과관계도 나타나기 시작한다. 부모와 교사는 아동의 해설 기능을 다음과 같은 방법으로 발달시킬 수 있다.

① 아동이 일상생활 장면의 사건을 설명할 때 보충 설명을 해준다.

② 주변 세상을 이해할 수 있도록 그들의 요구에 맞는 다양한 경험을 하게 한다.

③ 이야기를 많이 들려줌으로써 해설의 내적 구조를 스스로 이해하게 한다.

(4) 질 문

질문은 하나의 문장으로 구성된다 해도 담화라고 할 수 있다. 다른 문장으로 대답해야 하기 때문이다. 질문은 스스로 정보를 찾는 방법이다. 아동에게 새로운 정보를 얻게 하고자 하는 목적이 아니고 반응을 유도하기 위해 질문하는 것은 부적절하다. 예를 들어, '저것은 무슨 색이지?'와 같은 질문은 부적절하다. 아동이 색깔이나 사물의 이름을 말하도록 하는 것은 생략법이 효과적이다. '저건 초록색, 저건 빨간색, 그리고 저건 (　　)'와 같은 말이다. 이런 방법은 질문의 목적을 흐리지 않고 아동의 정확하고 긴 반응을 유도하게 된다.

아동은 질문에 내재하는 개념의 난이도에 따라서 질문하는 능력을 발달시킨다. 보다 구체적인 '누구'나 '무엇'이 더 추상적인 '언제', '어떻게', '왜'에 비해서 일찍 발달하는 경향이 있다. 알아맞히기 놀이를 통해서 아동의 다양한 질문 방법을 발달시킬 수 있다. 이 방법은 물건이나 그림을 감추고 나서 아동에게 그 그림이나 물건의 내용이 무엇인지에 대해 질문을 한다. 아동과 부모는 감추기와 질문하기를 교대로 할 수 있으며, 그 결과 아동은 질문에 익숙하게 된다. 그들이 매일 일어나는 실생활 장면에서의 경험을 통하여 질문하는 방법을 배우는 일도 중요하다.

(5) 설 명

설명은 사건의 순서를 회상하는 능력이다. 이러한 형태의 담화를 하기 위해서는 충분한 시간 개념과 구체적인 어휘가 필요하다. 경우에 따라서는 원인과 결과와 관련이 있는 개념과 어휘를 필요로 할 때도 있다.

이상에서 언급한 담화문은 대용어(anaphora)나 접속사 등을 사용하여 문장을 서로 연결한다. 이러한 응집력이 없으면 담화는 비효율적이 되거나 실패하게 된다. 아동은 담화에 응집력을 주는 장치들을 자주 들음으로써 그것을 습득하게 된다. 청각장애아동에게 단어를 하나씩 들려주면 문법을 배울 수 없듯이, 의사전달의 초점이 주로 한 문장 수준에만 국한된다면 그 아동은 담화 규칙을 습득하는 데 어려움을 겪게 된다.

4. 언어발달과 청각장애

인간은 태어나면서부터 목소리를 통하여 자신의 의사를 전달하려고 한다. 처음에는 울음의 형태로 자신의 배고픔·불쾌함·아픔 등을 표시하며, 점차 성장함에 따라 보다 발달된 형태인 옹알이를 하게 된다. 아울러 의사전달의 수단으로써 몸짓(gesture)을 사용하기도 한다. 청각장애아동의 경우 이와 같은 언어의 전단계를 지나 언어단계부터는 건청아동과는 현저한 차이를 보임으로써 언어습득 이전에 청력손실을 입었을 때는 구어의 습득에 어려움을 겪는다. 따라서 조기부터 몸짓에 의한 의사전달의 양이 건청아동보다는 증가할 수밖에 없다. 그러므로 청각장애아동의 언어습득은 구어와 수화를 분리해서 생각할 수 없으며 상호유기적 또는 상보적 관계에서 고려되어져야 한다.

1) 청력손실이 언어습득과 발달에 미치는 영향

청각장애아동들의 말의 명료도는 대체로 빈약하다. 그리고 목소리의 질은 뒤틀리고, 억양 패턴이 매우 다른 고저를 가지며, 음의 강약 조절이 건청아동에 비해서 뒤떨어진다(Lenneberg, Rebelsky & Nichols, 1965). 음운론적 규준의 측면에서보아도 청각장애아동은 건청아동에 비해서 그 기능이 매우 낮다. 이들은 12개월 된 건청유아가 아무런 훈련이나 교육 없이 습득한 기능만큼 청각장애아동이 기능하기 위해서는 12개월간의 특별한 교육 훈련이 필요하다는 것이 정설화되어 있다.

울음과 외치는 소리는 신체적 성숙에 의해서 조절되므로 초기에는 특수한 청각적 자극에 의존하지 않는다. 그러므로 청각장애아동들은 약 6개월에서 9개월까지는 정상적인 발성 패턴을 개발한다(Lenneberg 등, 1965). 그러나 9개월부터 발성은 현저히 떨어지기 시작한다. Furth(1966)는 농 성인의 12% 만이 바른 언어 능력을 가지며, 단지 4%만이 말을 듣고 말을 하는 데 효율적이라고 지적하고 있다. 결론적으로 청각장애자들은 성인이 될 때까지도 대부분은 주된 언어인 구화의 양상, 음, 의미를 완전히 습득하지 못하고 있다.

그러나, 이것은 청각장애성인들에게는 언어가 없다는 것을 의미하는 것은 결코 아니다. 그들 대부분은 수화 언어를 능숙하게 잘 구사하고 있는 것(강창욱, 1994; Kohl, 1966,)은 이를 반증하는 것이다. 물론 이에 대한 것은 논쟁이 거듭되고 있지만 Stokoe 등(1965)은 수화를 청각장애자들의 진정한 언어라고 강력히 주장하기도 한다.

2) 언어습득시기와 청각장애

(1) 언어이전의 시기

언어발달은 울음소리와 분화 과정으로 부터 시작되는데, 유아의 울음소리는 다음과 같은 분화 과정을 거친다.

① 분화되지 않은 울음

신생아는 첫 울음 소리를 시작으로 생후 1개월경까지의 울음소리는 분화되어 있지 않다. 그래서 울음소리만 듣고서는 배가 고파서 우는 소리인지 고통 때문에 우는 소리인지를 구별하기 어렵다. 이 시기의 울음소리는 욕구에 대한 반사적 울음으로서 자기조절 기능을 한다.

② 분화된 울음

생후 1개월이 지나면서 신생아의 울음소리는 분화되기 시작하여 기본적인 울음소리와 화난 울음소리가 뚜렷하게 구별되기 시작한다. 이 시기의 분화된 울음은 배고픔이나 고통과 같은 구체적인 욕구를 표현하게 된다. 따라서 어머니는 울음소리의 성조와 강도로써 그것이 전달하는 의미를 이해하게 된다. 울음소리에도 신생아에 따라 개인차가 있으나 한 어린이에 있어서는 대략 일정한 양상으로 나타난다. 생후 몇 달 동안 아기의 울음소리를 무시하고 반응하지 않은 경우에는 생후 1년 동안 점점 울음이 많아지게 되며, 적절하게 반응을 해줌으로써 우는 것이 줄어든 아기는 8개월 내지 12개월쯤 되었을 때 의사소통 기술이 잘 발달된다.

③ 옹알이

옹알이는 생후 2개월경부터 시작되는데 신생아 자신의 입장에서는 음성적인 놀이 내지는 연습이다. 즉 자신이 소리를 내고 들으면서 즐기는 놀이 형태이지 의사전달의 형태라고는 할 수 없다. 그러나 언어발달의 관점에서 보면, 옹알이는 모국어의 음소를 처음으로 획득하는 계기가 된다. 이때 유아는 성인과의 접촉을 통해서 자기가 소속하고 있는 집단에서 쓰지 않는 소리는 점차 쓰지 않는 음소의 퇴화 현상이 나타난다. 반대로 많이 쓰이는 소리는 점점 많이 쓰게 되는 음소의 확장 현상도 동시에 나타난다.

④ 자기소리 모방

자기소리 모방은 유아가 스스로 소리를 만들어 내고 이를 반복하면서 듣고 즐기는 놀이 형태이다. 이것은 대체로 생후 6개월부터 나타나기 시작하여 9개월이 되면 끝난다. 자기 소리를 모방함으로써 유아는 자음과 모음을 결합하게 되고 '마마', '바바'와 같은 반복적인 소리를 내게 된다. 이런 자음과 모음의 결합은 유아가 첫 단어를 말하는 것이라고 해석되지만 이 무렵의 단어들은 의미없이 사용되는 것이다. 또 자음과 모음을 결합하는 이외에 억양이 다른 목소리에 대해서 달리 반응을 할 수 있다.

⑤ 타인소리 모방

유아들은 생후 9개월경부터 성인의 말소리를 모방할 수 있게 된다. 즉 성인이 내는 소리를 듣고 메아리처럼 그대로 모방하게 된다. 이 시기에 이르면 유아는 단순한 소리보다 단어수준의 어휘를 잘 모방하는 경향을 보인다. 그리고 정적인 단어나 사물을 지칭하는 단어보다는 음식이나 활발하게 움직이는 단어를 지칭하는 단어를 훨씬 쉽게 모방하는 경향이 있다.

(2) 언어습득시기

타인소리 모방이 끝나는 무렵부터 불충분하나마 언어적 발성이 시작된다. 생후 1년이 지나면서 처음으로 의미 있는 단어를 말하게 되는데 이후부터 어휘발달이 급속하게 이뤄진다. 유아기의 언어발달 양상은 다음과 같다.

① 음운 발달

일반 아동의 음운습득 단계는 표 2.2와 같다(Calvert & Silverman, 1983).

〈표 2.2〉 음운 발달단계

1단계	성인들이 아동에게 말을 들려준다. 아동은 외현적으로 관찰할 수 있는 반응을 하지 못한다.
2단계	아동은 자신이 들은 성인의 말소리나 리듬을 모방하기 시작한다.
3단계	아동은 성인의 말에 대하여 각기 다른 음성적 반응을 나타낸다.
4단계	아동이 자발적으로 말하기 시작한다. 독백 또는 성인과의 대화를 시도한다.

성인들은 유아가 반응하기를 기대하지 않으면서도, 계속적으로 그들에게 말을

하게 된다. 유아는 계속적으로 말을 듣고 어느 정도 그것을 기억하게 되면 음성과 그것의 의미를 연합시키게 된다. 이 단계에서 유아는 음절의 강세, 강조되는 단어, 억양 등에 주의를 집중하게 된다.

두 번째 단계에서 유아는 자신의 음성을 산출하기 시작한다. 이때 유아가 산출하는 음성은 방금 전에 성인이 산출한 음성을 반복하거나 단순화하고, 자신이 이미 산출한 음성을 사용하기도 한다. 이 시기에 아동이 모방하는 음성이 반드시 정확한 것만은 아니다.

셋째 단계에서는 성인의 말에 대하여 단순한 모방수준을 넘어서게 되며 대답이라고 간주할 만한 반응을 하게 된다. 유아는 언어적인 자극에 언어적으로 반응하게 되며 그 결과 초보적인 대화를 할 수 있는 수준이 된다. 이때도 역시 아동의 언어적 표현이 명료하게 발음되지는 않는다.

넷째 단계에서는 아동이 음운을 사용하여 대화를 시작하게 된다. 아동 자신의 의견을 말하고 요구하기도 하며 성인의 질문에 답하기도 한다.

이러한 구어 발달 단계는 일반아동에게서 분명히 관찰된다고 할 수는 없으며, 각각의 단계가 출현하는 시기와 발달 속도가 일정한 것은 아니다.

이상과 같은 구어 발달단계에 따라서 나타나는 음운의 출현 순서는 다음과 같다. 1세 이전에는 자음보다 모음을 많이 사용하다가 1세 이후부터는 모음보다 자음을 많이 사용한다. 2세 부터는 모음 전부를 사용하게 된다.

② 어휘 발달

만 1세가 되어서 유아는 처음으로 의미 있는 단어를 말하게 되며, 그 후 6~8개월 동안에 점진적으로 어휘수가 증가하게 된다. 그리하여 두 돌이 되면 사용되는 어휘수가 폭발적으로 다시 증가하게 된다. 아동의 어휘 발달에 대해서 Smith는 표 2.3과 같은 연구 결과를 보여주고 있다(이성구, 1982, p. 37에서 재인용). 표에서 보면, 대략 1, 000단어 정도를 표현할 수 있어야 초보적인 언어생활이 가능하다. 또 초등학교 교육을 받기 위해서는 2, 500단어 정도를 말할 수 있어야 한다.

〈표 2.3〉 일반아동의 어휘발달

생 년 월	단 어 의 수	새 로 얻 은 단 어
0 ~ 10	1	1
1 ~ 0	3	2
1 ~ 3	19	16
1 ~ 5	22	3
1 ~ 9	118	96
2 ~ 0	272	154
2 ~ 6	446	174
3 ~ 0	896	450
3 ~ 6	1, 222	326
4 ~ 0	1, 540	318
4 ~ 6	1, 870	330
5 ~ 0	2, 070	202
5 ~ 6	2, 289	217
6 ~ 0	2, 562	273

이 시기에 아동이 표현하는 어휘의 구성내용을 보면 명사, 동사, 대명사 등이 절반을 차지하는데 2세경에 가장 많이 사용되는 어휘는 명사이다. 1년 3개월 된 아동이 사용하는 어휘는 모두가 명사이며, 1년 8개월에서는 명사 63%, 동사 23%, 형용사 14% 등이다. 가장 많이 사용되는 명사를 세분하면, 친근한 사람의 이름이 21.4%, 동물의 이름이 15.9%, 음식과 마시는 것의 이름이 13.3% 등이다(김승국, 서봉연, 1983).

③ 문장 발달

생후 12개월 전후에 아동은 하나의 단어로 의사전달을 하기 시작하는데, 이 시기에 흔히 사용되는 단어는 <엄마> 또는 <아빠>이다. 이때 아동이 말하는 엄마라는 단어는 그 자체의 뜻만이 아니라 예를 들어, 배고플 때 말하는 <엄마>는 <엄마 우유 줘>, 엄마에게 혼났을 때 말하는 <엄마>는 <엄마 미워>의 뜻이 된다. 그러므로 이 시기에 아동이 사용하는 하나의 낱말은 단어가 아니라 의미가 담긴 문장인 것이다. 이 시기의 낱말이 문장의 기능을 하기 때문에 이를 일어문이라고 한다(정동빈, 1994).

일어문 시기가 지나고 생후 15개월~20개월경이 되면 두 단어를 조합하기 시작한다. 이때 나타나는 언어 형태는 <엄마 어브바>, <아빠 띠띠> 등의 주축문법

형태를 띠고 있다. 첫 번째 단어는 고정되어 있으며 두 번째 단어에 아무런 의미상의 영향을 미치지 못한다. 이 시기의 특징은 두 개 단어의 조합으로 2어문의 형식을 갖추었으나, 그 의미의 내용은 단일 단어의 기능을 표현하는 두 마디 말의 형태이다. 두 마디 말의 과도기적 단계를 지나면서 아동이 표현하는 말의 특징은 내용어만을 표현하고 기능어는 생략한다. 이런 문장에서는 마치 전보처럼 중요한 단어만 나열된다고 해서 전보식 문장 내지는 말이라고 한다.

2어문 시기가 되면 3어문이 겹쳐서 출현하며, 세 단어 이상을 쓰는 다어문 시기로 이행된다. 그 후 6세경부터는 문법규칙들을 익히는 통사숙달기로 접어들게 된다.

3) 청각장애아동의 언어발달 특성

(1) 음운 발달

청각장애아동의 발성에 관한 연구는 거의 찾아볼 수 없다. 옹알이 단계(출생 후 4개월)에 있는 농아동과 건청아동의 발성을 비교해본 결과에 의하면, 양자의 발성은 유의한 차이를 보이고 이 차이는 질적이라기보다는 양적인 것으로 나타났다. 즉 건청아동의 발성이 점점 증가하는데 비해 농아동은 점점 감소하게 된다(Bernsteine & Tiegerman, 1985).

청각장애아동의 말표현에 관한 연구를 보면, 자음의 21%, 모음의 12%가 오조음 되는 것으로 나타났다. 그들의 오조음 유형은 초성과 종성 자음의 생략, 발성과 비음의 오류 및 생략, 모음의 왜곡 등이다. 또한 억양·지속·리듬과 같은 운율적 요소들도 제대로 표현하지 못하는 것으로 나타났다(Bernsteine & Tiegerman, 1985).

청각장애아동의 발음은 일반적으로 부정확하나, 청력손실 정도에 따라서 정확도가 달라진다. 청력이 좋을수록 청각적인 음소변별력이 높아지고 발음을 명료하게 할 수 있다. 발음명료도는 운율적 오류가 적을수록 향상된다는 연구결과도 있다(Smith, 1975). 따라서 청각장애아동의 언어 훈련에서는 억양, 지속, 강세 등의 운율적 요소를 향상시키는 것도 발음교정 못지않게 중요하다고 할 수 있다.

이상에서 밝혀진 연구 결과는, 청각장애아동 역시 음성적 수준에서 발달시켜야 될 여러 가지 요소를 습득할 수 있으며, 실제로 규칙에 맞는 음운 체계의 일부를 습득하여 사용하고 있다는 것을 보여준다. 규칙에 맞는 음운체계의 일부만을 습득하게 되는 원인은 청력손실의 결과로 말을 잘 수용하지 못하기 때문이다. 따라서 청각장애아동의 언어교육 프로그램에서는 적절한 보청기기의 착용과 청능훈련을 통해 언어수용을 잘 할 수 있게 하여야 한다. 한편 청각장애아동이 사용하는 음운체계는 보다 나이가 어린 건청아동과 유사하다. 이것은 청각장애아동의 언어교육 프로그램이 건청아동의 음운 발달순서에 따라서 구성되어야 함을 시사한다.

(2) 통사 발달

청각장애아동이 통사구조를 사용하는 특성은 다음과 같다(Quigley & Paul, 1984).

① 통사구조를 사용할 때의 난이도

청각장애아동이 통사구조를 사용할 때 가장 쉬운 것은 부정문이며, 그 다음이 접속문, 의문문의 순으로 나타났다. 이러한 통사구조는 건청아동의 경우에도 유사한 것으로 나타났으나, 그 순서는 의문문, 접속문, 부정문으로 약간의 차이가 있다. 청각장애아동에게 가장 어려운 통사구조는 관계대명사이며, 그 다음은 보어, 동사, 대명사 순이었다. 건청아동의 경우에도 동사, 관계대명사, 보어, 대명사의 순으로 청각장애아동과 비슷한 경향을 보인다.

따라서 청각장애아동이 가장 쉽게 습득하는 통사구조는 부정문, 접속문, 의문문이라고 할 수 있으나, 그들이 고등학교를 졸업하는 19세 전후까지도 그러한 통사구조마저 완전히 숙달하는 경우는 거의 없다.

② 단계적인 통사구조 습득

일반적으로 통사구조는 발달단계에 따라서 순차적으로 습득된다. 청각장애아동의 통사구조 습득에서도 건청아동과 유사한 발달단계를 관찰할 수 있으나 그 속도는 훨씬 느리다. 또한 청각장애아동은 그들에게서만 나타나는 독특한 통사구조를 사용하기도 한다. 즉, 건청아동이 전혀 사용하지 않으며, 구어에도 없는 통사구조를 자주 사용한다. 이와 같은 청각장애아동이 사용하는 독특한 통사구조는 구어의 통사를 완전히 습득하지 못했기 때문이며, 또 1차적으로 내면화된 수화의 통사구조를 따르기 때문이라고 할 수 있다.

이상에서 본 바와 같이 청각장애아동의 통사발달은 일반아동과 유사한 단계를 거치나, 그 속도는 상당히 느리다. 따라서 교사가 청각장애아동의 통사발달을 촉진시키기 위해서는, 청각장애아동 개인의 특정한 발달단계를 확인하고 거기에 맞는 지도 자료를 사용해야만 한다. 또한 기존의 언어지도 자료에 나타나는 통사구조는 청각장애아동의 발달단계에 맞지 않는 경우가 많으므로 수정하여 사용하는 것도 필요하다.

4) 청각장애아동의 언어습득과 그 발달에 영향을 미치는 요인

언어습득과 발달은 여러 가지 요인에 의해 영향을 받는다. 일반적으로 청각장애아동의 개인적 조건, 가정환경, 교육환경으로 나누어 볼 수 있다.

(1) 개인적 조건

언어는 어린이의 개인적 특성 가운데 지능, 심신의 상태에 따라 그 발달의 양상이 달라진다. 사람이 말을 하고, 듣고, 쓰고, 읽기 위해서는 적절한 기억력, 사고능력, 모방력, 문장구성력 등이 요구되기 때문에 언어발달과 지적능력의 관계가 이제까지 많은 학자들의 주요 관심사가 되어왔다. 학자들에 따라 사고의 발달이 언어발달에 예속된다고 하여 언어를 강조하는 입장과 언어보다는 사고를 더 중요하게 생각하는 입장으로 대립되기도 하지만, 대체로 언어발달과 지적 능력 간에는 정적인 상관관계가 있는 것으로 여긴다.

다음으로 언어의 습득과 발달은 어린이의 신체조건에 따라 영향을 받는다. 여기에서 신체조건이란 촉각기관, 발음기관, 청각기관 및 신경근육조직의 정상성 여부를 의미한다. 즉, 정상적인 언어발달이 이루어지기 위해서는 이들 신체기관이 효과적으로 기능을 발휘해야 한다. 출생 시 체중미달 어린이가 언어이해능력, 사용어휘수 등에 있어서 발달이 뒤떨어졌다는 보고가 있다(May, 1980). 또한 아동의 사회성과 정서 상태도 언어발달과 밀접한 관계를 맺는다. 언어는 사회적 맥락 속에서 습득되고 발달된다. 따라서 친구가 없는 고립된 어린이보다 사회성이 잘 발달된 어린이가 언어발달이 빠르다.

이와 같은 측면에서 청각장애아동은 언어와 관련된 인지능력 · 신체조건 그리고 이로 인한 사회성의 결여 등에 의하여 구어 언어 습득과 발달에 결정적인 영향을 받는다.

(2) 가정환경

가정은 어린이가 언어학습을 하는 데 매우 중요한 역할을 한다. 가정환경 변인 가운데 사회·경제적 계층, 형제관계, 부모와의 언어 상호작용, 물리적 환경 등이 언어발달과 관계가 깊다. 청각장애아동의 경우, 특히 부모와의 언어적 상호작용은 가장 중요한 변인으로 간주된다.

청각장애아동의 청각장애자 부모는 그들의 자녀가 청각장애라는 진단을 믿고 일찍부터 수용하나 건청부모는 진단을 믿지 않거나 또 확실한 진단을 위해서 이 병원 저 병원을 찾다보면 언어지도 시기를 상실하는 경향이 많다(김병하, 강창욱, 1992).

Meadow(1969), Vernon & Koh(1970) 등도 청각장애인 부모를 가진 청각장애아동이 보다 잘 인지하는 것은 초기 발달단계에서 수화에 의한 언어를 습득하기 때문이라고 지적하고 있다. 즉, 부모의 지나친 정상화에 대한 요구로 청각장애아동의 세계를 무시한 구어일변도의 압력은 청각장애아동에게 지나친 위축감, 의사소통에 대한 불안감, 건청인 사회에 대한 반발심을 일으킴으로써 더욱 더 도피감, 열등감, 고립감을 심어주게 된다. 성장과정에서 그들의 유일한 의사소통의 수단인 수화언어 시스템을 무시하기보다는 유아기부터 체계적으로 지도하여 그들의 의사소통에 대한 의욕을 말살시키지 않는 범위에서 구어교육을 시도할 필요가 있다.

(3) 교육환경

생태학적 이론에 비추어 볼 때 청각장애아동은 건청아동보다는 언어습득과 발달에 교육환경의 영향을 많이 받는다. 특히, 구어지도를 위해서는 조기교육이 필수적이고, 교수활동의 대부분이 교사와의 언어행위에 의하여 이루어지게 된다. 특히, 청각장애아동은 대부분 조음장애를 가지므로 구어에 대한 자신감이 매우 희박하다. 때문에 말을 하도록 격려하고 조장해 주는 허용적인 분위기가 매우 중요하다. 아울러 청각장애아동의 언어발달은 교육 프로그램의 유형에 따라서도 많은 영향을 받는다.

참고문헌

강창욱(1994). 청각장애아학생언어의 통사구조분석. 박사학위청구논문, 대구대학교 대학원.

김문정, 진수림, 석동일(2006). 전음성 청각장애아동과 인공와우 착용 청각장애아동의 어음변별력과 어음명료도에 관한 연구. **언어치료연구**, 15(2), 45-58.

김병하, 강창욱(1992). 청각장애부모의 양육 태도. **특수교육학회지**, 13(1).

김승국, 서봉연(1983). **언어의 발달과 지도**. 서울: 한국방송통신대학.

남기심, 고영근(2003). **표준국어문법론**. 탑출판사.

배주채(1996). **국어음운론 개설**. 신구문화사.

이승복. 이희란 역(2005). **언어발달**. 서울: 시그마프레스.

이영자(2006). **유아언어발달과 지도**. 서울: 양서원

정동빈(1994). **언어발달지도**. 서울: 한국문화사.

Bernsteine, D.K. & Tiegerman, E.(1985). *Language and communication disorders in children.* OH: Bell & Howell.

Chomsky, N.(1957). *Syntactic structure.* The Haugue: Mouton.

Chomsky, N.(1965). *Aspect of the theory of syntax.* Cambridge, Mass.:M.I.T. Press.

Furth, H.(1966). *Thinking without language.* New York: Free Press.

Gillam, R. B., Marquardt, T. P., Martin, F. N.(2000). *Communication sciences and disorders.* C.A. San Diego: Singular Publishing Group.

Lenneberg, E.H., Rebelsky, F.G., & Nichols, I. A.(1965). The vocalization of infant born to deaf and hearing parents. *Human Development, 8,* 23-37.

Ling, D.(1989). *Foundation of spoken language on hearing impaired.* Alexander Graham Bell Association for the Deaf and hard of Hearing.

Meadow, K.(1969). Self-image, family climate and deafness. *Social Focus, 47*(5), 428-438.

Moores, D. F.(2001). *Educating the deaf, 5th Ed.* New York: Houghton Mifflin Co.

Quigley, S. P. & Paul, P. V.(1984). *Language and deafness.* San Diego: College Hill Press.

Sanders, D. A.(1993). *Management of hearing handicap: infant to elderly, 3rd Ed.*

N.J. Englewood: Prentice-Hall, Inc.

Smith, C.(1975). Residual hearing and speech production in deaf children. *Journal of a Speech and Hearing Research, 18.*

Stokoe, W. C.(1960) *Sign language structure: an out line of the visual communication system of the american deaf studies in linguistics.* Washington, D.C.: Gallaudet College Press.

Vernon, M. and Koh, S.(1970). Effects of manual communication on deaf children's educational achievement, linguistic competence, oral skills, and psychological development. *American Annals of the Deaf, 115*(5), 527-536.

제 3 장

언어지도를 위한 보조공학적 접근

청각장애아동의 청각재활은 잔존청력의 개발에 역점을 둔 청능훈련을 통한 언어습득을 목표로 한다. 이러한 목표를 위한 공학적 접근은 1990년대 이후 급속도로 발달한 이공학과 더불어 질적 및 양적 발전을 거듭하였다. 공학적 접근은 잔존청력을 최대한 증폭할 수 있는 음향공학과 청각적 정보를 보완하거나 대체하기 위한 의사소통 체계 개발을 위한 시각적 및 촉각적 방법을 이용하는 공학으로 구분된다. 본 장에서는 청각재활을 위한 대표적인 음향공학 기기인 보청기와 인공와우를 중심으로 기술하고자 한다.

1. 보청기

청각장애 아동의 성공적인 언어치료를 위해서는 언어치료사의 보청기에 관한 전문적인 지식이 필요하다. 본 절에서는 보청기의 원리, 부품과 기능 구조 및 특성 등에 대해서 살펴보고자 한다.

1) 보청기의 원리

보청기는 청력손실로 인해 감소되어 들리는 소리를 청각장애인이 잘 들을 수 있도록 증폭시켜주는 장치이다. 청각장애인들이 사용하고 있는 보청기의 일반적인 기본 원리는 다음과 같다(그림 3.1).

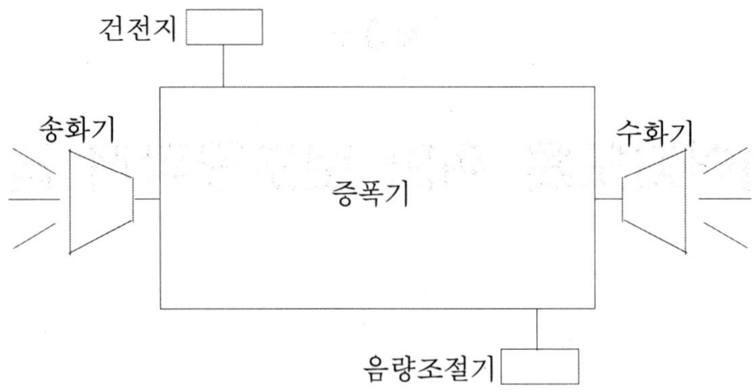

[그림 3.1] 보청기의 기본 원리

그림 3.1의 송화기는 집음된 소리를 전기적인 신호로 변환시키고, 증폭기는 송화기의 전기신호를 충분한 크기의 전기신호로 증폭시킨다. 증폭된 전기적 신호는 수화기에서 어음으로 변환된다. 귀걸이형 보청기는 수화기에서 나오는 증폭된 소리를 도음관과 이어몰드를 통해 전달시키고, 귓속형 보청기는 개인의 외이도에 맞추어 제작된 보청기가 외이도에 삽입되므로 수화기에서 나오는 증폭된 소리가 직접적으로 고막에 소리가 전달된다. 건전지는 보청기의 전기적인 에너지를 공급하여 소리를 충분히 증폭할 수 있도록 한다.

보청기의 다양한 종류와 형태의 일반적인 원리는 그림 3.1과 같이 간단하다. 최근 개발된 보청기들은 전기증폭시 출력제한 장치 및 주파수 전환 장치 등의 다양한 조절기를 통해 청각장애인의 개인별 특성에 맞추어 소리를 조절할 수 있도록 고안되었다.

2) 보청기의 부품과 기능

귀걸이형 보청기와 귓속형 보청기에 내장되어 있는 일반적인 부품은 그림 3.2와 같다.

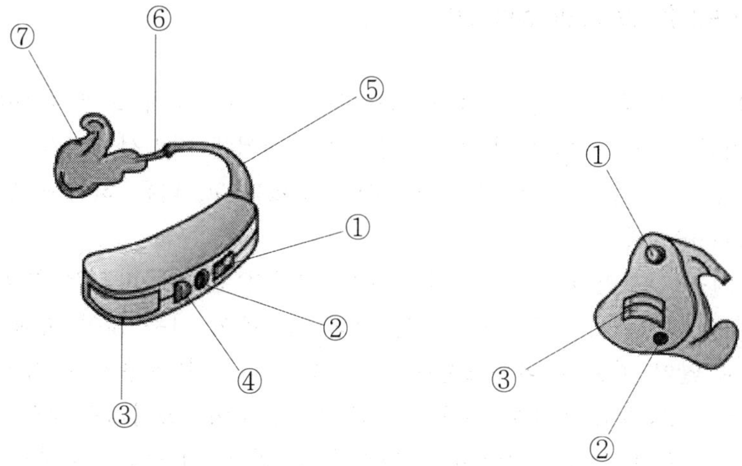

가. 귀걸이형 보청기 나. 귓속형 보청기

① 전원스위치 ② 송화기 ③ 건전지 ④ 이득조정기 ⑤ 이어후크 ⑥ 도음관 ⑦ 이어몰드

[그림 3.2] 보청기의 부품

출처: http://www.healthatoz.com

(1) 전원스위치

건전기를 끄거나 넣는 스위치로 일반적으로 귀걸이형 보청기는 “on-off”와 같은 표기로 구분되어 보청기를 사용할 때는 “on” 끌 때는 “off”의 위치에 스위치를 둔다. 귓속형 보청기는 버튼식으로 눌러서 보청기를 켜거나 끌 수 있다.

(2) 입력전환스위치

최근 보청기에는 거의 전화코일(telecoil)이 내장되어 있어 전환 스위치로 전화통화시 전화기의 자기장을 통해 보다 명료한 소리를 들을 수 있도록 고안된 장치이다. 송화기는 M, 전화 통화는 T로 나타낸다. 전화 통화시 전환 스위치를 T로 변환시켜 보청기를 전화기의 수화기에 접촉시키면 전화기의 수화기에서 나오는 소리만 들을 수 있고 주변 환경음이나 어음은 들을 수 없다. 이 장치는 전화뿐만 아니라 루프(loop)를 사용한 TV나 집단 보청기의 루프 시스템에서 공부할 때에도 이용될 수 있다.

(3) 이득조정기(Volume control)

이득조정기는 보청기 음향 이득을 가감하는 것으로, 수치로 표시되어 있다. 숫자를 높이면 음량이 증대된다. 이 조정기는 보청기에 따라서 2개가 부착되어 있는 것도 있다. 하나는 주이득조정기(main volume)이고, 다른 하나는 부이득조정기(sub volume)이다.

이득조정기는 난청인의 청력수준이나 주위 청각적 환경에 따라서 착용이득을 결정해야 하며, 한 개의 이득조정기로는 가변되는 폭이 너무 넓어 미세한 조정이 용이하지 않기 때문에 이득조정기를 두 개로 나누어 착용자의 청력수준에 맞추어 부이득조정기로 필요한 이득을 정해 놓고, 주이득조정기로 약간씩 조정하므로써 보다 쉽게, 그리고 적절하게 조정할 수 있다. 최근에는 보청기의 피팅이 대부분 컴퓨터 프로그램을 통해 제어하므로 난청인들이 이러한 조정기들을 직접 조절하는 경우는 거의 없다.

(4) 음질조정기(tone control)

청력형은 사람에 따라 다르기 때문에 보청기는 다양한 청력형에 적합한 주파수특성이 필요하다. 이 목적을 위해 보청기에는 음질조정기가 부착되어 있다. 보청기의 음질조정기는 F-L-H 또는 L-H-N의 특성을 갖도록 설치되어 있다. F 또는 N은 기준 주파수반응으로 그 보청기의 기준이 되는 주파수 특성이고, H는 기준 주파수 반응에 대하여 저음을 강조 또는 고음을 감쇠한 특성을 나타내는 기호이다.

일반적으로 음질을 조정할 때는 수평형은 "N", 고음점경형은 "H"에 맞춘다. 청력형으로 봐서는 같은 음질이 필요할 것 같으나, 개개인에 따라서는 차이가 나기 때문에 청력형이 같다고 해서 음질조정기의 위치가 반드시 같아야 되는 것은 아니다. 그러나 고음급추형과 같이 1,000Hz 이상의 고음부에서 전혀 잔존 청력이 없거나, 거의 없는 경우에는 음질조정기를 "L" 또는 "N"에 맞춘다. 하지만 최근에는 따로 음질조정기가 나와 있는 경우는 거의 없다.

(5) 출력제한장치

감각신경성 청각장애인이 보청기를 처음 사용할 때는 일반적으로 '소리가 울리다', '시끄럽다', '피곤하다', '귀가 아프다' 등등으로 호소하는 일이 많다. 이 때문에 보청기의 착용을 거부하고 사용을 중단하는 경우가 있다. 이러한 현상은 주로 보충현상(recruitment)이 양성인 경우로 불쾌역치 이상의 큰 소리가 들어가기 때문이다. 이와 같은 사람은 역동범위(dynamic range)가 좁고, 필요한 음성(비교적 작은 소리나 큰 소리)을 명료하게 들을 수 없다. 즉, 작은 어음은 가청역치에 도달하지 않아 듣지 못하고, 큰 소리는 불쾌역치를 초과하여 들을 수 없다.

이러한 불쾌역치 이상의 소리가 나지 않도록 하고, 또한 보충현상에 의한 영향을 최소화 하기 위한 것이 출력제한 장치이다. 이는 강한 소리에 대해서는 비교적 낮게 억제하고, 약한 소리는 충분히 증폭하도록 하여 될 수 있으면 넓은 범위의 소리를 들려주도록 하는 것이다. 이 장치에는 최대출력 음압만을 억제하는 것과 최대 출력 음압을 억제함과 동시에 음향이득도 변화시킬 수 있는 것이다. 이러한 장치가 개발됨에 따라 감각신경성 난청에 대한 보청기 적응범위가 크게 확대되었다.

(6) 이어후크(ear hook)와 도음관

귀걸이형 보청기를 귀에 인봉하는 부분이다. 지금까지의 후크는 음이 울리거나해서 음의 전달이 방해받는 경향이 있기 때문에 음향저항기를 설치함으로써 음이 울리지 않고 보다 자연스러운 음으로 들을 수 있게 하였다. 이어후크를 통해서 음을 귀로 인도하는 관이 도음관이다. 도음관은 귀에 맞추어서 길이를 적당히 자른다. 그리고 추울 때는 관 속에 습기가 생성되므로 습기 방지용 실을 넣은 도음관도 있다.

(7) 이어몰드

귀걸이형 보청기의 이어몰드는 증폭된 음을 보청기의 수화기에서부터 외이도를 통해 고막까지 가능한 효율적으로 전달하기 위해 고안되었다. 이 전달과정에서 이어몰드의 외형과 환기구의 형태가 보청기의 주파수 반응, 외이도 폐쇄효과(occlusion effect), 보청기의 출력 등에 영향을 미친다.

① 이어몰드 기능

첫째, 증폭된 음이 보청기의 송화기로 되돌아가는 음향피드백이 발생하지 않도록 외이도를 폐쇄시킨다.
둘째, 보청기의 전기음향학적 특성을 수정하여 귀에 도달하는 증폭음을 조정하게 한다.
셋째, 보청기 사용자로 하여금 착용감과 안정성을 증대시킨다.

② 이어몰드 형태

이어몰드의 형태는 청력손실의 형태와 보청기 사용자의 요구에 의해 결정된다. 일반적으로 청각장애인들이 주로 사용하고 있는 이어몰드의 형태는 그림 3.3과 같다.

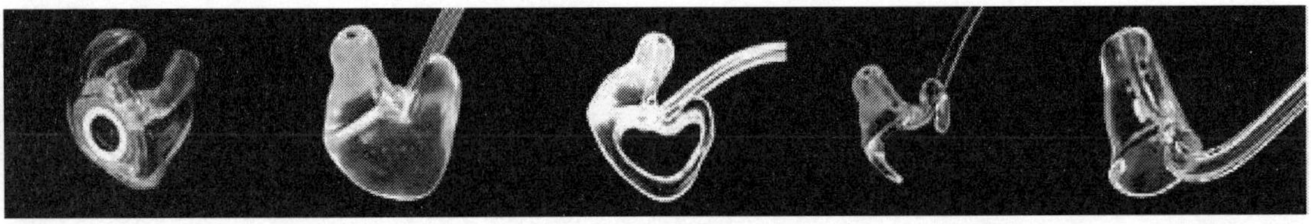

가. standard형 나. shell형 다. skeleton형 라. semi-skeleton형 마. canal형

[그림 3.3] 이어몰드 형태

출처: http://www.emsee.ca/Styles.html

이어몰드 형태 중 standard형은 일반적으로 수화기형(standard receiver couple type)으로 불리워지고, 갑개를 모두 채운 형태로 음향이득이 큰 보청기의 피드백을 감소시킨다. shell형은 피드백을 감소시키는데 효율적이고, skeleton형과 semi-skeleton형은 안정적이고 효과적인 이어몰드이며 가장 보편적인 형태로 갑개 부분의 가운데 부분을 제거하여 착용감이 좋고, 미용효과도 있다. canal형은 외이도에만 삽입되는 이어몰드 형태로 비교적 낮은 이득의 보청기를 사용할 때 주로 사용한다.

③ 이어몰드의 음향이득

이어몰드의 가장 중요한 기능은 증폭된 소리 신호를 수정하여 주파수 반응형태를 변형시키고, 착용시의 모습, 보청기를 통해 들리는 자신과 타인의 목소리와 음향피드백 등에 영향을 준다. 보청기의 수화기를 통해서 나오는 음향에 영향을 주는 요인은 환기구, 여과기 그리고 도음관이 있다. 도음관의 크기는 귀걸이형 보청기에서는 2㎑ 이상, 귓속형 보청기에서는 5㎑ 이상의 고주파수에 영향을 미친다. 여과기는 귀걸이형 보청기에서는 800~2,500㎐, 귓속형 보청기에서는 1,500~3,500㎐의 주파수에 영향을 미친다. 환기구는 대개 1㎑ 이하의 저주파수 대역에 영향을 미친다(이정학, 이경원, 2005).

3) 보청기의 기본 구조와 특성

보청기의 기본구조는 송화기, 증폭기, 수화기, 건전기, 조절기로 구성되어 있다. 송화기는 음파의 에너지를 집음하여, 이를 전기 자극으로 변환시키는 역할, 즉 음파를 전파로 바꾼다. 증폭기는 송화기를 통하여 유입된 전기 자극을 증폭시키는 역할을 하는데, 이것은 건전지의 에너지에 의해서 이루어진다. 과거에는 이 역할을 위해 진공관을 사용하여 보청기의 크기가 크고 중량이 무거웠으나 트랜지스터가 개발됨에 따라 보청기의 크기와 중량이 감소하였고, 그 후 수은전지의 개발로 더욱더 소형화되었다. 건전지의 소형화는 청각장애인의 보청기 착용을 상용화하는데 크게 기여하였다. 음성신호로 변환하는 장치를 에너지 변환기(transducer)라 한다. 용도에 따라서는 송화기 대신에 텔레코일(telecoil)이나 FM전파의 수신기가 보청기에 내장되어 있는 것도 있다. 또한 수화기 대신에 골도수화기를 통하여 소리를 전달하는 방식의 보청기도 있다.

(1) 송화기

송화기의 목적은 음파에 의해서 전달된 에너지를 전기 에너지로 바꾸는 것이다. 음파의 주파수와 강도는 메시지에 관한 부호화된 정보를 나타내기 때문에 음파가 전기적 형태로 바뀔 때 가능하면 정확히 복사되어져야 한다.

보청기용 송화기에는 여러 가지 종류가 있으나, 방향에 따른 음의 감도에 따라서 다음의 두 종류로 분류할 수 있다. 무지향성 송화기는 어느 방향의 소리에 대해서도 감도에 차이가 없는 것을 말한다. 대부분의 보청기에는 이러한 무지향성 송화기가 사용되고 있다. 반면에 단일 지향성 송화기는 소리의 발생위치가 전방일 때 감도가 가장 좋은 특징을 지니고 있다. 귀걸이형 보청기를 지향성 보청기라고 부르기도 한다. 최근에는 송화기를 두 개 장착하여 기존의 송화기가 가지고 있는 단점을 보완한 보청기도 개발되었다.

(2) 증폭기

송화기에서 변압된 미약한 전압을 30~100,000배 정도까지 증폭하여, 수화기에서 충분한 출력음압이 얻어질 수 있도록 해 주며, 주파수 특성을 변화시킨다든지 필요한 이득을 얻을 수 있도록 조절하고, 필요 이상의 출력 음압이 나지 않도록 하는 작용을 한다.

증폭기는 입력소리와 출력소리의 관계와 증폭방식에 따라 선형(linear) 증폭기와 비선형(non-linear) 증폭기가 있다.

① 선형(linear) 증폭기

입력 소리와 출력 소리가 비례 관계(1:1)를 갖는 증폭기이며 가장 전통적인 방식이다. 보청기의 최대 출력 음압이 청각장애인의 불쾌 역치를 초과하지 않도록 최대출력 음압을 제한하는 것을 최대출력음압(Maximum Power Output; MPO) 또는 포화출력음압(Saturation Sound Pressure Level; SSPL)이라고 하며 일정한 기준이상의 소리는 최대출력음압에 도달하면 출력제한장치(peak clipping)에 의해 출력이 제한되기 때문에 이때 출력음은 왜곡현상(distortion)이 일어나게 된다.

② 비선형(non-linear) 증폭기

선형 증폭기는 최대출력음압이 높을수록 소리의 질은 좋아졌지만 불쾌역치수준(UCL)을 초과하는 경우 소음성 난청을 야기시킬 수 있다. 또 최대출력음압을 줄이면 이러한 단점은 보완되지만 큰소리에서 출력제한이 발생할 때마다 왜곡이 발생하기 쉽다. 이러한 문제점을 개선하기 위하여 비선형 증폭기가 개발되었다. 입력과 출력의 관계가 1:1이 되지 않는 모든 유형의 증폭기가 포함되며 대부분의 출력제한을 압축법으로 하기 때문에 압축 방식(compression) 또는 자동이득조절방식(Automatic Gain Control; AGC)이라고도 한다.

비선형 증폭기의 제원을 표시하는 방법은 압축 시스템이 작동하는 레벨을 압축 역치(Compression Threshold; CT 또는 Kneepoint)라고 하고, 입출력의 비율을 압축률(Compression Ratio; CR)이라고 한다. 또한 선형 시스템에서 압축 시스템으로 바뀌는데 걸리는 시간을 작동시간(Attack Time; AT)라고 하며, 압축시스템에서 다시 선형시스템으로 바뀌는데 걸리는 시간을 회복시간(Relase Time; RT)라고 한다. 증폭기를 기준으로 압축을 입력장치에 두면 입력 압축(AGC-output)이라고 한다. 비선형 증폭기는 큰소리가 입력되거나 출력되면 이를 일정한 비율로 감소시키는 방법인 전 음역 자동신호처리방식(Fixed frequency response)과 기존의 주파수로 어음을 증폭하게 되면 상대적으로 저주파수가 강조되어 어음 변별력이 떨어지므로 이를 피하고 보다 양질의 증폭을 위한 대역별 자동신호 처리방식(level depend frequency response)으로 크게 구분된다.

③ 수화기

증폭된 전기신호를 음으로 변환시키는 것을 수화기라고 하는데, 보청기에는 대개 자석형 수화기를 사용하고 있다 이것은 크기, 성능, 신뢰성 그리고 능률 등이 우수하기 때문이다.

아무리 고도의 난청인이라고 할지라도 보청기 사용을 권하면 예외 없이 귀에 착용한 모양이 흉하지 않느냐고 질문하지 않는 사람이 없을 정도로 타인에게 자신의 핸디캡을 보이기 싫어하는 공통된 심리가 있다. 그러므로, 각 회사는 가능한 한 작게 만들려는 노력이 지속되어 어느 정도 성공하고 있는 설정이다.

수화기에는 기도 전도용의 디스크형과 외이도 삽입형 및 골전도용의 세 가지 종류가 있는데, 보통 전자는 집단훈련시 사용되고 개인용 보청기에는 후자가 주로 사용되고 있다. 외이도 삽입형은 각자의 외이도 크기에 맞도록 본을 만들어 보청기 회사에 보내면 난청인의 외이도에 맞추어 제작하여 착용하고 있다. 이에 비해 디스크형은 제작이 간단하나 수화기를 머리에 부착해야 하는 불편과 모양이 크다는 불리한 점이 있을 뿐만 아니라 음의 증폭이 증대되면 음이 외부로 많이 새어나가는 단점이 있다.

골전도용 이어폰은 귀 뒷부분과 유양돌기 부위에 부착시켜서 음파가 중이를 거치지 않고 직접 내이에 전달되게 할 목적으로 만들어진 것인데, 기도용 보다는 그 성능이 좋지 않으며, 증폭능력이 어느 정도의 제한을 받을 뿐만 아니라 건전지의 소모량이 기도전도용에 비해 큰 단점이 있다. 그러므로 골전도용 보청기는 외이도 기형 또는 외이도 협착증 등으로 인해 수화기의 외이도 삽입이 불가능하거나 외이도에 만성염증이 있거나, 외이도 삽입형을 기피하는 사람에게 사용되고 있다.

④ 전원

보청기의 전원은 건전지를 의미하며, 송화기로 들어온 소리를 증폭하는데 필요한 에너지를 공급한다. 보청기용 건전지는 시중에 유통되고 있는 수은 전지는 전압이 1.5V로 보청기에는 적절하지 않으며 보청기를 손상시킬 수 있다. 보청기용 건전지는 아연(Zinc-air) 건전지로 전압은 1.4V이고 보청기의 종류에 따라 건전지의 종류와 사용기간이 다르다.

4) 보청기 유형

보청기의 유형은 착용 위치에 따라 상자형, 귀걸이형, 안경형, 귓속형으로 착용형태에 따라 편이 작용, 양이 착용, Y-cord, CROS와 Bi-CROS로 분류된다. 또 신호처리 방식에 따라 아날로그 방식과 디지털 프로그램형, 디지털방식으로 나누고 청각 보조장치에 따라 FM 시스템 보청기, 집단용 보청기, 유도파 보청기, 적외선 보청기로 구분된다.

(1) 보청기 착용 위치에 따른 분류

최근에는 개인용 보청기의 성능 개발에 보청기 회사들이 주력해 온 결과, 소형 보청기의 성능이 크게 향상되었다. 과거에는 개인 보청기 중에서 청각장애아동에게 가장 좋은 것으로 상자형 보청기가 권고되었으나, 최근에는 귀걸이형 보청기의 증폭도가 대폭 향상되어 유소아 청각장애아동들도 대부분 귀걸이형 보청기를 착용하고 있다.

① 상자형 보청기

상자형 보청기는 비교적 크기가 크기 때문에 최중도 청각장애아동을 위해 음의 증폭을 크게 하고, 주파수 범위를 넓게 할 수 있으며, 가격도 가장 저렴하다. 아울러 다양한 보청기 조정장치를 부착하고 있다. 즉, 음량조정기, 음질조절기, 최대출력조정장치, 전화코일 등을 사용함으로써 착용자에게 보다 적합한 증폭을 제공할 수 있다.

상자형 보청기의 수화기는 귀수준 보청기와는 달리 송화기와 증폭기와 같이 상자 안에 내장되어 있다. 수화기는 코드로 증폭기에 연결되어 있다. 이 보청기는 주로 중증의 청력손실을 가지고 있는 유아들과 조절기의 미세한 조절에 제한을 가지는 노인들이 주로 착용하였으나, 최근에는 소형 보청기들의 증폭도가 향상됨에 따라 상자형 보청기의 수요가 감소되고 있다.

② 안경형 보청기

이 보청기는 귀수준 보청기를 필요로 하면서도 안경을 착용하고 있기 때문에 귀걸이형 보청기를 착용할 수 없는 경우에 필요하다. 귀걸이형 보청기와 마찬가지로 안경형 보청기는 대개 경도에서 중등도 청력손실자에게 적합하다. 그러나 최근에 와서는 거의 사용되지 않는 실정이다. 이 형태의 보청기는 편이나 양이에 쉽게 착용할 수 있으며, 자동 음량조정기와 전화코일도 부착할 수 있다. 송화기와 수화기는 안경테에 내장되어 있으며, 짧은 길이의 관으로 보청기와 이어몰드를 연결하고 있다.

③ 귀걸이형 보청기

귀걸이형 보청기의 장점은 의복의 잡음을 완전히 배제할 수 있고, 상자형 보청기에 비해 크기가 현저히 작고 송화기의 위치가 귀수준에 있다는 점이다. 최근 귀걸이형 보청기의 증폭도가 증가함에 따라 최고도 난청 아동들도 대부분 귀걸이형 보청기를 착용하게 되었다.

귀걸이형 보청기는 "on-off" 음향조정기가 분리되어 있어서 음향을 바꾸지 않고 보청기를 작동 또는 중지할 수 있다. 또한 전화코일이 있어서 전화를 사용할 때 환경 잡음을 제거할 수 있다. 또한 송화기를 두 개 장착한 유형은 착용자가 앞뒤에서 오는 소리도 구분하여 들을 수 있다.

귀걸이형 보청기는 이어몰드가 느슨하면 송화기와 음의 출구와의 간격이 가깝기 때문에 음향피드백이 일어나기 쉽다. 외이도가 깊지 않은 아동은 이어몰드가 제대로 끼워져 있다 해도 금방 벗겨지는 경우도 있다. 귀걸이형은 이어몰드만으로 고정시켜주는 것도 고려해야 한다. 이 보청기는 귀에 걸어서 사용하지만, 이어몰드가 들어가는 부위까지의 도음관의 길이를 적당한 길이로 맞추어 잘라야 한다. 너무 짧으면 이개의 윗부분에 염증을 일으키는 경우도 있고, 너무 느슨하면 벗겨지기 쉽다. 귀걸이형 보청기는 상자형 보청기보다 고음부의 조정이 용이하다.

④ 귓속형 보청기

귓속형 보청기가 처음 시판되었을 때 보청기의 낮은 음량이득과 주파수 범위의 한정에 대한 많은 논란이 있었으나, 미용상 보청기를 기피하는 난청인으로부터 높은 지지를 받고 있으며, 이개의 음향이득을 얻을 수 있고, 음량이득과 주파수에 대한 문제점들도 많이 개선되었다. 하지만 여전히 귓속형 보청기는 많은 양의 음향이득, 넓은 주파수대 또는 특정한 주파수 강조를 필요로 하지 않는 경도에서 중등도 난청인과 외이도가 완전히 성숙한 성인에게 적합하다.

귓속형 보청기는 착용형태에 따라 이개에 가득차 있는 외이도형(In-The-Ear; ITE), 외이도 입구에 위치하는 일반 귓속형(In-The-Canal; ITC), 외이도 깊숙이 고막 가까운 곳에 위치하는 고막형(Completely-In-the-Canal; CIC)이 있다(그림 3.4).

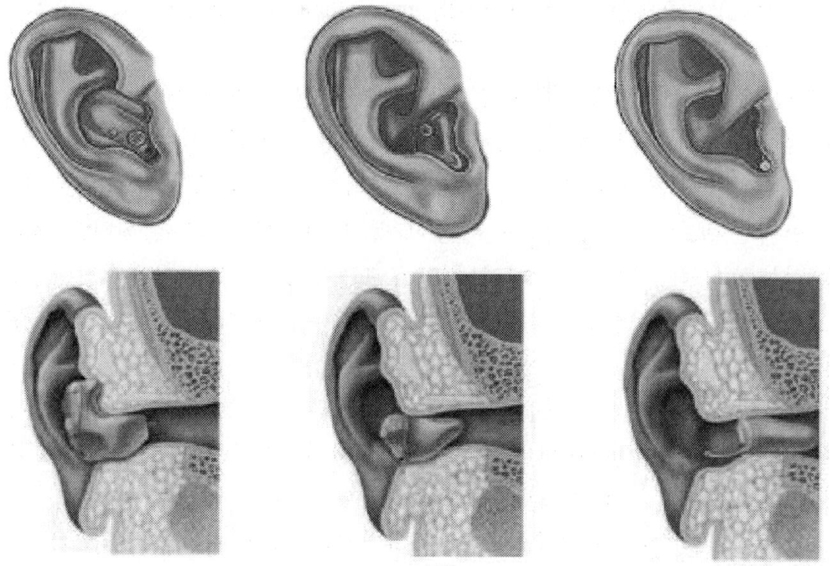

가. 외이도형(ITE) 나. 일반 귓속형(ITC) 다. 고막형(CIC)

[그림 3.4] 귓속형 보청기

출처: http://www.earsite.com/hearing_aids/hearing_aids.html
http://www.drsinha.com/hearingaids.htm

(2) 보청기 신호처리 방식에 따른 분류

① 아날로그 보청기(analog hearing aid)

소리를 전기 신호로 바꾸어 증폭시키고 나서 다시 소리 에너지로 바꾸는 가장 단순한 형태의 보청기이다. 소리의 증폭 과정이 입력신호의 변화에 의해서 자동으로 반응하는가의 여부에 따라 적응(adaptive type)과 비적응형(nonadaptive type)으로 나눌 수 있다. 적응형 보청기는 소음을 줄여주는 필터가 내장되어 있거나 입력된 신호가 주파수 영역에 맞추어 반응하는 회로 등이 내장되어 있다. 비적응형은 그 반대이다.

② 디지털 프로그램형 보청기(digitally programmable hearing aid)

디지털 프로그램형 보청기는 주변 환경의 소음 형태에 따라 여러 종류의 증폭 특성을 컴퓨터를 통해 프로그램화되어 있는 보청기이다. 증폭기는 아날로그 방식이고 조절 장치는 디지털 방식이다. 이러한 장치의 특징은 청력손실의 형태가 일반적인 보청기로서 충분한 활용이 불가능할 때 보다 섬세하고 자세한 조절을 가능하게 해 준다. 즉, 디지털 프로그램형 보청기는 저음영역의 청력손실과 고음영역의 보청기의 적절한 조절이 어려운 경우에 효과적으로 사용할 수 있다.

디지털 프로그램형 보청기는 다양한 유연성을 가지고 있어 여러 변수를 조정하여 모니터를 통해 동시에 비교 가능하게 한다. 난청인이 보청기 조절을 직접 참여하여 자신에게 필요한 환경에 적합한 프로그램을 선택할 수 있다. 모든 난청인의 개별적인 조정 변수들이 보청기나 컴퓨터 데이터 베이스에 저장되어 개인의 피팅 정보가 안전하게 관리되고 재피팅시 활용될 수 있다. 특히, 디지털 프로그램형 보청기에는 다중 메모리(multimemory) 기능과 다중 채널(mutichannel)이 있다. 다중 메모리 기능은 대개 3~5개의 기능을 가질 수 있어 보청기 착용인의 사회 활동범위를 여러 환경으로 구분하여 각각의 환경 속에서 알맞게 설정하여 사용할 수 있는 기능이다. 예를 들어, 전화 통화를 많이 하는 난청인의 경우 전화통화 환경과 일반 대화 환경을 분리하여 보청기에 메모리할 수 있는 기능이다. 따라서 사용자는 장착된 스위치 또는 리모콘 등을 이용하여 설정되어 있는 프로그램을 선택할 수 있다. 주파수의 영역을 채널로 구분한 다중 채널은 보청기에 전달되어 들어오는 소리를 2개 이상의 밴드로 나누어 자기 고유 영역을 가지게 함으로써 주파수대에 따라 각각 증폭 및 감소를 시킬 수 있는 기능이다. 이 기능은 각각의 채널마다 이득음, 출력, 압축 비율, 압축 시작점 등 많은 조절 장치를 효과적으로 사용할 수가 있어 개인의 청력손실 형태에 따라 보다 미세한 조절을 가능하게 한다.

볼륨 조절기가 외부로 나와 있지 않는 경우에는 클리닉이나 보청기 구입처에서 지속적으로 조절을 받아야 하는 번거로움이 있었으나, 최근에는 보청기에 부착된 스위치나 리모콘으로 쉽게 조절할 수 있다. 하지만 디지털 프로그램형 보청기 역시 사용자가 보청기 전문가와 협력하여 인내를 가지고 적극적으로 조절 과정에 참여하여야 보청기 기능이 최대한 활용될 수 있다.

③ 디지털 보청기(fully digital hearing aid)

가장 최근에 개발된 보청기로서 아날로그 보청기가 소리 신호를 전기 신호로 변환되는 과정에서 최대출력 이상의 증폭이 요구될 때 음의 왜곡을 유발하는 증폭기와는 달리 디지털 보청기는 소리를 0과 1로 대표되는 신호로 바꾸어 저장한 후 컴퓨터를 통해 변조하여 다시 음 신호를 바꾸는 방법을 사용하기 때문에 보다 유연성이 높은 것이 두드러진 장점이라 할 수 있다.

디지털 보청기에는 DSP(Digital Signal Processing)라는 컴퓨터 칩이 내장되어 있는데, DSP에서 보청기에 전달된 음의 증폭과 관련한 모든 정보를 처리하고 있다. DSP는 아날로그 보청기로는 기술적으로 한계가 있었던 여러 문제점을 보완하는 중요한 기능을 가지고 있다. 결과적으로 아날로그와 디지털 보청기의 차이점은 DSP에 의해 설명될 수 있다.

디지털 보청기의 일반적인 기능을 살펴보면 다음과 같다. 많은 난청인들이 보청기를 처음 착용하고서 시끄러운 장소에서 소음 때문에 어음을 잘 듣지 못 한다고 불평하였다. 이러한 문제점을 개선하기 위하여 최근 자동방향성의 기능을 가진 보청기는 소음이 있는 환경에 있을 때 자동적으로 배경소음을 조절해 준다.

또 그동안 보청기의 피드백 문제는 주로 고주파수의 이득을 낮추어서 그 문제를 해결해 왔으나, 이로 인해 구어를 이해하는데 어려움이 발생하였다. 이런 문제를 보완하기 위해 디지털 보청기는 고주파수를 크게 줄이지 않고 피드백을 일으키는 특정 주파수만을 줄여 전반적인 고주파수 이익은 유지하도록 하여 구어 이해도를 그대로 유지할 수 있도록 하였다.

많은 난청인들의 불평 중의 하나가 소리는 크게 들리는데 구어명료도 혹은 선명도가 떨어진다는 것이다. 이러한 문제점을 보완하기 위하여 디지털 보청기는 최대한 증폭시키고자 하였다. 자음은 외부환경에서 쉽게 들을 수 없는 낮은 에너지를 갖는 소리이기 때문에 이 자음을 얼마나 잘 듣느냐에 따라 난청인의 구어 이해도가 결정된다. 또한 인위적으로 시간적인 파형(temporal waveform)에서 최대치(peak)와 최소치(valley)를 확대시켜서 소리의 선명도를 향상시킬 뿐만 아니라 신호대 잡음비의 개선 효과로 소음 속에서의 어음변별력 향상을 기대할 수 있는 것이 또 다른 장점이다.

그러나 디지털 보청기의 이러한 장점에도 불구하고 개발비용이나 시장성의 한계성, 높은 가격, 보청기의 성능과 사용자의 만족도, 기기의 부피 등의 문제가 있으므로 아직은 개발 중인 기기라 할 수 있다. 따라서 앞으로 지속적인 기술 개발 노력과 보청기 사용자의 다양한 경험을 통하여 성능을 검증 받아야 할 것이다.

디지털 보청기와 디지털 프로그램형 보청기의 차이점을 살펴보면 다음과 같다. 첫째, Low Point가 디지털 프로그램형 보청기는 45dB SPL보다 높은 반면 디지털 보청기는 20dB SPL 보다 더 낮은 곳에서 시작될 수 있다. 둘째, 다중밴드(multiband)는 디지털 프로그램형 보청기는 3개 정도인 반면 디지털 보청기는 20개 이상도 가능하다. 셋째, 잡음 감소는 디지털 프로그램형 보청기는 진폭에 근거한 반면 디지털 보청기는 진폭과 시간상의 측면 모두를 고려한다. 넷째, 피드백에서 디지털 프로그램형 보청기는 고주파수를 감소시키는 반면 디지털 보청기는 잡음이 나타나는 여러 가지 상황에 대해 자동적인 조절이 이루어진다.

그러나 디지털 보청기와 디지털 프로그램형 보청기가 전통적인 아날로그 보청기에 비해 많은 장점이 있음에도 불구하고 아직까지는 보청기 사용자 개인의 모든 요구를 만족시킬 수는 없다. 따라서 좀 더 많은 연구와 검증 절차를 거쳐야 할 것이다.

5) 청각 보조장치에 의한 분류

(1) FM 시스템 보청기(Frequency Modulated System hearing aid)

FM 시스템 보청기는 소음이 심한 방이나 음의 반향이 큰 홀이나 음성을 청취하기에 부적합한 환경에서 어음변별 효과 및 언어청취 명료도를 증진시킬 목적으로 만든 것이다. FM 시스템은 화자의 말을 무선 마이크로 입력하고, 입력된 소리를 FM 채널을 통해 FM 보청기로 전달로 해 준다. 따라서 말하는 사람의 음성만이 명료하게 증폭되고, 그 밖에 필요없는 주위의 소음은 제거되거나 혹은 억제된다.

일반 개인용 보청기에 비교하여 FM 보청기의 장점은 신호대 잡음비(Signal-to-Noise ratio) 개선이다. 즉, 주위의 소음을 최소화하여 음의 질을 좋게 하는 점이다. 또한, 일반 개인 보청기가 지닌 음향이득이 거리에 반비례하는 약점을 FM 전파로써 해결하는 장점이 있다. 반면에 청각장애아동의 청능훈련의 목적이 좋은 소리에 대한 훈련만이 아닌 주위의 모든 음을 잘 듣고 변별하는 데 있다. 따라서 궁극적으로 모든 소음 속에서도 듣고자 하는 음성을 잘 듣고,

그 의미를 파악하는 것으로 FM 전파를 통한 양질의 소리에 의한 훈련은 일반화에 문제를 가질수 있다.

(2) 집단용 보청기

집단 보청기는 1920년대 말기에서 1930년대 초기에 고안되어 지금까지 많은 종류가 개발보급되고 있다. 집단 보청기의 이점은 큰 음을 양쪽 귀로 양호한 고주파수나 저주파수에서 들을 수 있는 장점이 있는 반면에, 아동들과 교사들의 동작을 제한한다는 단점이 있다.

(3) 유도파 보청기

유도파를 발생시키는 전선이 배선되어 있는 공간에서 보청기의 스위치를 전환하여 사용하는 보청기이다. 배선이 된 공간에서 자계 강도가 동일하기 때문에 행동 반경이 집단 보청기보다 넓고 청각장애아동이 가정에서 전화를 하거나 텔레비전을 시청할 때 뿐만 아니라 대규모 공연시설에서는 일반인들도 사용할 수 있다. 그러나 연속된 교실에서 다른 발전기를 사용하여 혼선이 될 가능성이 있으며, 보청기 제조회사마다 약간의 차이가 있어 실외에서 사용이 어려울 수도 있다.

(4) 적외선 보청기

일반적으로 사용하는 리모콘에 이용되는 적외선을 응용한 방식으로 적외선은 전파와 달리 빛을 차단하는 장애물을 통과하여 밖으로 나갈 일이 없으므로 루프의 혼선 문제를 해결한 장점이 있는 반면 채광이 너무 잘되면 태양광선 중 적외선과 혼선이 되어 신호가 전달되지 않을 수도 있다.

이외에도 증폭방식에 따라 선형 보청기와 비선형 보청기로 분류되며, 음전도 방식에 따라 외이도에 장착되는 기도 보청기와 외이도의 협착 등으로 기도 보청기를 착용할 수 없을 경우 수화기 진동판이 두개골을 진동시켜 음향이 전달되는 골도 보청기 등으로 나뉘어진다.

특수 보청기로는 저음 영역에만 약간의 잔존청력이 남아있는 최고도 청각장애인을 위해 최신 디지털 기술을 이용하여 고주파수의 소리를 저주파수의 소리로 압축변화하여 증폭하여 주파수 압축 보청기(frequency compression hearing aid), 보청기의 특성을 시험하는 도구로 사용되는 마스터 보청기(master hearing aid), 외부 소리 자극 후 이명이 제거하거나 감소시키는 이명용 보청기(hearing aid for tinnitus) 등이 있다.

6) 보청기의 전기음향적 특징

보청기의 특성은 보청기의 유형 및 제작 회사에 따라 그 특성이 다양하지만, 여기서는 일반적인 특성을 중심으로 살펴보고자 한다.

(1) 기준주파수반응(basic frequency response)

각 주파수마다의 증폭도를 연속적으로 기록한 것을 기준주파수반응이라고 한다. 일본공업규격(JIS)에 따르면, 1,000㎐에서 입력음압이 74dB인 경우 출력음압이 100dB(음향이득: 100dB-74dB=26dB)이 되도록 음량조절을 하여, 그 이득에 있어서 각 주파수마다의 반응수준을 표시하여 기준주파수반응으로 규정한다.

(2) 음향이득(acoustic gain)

음향이득이란 출력음압과 입력음압의 차이를 말한다. 예를 들면, 입력음압이 60dB이고 출력음압이 110dB이라고 하면, 이 때의 음향이득은 110dB-60dB=50dB이다. 음향이득 역시 주파수에 따라 다르다.

(3) 최대음향이득(maximum acoustic gain)

보청기의 음량조정기를 최대 위치에 두고 입출력음압이 비례하는 범위에 있어서 구한 출력음압과 입력음압의 차가 그 주파수에 있어서 최대 음향이득이다. 입력음압이 점차 커지면 출력음압이 포화하여 입출력은 비례하지 않는다. JIS에서는 500, 1,000, 2,000㎐의 3주파수에서 최대음향이득의 산술평균을 최대음향이득으로 표시하고 있다. 만약, 500, 1,000, 2,000㎐에서 최대음향이득이 각각 40, 55, 58dB이였다면 JIS표시의 최대음향이득은 3주파수의 최대음향이득을 합산하여 평균을 산술(40dB+55dB+58dB/3=52dB)한 52dB이다.

또한 ASA, ISO에서는 최대음향이득을 최고치로만 나타내고, HAIC (Hearing

Aid Industry Conference)는 JIS와 같은 평균치로 나타낸다.

(4) 잡음수준(noise level)

기준주파수반응을 구할 때와 같은 상태에서처럼 입력음압을 0으로 하였을 때, 보청기에서 나오는 잡음수준은 65dB이하가 되어야만 한다. 이 때 주위 환경은 소음계(sound level meter) A 특성에서 35phon 이하가 되어야 한다.

(5) 음량조절기(volume control)

음량조절기를 최소의 위치에 두었을 때, 1,000Hz의 음향이득이 15dB 이하가 되어야 한다. 또한 음량조절기를 최대의 위치에서부터 점차 내려서 15dB의 음향이득이 되는 범위까지는 임의의 점(수치)에서 볼륨의 눈금을 30도 돌렸을 때, 1,000Hz에서의 음향이득의 변화는 10dB이어야 한다. 볼륨을 최소눈금(0)에 놓았을 때, 음향이득은 15dB 이하이다. 또한 임의의 눈금 A, B로부터 눈금을 30도 회전시켰을 때, 음향이득의 변화는 10dB 이하로써 이 기준에 맞는 보청기이다.

(6) 음질조절기(tone control)

일반적으로 보청기의 음질조절기는 F-L-N의 특성을 가지도록 설치되어 있다. F(또는 N)는 기준주파수반응, H는 고주파수대를 증폭한 경우, L은 저주파수대 증폭을 표시한 것이다. 즉 어떤 보청기의 주파수 특성을 볼륨의 위치와 입력음압을 변화시켜서 측정한 것이다.

(7) 주파수대역(frequency range)

보청기가 증폭 재생하는 주파수 범위를 나타내는 한 가지 방법으로써 주파수 대역이 있는데, HAIC에서는 1,000Hz에서의 입력이 60dB일 때 출력음압을 100dB (음향이득: 100dB-60dB=40dB)로 하여 음량조정을 하여 500, 1,000, 2,000Hz의 이득이 각각 42dB, 40dB, 47dB일 때의 평균 음향이득은 3주파수의 이득을 합산하여 평균을 산출(42dB+40dB+47dB/3=43dB)한 43dB이 된다.

이 평균 이득보다 15dB 낮게 옆으로 수평선과 주파수 특성이 만나는 교점을

(A), (B)라 하여, 이 (A-B)의 범위를 보청기의 주파수대역이라 한다.

7) 청각장애인을 위한 보완대체기기

청각장애인들이 시각적인 정보없이 의사소통을 할 수 있도록 도와주는 증폭기와 골도전화기, 건청인들처럼 일상생활을 할 수 있도록 시계가 울릴 때, 전화나 초인종이 울릴 때, 누가 문을 두드릴 때, 연기 감지기가 작동할 때, 또는 옆방에서 아기가 울 때 나는 청각적 신호를 시각적/진동-촉각적 신호로 바꾸어 주는 시각적 및 촉각적 공학에 대해 살펴보고자 한다.

(1) 증폭기

청각장애인들은 상대방의 얼굴표정을 보거나 독화를 할 수 없는 전화통화에서 많은 어려움을 겪게 된다. 이러한 문제를 해결하기 위하여 다음과 같은 보조기기를 사용할 수 있다. 일반 전화기에서 수화기 부분(handset)을 증폭수화기로 바꾸거나, 일반 전화기를 그대로 사용하되 In-line 증폭기를 달아서 소리신호를 크게 하거나, 이동용 증폭기를 사용할 수도 있다. 증폭수화기는 30dB 까지 소리강도를 높일 수 있다. 전통적으로 사용되는 G형 증폭수화기와 K형 증폭수화기가 있다. 가장 일반적인 유형은 다이얼식 증폭수화기이다. 수화기에 다이얼이 달려 있어 소리의 증폭 크기가 조절된다(그림 3.5).

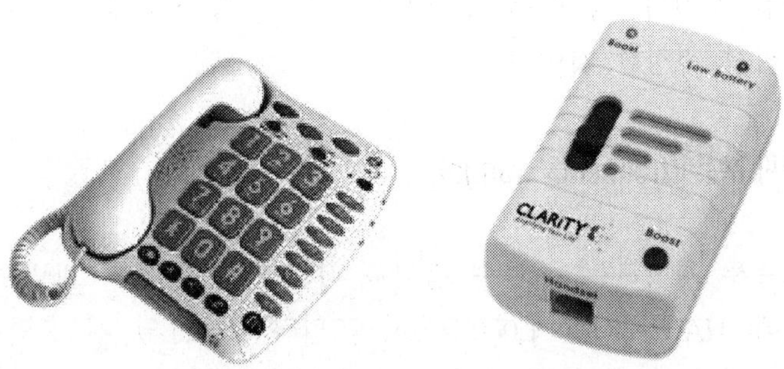

가. 전화증폭기 나. 휴대용 증폭기

[그림 3.5] 전화증폭기 및 휴대용 증폭기

출처: http://www.cragside.com/accessability/telephones/index.html

(2) 골도전화기

골도 전화기는 스피커 대신 진동자를 사용한 골도 수화기를 가지고 있어 주위의 소음 레벨이 높은 곳에서도 일반 전화기와 달리 소음의 영향을 거의 받지 않고 전화통화를 할 수 있다.

청각은 기도전도와 두개골의 진동을 통해 내부 청각에 전달하는 골도를 통해 음을 지각하는 골전도가 있다. 따라서 기도전도로에 이상을 가지고 있다하더라도 감각신경계의 기능이 정상이거나, 감각신경성 청력손실의 정도가 경미한 경우에는 골전도를 통해 음을 지각할 수 있다. 이 원리를 이용한 것이 골도 전화기이다(그림 3.6).

[그림 3.6] 골도전화기

출처: http://www.ablemall.co.kr/Category

(3) 시각 및 촉각 기기

① 시각적 경보장치

가장 일반적으로 쓰이는 시각 경보장치는 전화벨, 자명종, 초인등 등이 울릴 때 불이 깜빡이게 하는 장치이다. 이러한 장치의 원리는 전화가 울리면 마이크가 이 소리를 감지하여 전화벨 소리를 전기신호로 변환하고 이 전기신호가 전구에 불이 들어오게 한다. 전화벨 소리뿐만 아니라 자명종이 울리거나 화재경보기가 울리거나 하는 것도 같은 방법으로 전구가 번쩍이도록 해서 감지할 수 있다. 이 전구를 이용한 보조장치는 비교적 간단하고 비용도 저렴하다. 전구의 선택은 밝기가 150watt 이상이고 전구의 크기도 큰 것을 사용하는 것이 좋다. 그리고 깜빡임의 회수를 달리하여 각기 다른 청각신호를 부호화할 수 있다. 예를 들어, 전화벨이 울리면 벨이 울릴 때마다 한 번씩만 깜빡이고, 초인종이 울리면 5회를 깜빡이도록 프로그래밍할 수 있다.

② 청각적 경보장치

청각적 경보장치는 청각장애인이 보다 잘 들을 수 있도록, 보통 소리신호를 보다 큰 소리나 보다 낮은 주파수의 소리로 바꾸어 청각장애인 들을 수 있는 소리로 전환시키는 것이다. 많은 후천적 청각장애인들은 이 방법을 선호하지만, 청각손실이 너무 심할 때는 너무 크게 증폭시켜야 한다면 주변 사람들에게 불편을 줄 수 있으므로 청각장애인들이 고주파수 보다 상대적으로 잘 들을 수 있는 저주파수역을 증폭시키는 것이 바람직하다. 예를 들면, 초인종의 벨소리를 일반적인 차임벨 대신 저음으로 전환시키고, 전화벨 소리도 보다 크게 들리면서 저주파수의 벨소리를 내도록 하는 것이 있다.

③ 진동촉각적 경보장치

진동촉각적 경보장치는 침대 매트리스나 베개를 흔드는 방식으로 신호를 보낸다. 예를 들면, 자명종 시계가 침대를 흔드는 장치에 연결되어 있고, 이것은 베개 밑이나 매트리스 사이에 놓아둔다. 기상시간이 되면 말 그대로, 이 경보장치는 흔들어서 청각장애인을 깨운다. 선풍기가 돌아가도록 해서 공기의 움직임을 느끼도록 하는 장치도 있다. 그리고 벨트에 착용하거나 손목에 착용하는 진동촉각 장치도 있다.

2. 인공와우

인공와우(cochlear implant: CI)는 인체에 이식하는 인공장기로 이과적 수술을 통해 청신경에 전기적인 자극을 직접 제공하는 방식으로 와우내 손상된 유모세포의 기능을 대체하는 전기적인 장치이다. 즉, 이 시스템은 전기 자극이 청신경을 자극함으로써 소리를 전달하는 일련의 과정을 거쳐 음압이 전기신호인 활동전위로 전환되어 중추청각전도로 전달되게 하는 것이다(석동일외 4명, 2002). 인공와우 시술은 일반적인 보청기로 청각재활이 용이하지 않은 양측성 최고도 난청 및 농 아동과 성인 난청인들에게 주로 시술된다. 시술 방법은 중이염의 수술처럼 유양동을 갈아낸 후 이식기의 몸체를 고정하고 정원창을 거쳐서 고실계 내부에 전극을 삽입하여 유모세포의 손상으로 소리 자극을 받지 못하는 청신경에 직접적인 전기 에너지를 자극하는 것이다. 그러나 인공와우를 통해 청신경을 직접 자극하여 지각되는 소리는 보청기를 통해 증폭되어 일반적인 기도 전도를 통해 지각되는 소리와는 상당한 차이가 있다. 또한 이러한 인공와우 시술은 후미로의 청각전도로가 정상일 때 청각재활의 기대 효과가 크다는 것이 일반적이다.

최근까지 인공와우 이식을 받은 난청인의 수는 전 세계적으로 7만명 이상으로 추산되며(이정학, 이경원, 2005), 2005년 우리나라에 시술자들은 대략 1700여명 이상으로 추정된다. 또한 2005년 1월 이후 시행된 인공와우시술에 대한 의료보험 적용으로 시술이 점차적으로 증가되고 있으며, 소아의 수술 사례도 대폭 증가할 것으로 예상된다.

이에 최근 관심과 시술이 확대되고 있는 인공와우의 역사, 일반적인 구조 및 특성 등을 살펴보고자 한다.

1) 인공와우의 역사

인공와우는 1957년 프랑스의 Djourino & Eyries가 최초로 사람의 귀에 이식기를 시술한 것을 시작으로 하여, 1972년 처음으로 단채널 인공와우가 상품화되어 미국 House Ear 연구소를 중심으로 청각장애인에게 약 10년 동안 시술하였다. 1980대에 단채널 인공와우의 단점인 주파수의 제한점을 보완한 다채널 인공와우가 개발되어 청각장애인들이 시각적 단서에 의존하지 않고 비구조적 의사소통 상황에서도 구어이해력을 증대시킬 수 있게 되었다. 1985년에 미국식품안전국(FDA)은 Nucleus CI-22를 언어습득후 최고도 난청을 가지게된 청각장애 성인에게 시술하는 것을 승인하였고, 1990년에는 2세 이후의 청각장애 아동에게 시술하는 것을 승인하였다(Schow & Nerbonne, 2002). 이후 지속적인 인공와우 시스템과 어음처리기의 장치 및 성능이 눈부시게 향상되어 상자형 어음처리기의 크기가 소형화되고 있으며, 귀걸이형 어음처리기도 개발되었다.

국내에서는 1988년 연세대에서 성인을 대상으로 이식술을 처음으로 시행하였고, 뒤이어 서울대에서 소아를 대상으로 이식술을 시행한 후, 2005년 우리나라에서 인공와우를 시술한 청각장애인은 대략 1700여명 내외로 추산하고 있다.

그림 3.7은 FDA의 승인을 받고 청각장애인들에게 시술되어 사용되고 있는 Advanced Bionics의 90K Hi-Resolution system, Nucleus사의 Nucleus 24 contour system, Med-EL사의 COMBI 40⁺ series의 인공와우 이식기와 귀걸이형 및 상자형 어음처리기들이다.

Advanced Bionics' 90K Hi-Resolution Cochlear lmplant System

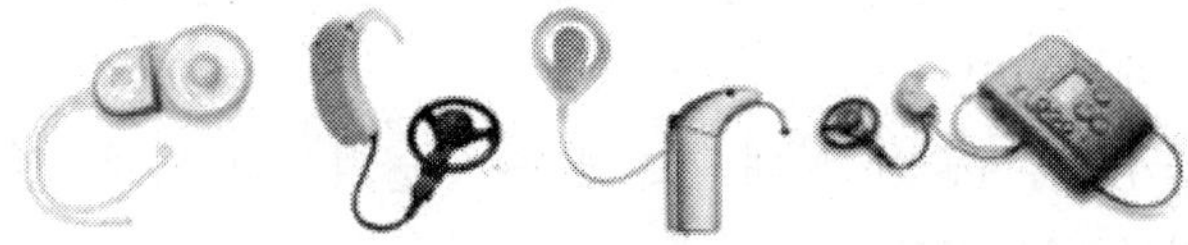

Cochlear America's Nucleus 24 Contour Cochlear lmplant System

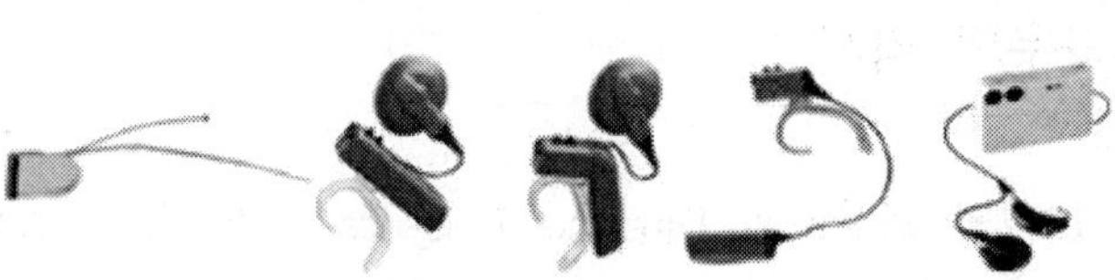

Med-El's COMBL 40+ Cochlear lmplant System

[그림 3.7] Advanced Bionics의 90K Hi-Resolution system, Nucleus사의 Nucleus 24 contour system, Med-EL사의 COMBI 40+ series의 인공와우 이식기와 귀걸이형 및 상자형 어음처리기

출처: http://www.stvincentmedicalcenter.neurosciencedomain.com

2) 인공와우의 구조

현재 보편적으로 사용되고 있는 인공와우의 기본 구조는 그림 3.8이고, 귀걸

이형 어음처리기를 착용하고 있는 모습이다. 인공와우는 기기의 착용 위치에 따라 체외부와 체내부로 구분되어진다. 체외부의 송화기(microphone)는 보청기과 마찬가지로 음향에너지를 전기에너지로 변환하는 장치이며, 어음처리기(speech processor)는 증폭기와 신호변환기의 역할을 하면서 입력신호를 분석한다. 이 분석처리된 신호는 송신기(transmitter)를 통해 이식되어져 있는 체내부의 수신자극기(receiver-simulator)를 통해 무선전송 방식으로 전달된다. 이 전송된 신호는 다시 해석(decode)되고 각 성분에 따라 지정된 와우 전극으로 보내져 청신경을 직접적으로 자극하게 된다.

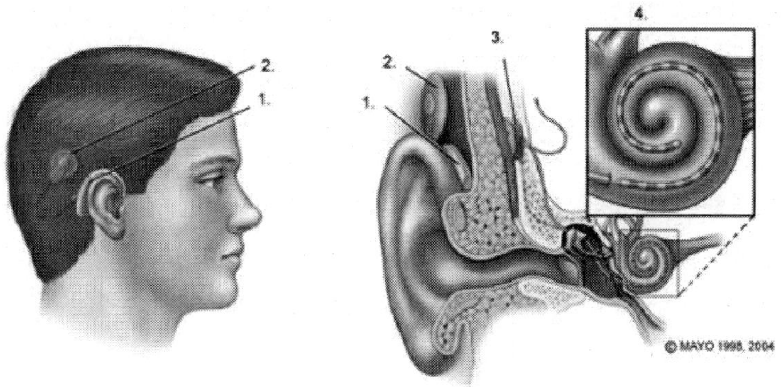

(가) (나)

1. 송화기 및 귀걸이형 어음처리기 2. 송신기 3. 수신자극기 4. 와우내 전극 삽입 모습

[그림 3.8] 인공와우의 기본 구조

출처: http://www.mayoclinic.org/cochlear-implants/about.html

3) 인공와우의 적합

체외부 헤드셋의 송화기에서 전송된 음향정보는 어음처리기의 체적화된 방식으로 소리를 분석하고 부호화된 디지털 신호로 바꾸어 어음처리기로부터 다시 송신기로 전송되어진다. 송신기에서 송출된 신호는 피부를 통하여 피부내의 와우이식체인 수신자극기로 전송되고, 적절한 전기적 에너지 형태로 와우에 삽입된 전극으로 전달된다. 자극이 전달된 전극은 와우내에 살아있는 청신경을 활성화시켜 중추신경계로 전달된다. 이러한 과정을 통해 각 청각장애인의 중추신경

계가 전기적 자극을 효과적으로 듣도록 하는 일련의 과정을 인공와우적합(fitting), 맵핑(mapping), 또는 프로그래밍이라고 한다. 이 과정은 일반적으로 이식부위의 치료상태에 따라 수술 3~4주 후에 주로 실시하며, 이식된 각각의 전극이 담당하는 주파수에서의 역치(T: threshold)와 최대 쾌적치(C: Maximum Comfortable)를 선정하여 어음처리기에 프로그래밍하는 것이다. 이 때 각 자극에 대한 역치와 최대치가 정해지면 각 전극에 입력되는 소리의 크기가 서로 균형이 잘 맞는지를 확인하여 어음이 왜곡되지 않고 편안하게 들리도록 주의하는 것이 중요하다.

일반적으로 청각시스템의 역동범위는 전기적 자극에 매우 민감하게 반응하기 때문에 인공와우 적합과정은 일반 보청기과 마찬가지로 압축방식(compression system)을 적용하고, 전기자극의 방법, 어음처리기법, 자극의 속도 등을 설정한다(이정학, 이경원, 2005).

이러한 인공와우 적합과정은 청각장애인이 소리를 편안하게 잘 들을 수 있도록 프로그램하는 과정과 내부 전극상태나 전기량의 변화, 외부 장치의 문제점 등을 점검하는 과정으로 구분되어지며, 인공와우 장치의 모델 특성, 청각장애인의 생육력 및 개인적 특성 등과 함께 청지각에 관한 체계적이고 전문적인 지식이 요구되는 어렵고 복잡한 절차이다.

인공와우의 적합은 전극임피던스원격측정(electrode impedance telemetry)을 실시하여 개회로(open circuit)와 단락회로(short circuit)를 선별한다. 또한 전극의 삽입상태, 수술경과보고서, 수술 후 방사선 검사 등의 자료로 사용 가능한 채널의 수와 자극방법, 어음처리 방법을 결정한다. 성인과 아동에 따라 적합실의 구조를 조정해야 효과적이다(이정학, 이경원, 2005).

이식된 전극의 자극방법(stimulation mode)은 전극이 배열된 방법을 일컫는 것으로 맵핑 과정에서 검사자가 선택하는 전극은 활성전극이 되고, 기준전극은 자극방법에 따라 자동적으로 결정된다. 일반적으로 가장 많이 사용되는 자극법으로는 단극자극법(Monopolar stimulation: MP), 양극자극법(Bipolar stimulation: BP), 공통접지자극법(Common ground stimulation: CG)이 있다.

단극자극법은 활성전극(active electrode)이 와우 내에 있고 기준전극(reference electrode)이 와우 밖에 존재하므로, 양 전극의 거리가 멀고 기류가 와우 밖으로 이동한다. 자극범위가 넓어서 한 번의 자극으로 많은 청신경을 자극할 수 있고, 양극자극법과 공통접지자극법보다 배터리 소모가 적으나 와우 외의 다른 기관을 자극할 수 있는 단점이 있다.

양극자극법은 하나의 활성전극에서 기준전극으로 기류가 흐르는 것을 말한다. 자극을 하는 전극과 인접한 전극이 자극을 받는다. 자극 형태에 따라서 자극거리를 짧게 하거나 멀게 조절할 수 있다. 따라서 활성전극에 바로 인접된 전극을 기준자극으로 사용하는 방법으로 전류의 분포를 제한할 수 있다. 활성전극과 기준전극 사이의 거리에 따라 BP+1, BP+2 등으로 부른다. 자극 거리라 짧을수록 배터리 소모가 증가하고, 거리가 멀수록 단조로운 자극이 된다.

공통접지자극법은 하나의 활성전극이 정해지면 되면 나머지 이어진 다른 전극들은 각각의 기준전극이 되어서 함께 전기적 자극을 받는다. 즉, 활성자극을 제외한 나머지 전극이 모두 기준자극이 된다. 각 전극을 활성화하여 전극이상을 점검할 때 유용하게 사용된다.

자극방법에 따라 역치(T)와 최대 쾌적치(C)가 달라지므로 인공와우 맵핑시 세심한 주의를 기울여야 한다.

어음의 신호처리 방법은 인공와우 시스템의 성능에 큰 영향을 미치고 있는 부분의 하나로써 어음처리기에 해당하는 부분이다. 이 부분이 인공와우의 성능을 좌우하는 중요한 부분이며, 코딩법(coding strategy)에 따라서 여러 가지가 있다. 신호처리 방법은 크게 아날로그 자극방식(analog stimulation)과 박동파 자극방식(pulsatile stimulation)이 있다. 각 전극채널에서 나오는 자극신호가 아날로그 형태의 자극방식인 것이 아날로그 자극방식이며, 박동파 자극방식은 각 전극채널에서 나오는 자극신호가 박동파 형태의 자극방식으로써 근본적으로는 아날로그 방식이지만 신호가 불연속하게 존재한다는 점이 다르다.

이러한 자극은 다시 여러 전극채널에 전달되느냐, 일정한 순서에 의해서 순차적으로 한 번에 한 전극채널만 자극되느냐에 따라서 동시자극(simultaneous stimulation)과 순차적 자극(non-simultaneous stimulation or sequential stimulation)으로 분류하기도 한다. 일반적으로 아날로그 방식은 동시 자극방식이 많고, 박동파 자극방식은 순차적 자극방식이 많다. 음성신호처리방식에는 인공와우 시스템의 성능에 큰 영향을 미치는 요소로 음성신호를 분석하여 적절한 전기신호로 바꾸어주는 것으로 부호화 방식에 따라 SPEAK(spectral Peak Coding System), CIS(Continues Interleaved Sampling)와 ACE(Advanced Combination Encoders)가 있다.

SPEAK 방식은 어음의 주파수 요소를 강조하는 방식으로 청취자가 다양한 주파수 영역의 정보를 듣도록 하며, 초당 250회 와우를 자극하도록 한다. 이 방식은 모두 아날로그 방식이다. 자극율과 최대치는 상호 역의 관계에 있으며 가장 많이 사용되고 있는 방식이고, 순차자극방식을 이용한다. 자극방법은 단극자극법과 공통접지자극법을 사용한다.

CIS 방식은 어음의 시간적 특성을 명확히 전달하도록 하는 방식으로 주파수 요소를 강조하기보다 적은 전극(8-12)에 빠른 속도(883-1500)로 작동한다. 이 어음처리방식은 속도가 빠르며 공개적인 프로그램이므로 거의 모든 인공와우 기기에 사용할 수 있다.

ACE 방식은 절충적 방식으로 어음의 주파수와 시간적 요소를 모두 강조하는 방식이다. 이 방식을 따르는 방식으로 매우 빠른 속도를 제공하며, 순차적 자극방식을 사용하고, 자극방법은 단극자극법을 사용한다.

이상과 같이 인공와우 적합에 관련된 일반적인 내용과 인공와우 기기의 자극방법과 어음 처리방법에 관하여 살펴보았으며, 인공와우의 제조사별 특성을 비교한 것은 표 3.1과 같다.

〈표 3.1〉 인공와우 제조사별 특성 비교(이정학, 이경원, 2005)

제조사	Cochlear Ltd.	Advanced Bionics Corp.	MED-EL Corp.
원산지	호주	미국	오스트리아
모델명	Nucleus	Clarion	Combi 40
FDA 최초승인	성인 1985 아동 1990	성인 1996 아동 1997	성인/아동 2000
implant 재질	티타늄	세라믹	세라믹
자극방법	양극자극법 단극자극법	양극자극법 단극자극법	단극자극법
전극수	22/24	16	24(12 쌍)
채널수	20/22	16	12
초당 최대 자극율	14,440 pps	90 K pps	18,180 pps
어음처리방법	SPEAK, CIS, ACE	CIS, MPS, SAS, Hires-S/P	CIS, N of M
박스형 어음처리기	Sprint	Platinum	CIS Pro+
귀걸이형 어음처리기	Esprit3G	Platium/CⅡ/Auria	TEMPO+
전기반응측정법	Impedance NRT	Impedance NRI	Impedance ESRT, EABR

4) 인공와우 대상자

초기 인공와우 시술은 성인을 중심으로 이루어졌으나, 1990년 FDA에 의해 인공와우의 안정성이 청각장애아동에게도 승인됨에 따라 난청아에게도 적극적으로 시술되어지고 있으며, 그 연령도 18개월까지 시술되고 있다. 특히, 2005년 1월 인공와우 수술에 대한 건강보험 적용이 시행됨에 따라 수술비의 자부담이 줄어듦에 따라 인공와우 수술은 보다더 확대 시행될 것이다. 인공와우 수술에 대한 비용절감이 청각장애인과 부모들의 경제적 부담을 줄여준 것일 뿐 수술 이후의 길고도 험난한 청각 재활의 기간을 줄여준 것은 아니다. 인공와우 수술 대상자는 체계적이고 철저한 사전검사를 반드시 수행하여야 하고, 수술이후 겪게 될 여러 가지 일들은 인공와우 의료팀과 청각재활팀으로부터 필요한 조언을 얻어야 할 것이다. 일반적으로 수술후 가장 효과가 높은 인공와우 대상자는 언어습득 이후 청력손실인, 청력손실 기간이 짧은 사람, 그리고 수술 및 재활에 대한 동기가 크고, 가족의 지지도와 교육적 환경이 적절한 경우이다. 일반적인 인공와우 수술 대상자들의 조건은 다음과 같다(석동일 외, 2002).

[유소아]

첫째, 2세에서 17세

둘째, 양측 귀가 고도 난청인 경우

셋째, 보청기를 가지고 적절한 기간 동안 청능훈련을 받았지만 효과가 없는 경우

넷째, 내과적 혹은 방사선학적인 금기 사항이 없는 경우

다섯째, 청신경이 기능을 하고 있는 경우

여섯째, 청각자극에서 자극 반응을 할 수 있는 경우

일곱째, 소아와 부모들이 수술에 대한 강한 동기와 기대감을 가지고 있는 경우

여덟째, 가족들의 도움이 확실시되는 경우

아홉째, 재활 프로그램에 참여할 수 있는 경우

[성인]

첫째, 18세 이상

둘째, 적절한 기간 최고도에서 고도 난청이 있는 자

셋째, 내과적 혹은 방사선학적인 금기사항이 없는 경우
넷째, 청신경이 기능을 하고 있는 경우
다섯째, 수술에 대한 강한 동기와 기대감이 있는 경우

인공와우 수술 대상자에 대한 제조사별 선정 기준은 표 3.2와 같다.

〈표 3.2〉 인공와우 수술 대상자에 대한 제조사별 선정기준(Schow & Nerbonne, 2002)

제조사	Implant 시스템	연령	청력손실정도	FDA 승인
Advanced Bionics	Clarion S-Series	18개월-17세	최고도난청(≥90 ㏈ HL)	승인
	Clarion S-Series	≥ 18세	저주파수 대역에서 최고도~중등도; 중주파수와 고주파수 대역에서 최고도 난청	승인
	Clarion Platinum	18개월-17세	최고도난청(≥90 ㏈ HL)	승인
	Clarion Platinum	≥ 18세	저주파수 대역에서 최고도~중등도; 중주파수와 고주파수 대역에서 최고도 난청	승인
	Clarion Platinum	≥ 18세	저주파수 대역에서 최고도~중등도; 중주파수와 고주파수 대역에서 고도 난청(≥70 ㏈ HL)	심사중
	Clarion Platinum BTE	18개월-17세	최고도난청(≥90 ㏈ HL)	심사중
	Clarion Platinum BTE	≥ 18세	저주파수 대역에서 최고도~중등도; 중주파수와 고주파수 대역에서 고도 난청(≥70 ㏈ HL)	심사중
Cochlear	Nucleus 22	18개월-17세	최고도난청(≥90 ㏈ HL)	승인
	Nucleus 22	≥ 18세	저주파수 대역에서 최고도~중등도; 중주파수와 고주파수 대역에서 최고도 난청	승인
	Nucleus 22	18개월-17세	최고도난청(≥90 ㏈ HL)	승인
	Nucleus 22	≥ 18세	저주파수 대역에서 최고도~중등도; 중주파수와 고주파수 대역에서 고도 난청(≥70 ㏈ HL)	승인
	Nucleus 22 -Countour	12개월-17세	최고도난청(≥90 ㏈ HL)	승인
	Nucleus 22 -Countour	≥ 18세	저주파수 대역에서 최고도~중등도; 중주파수와 고주파수 대역에서 고도 난청(≥70 ㏈ HL)	승인
Med EL	COMBI 40+	18개월-17세	최고도난청(≥90 ㏈ HL)	심사중
	COMBI 40+	≥ 18세	저주파수 대역에서 최고도~중등도; 중주파수와 고주파수 대역에서 최고도 난청(≥90 ㏈ HL)	심사중

대상자의 경우 유소아의 기준은 앞서 설명한 바와 같이 각 제품마다 차이가 있다. Nucleus사는 12개월 이상, Advanced Bionics와 Med-EL은 18개월 이상이면 수술을 할 수가 있다. 하지만 대상자로 선정할 수 없는 경우도 있는데 양이 모두 청신경 세포가 없거나 그 수가 매우 부족할 경우, 신경체계가 청각처리를 수행할 수 없는 경우, 시술에 따른 위험요소가 기대치보다 높은 경우에는 수술대상으로 선정할 수 없다.

수술 시간은 2시간에서 3시간 정도 소요되고, 수술 후 야기될 수 있는 후유증은 비교적 드문데 표피 이상에 의한 전극 이동, 안면 신경자극 등이 있을 수 있다. 시술 과정은 시술 전에는 초기 검사와 검토, 전반적인 의료적인 검사를 실시하고 청각학적인 검사도 전반적으로 실시한다. 또한 최적의 보청기를 선정하여 착용시켜보고 보청기 착용 후, 청각재활 훈련을 충분히 실시한 후에 그 결과를 가지고 평가하여 수술에 대한 최종적인 결정을 한다. 의료적인 평가에서는 난청원인을 규명하고, 인공와우 이식수술전 난청의 치료 가능성 여부를 판정하고 정신건강상태를 확인하고, 청각기관에 대한 CT 또는 MRI 촬영을 하여 수술의 적합성 여부를 판정한다. 청각학적 평가는 순음청각검사로 난청형과 난청정도를 측정하고 어음청각 검사에서는 어음청취역치, 어음탐지역치, 어음명료도, 단어 및 문장 변별력을 검사한다. 임피던스 청각검사에서는 중이 병변 여부를 검사하며, 이음향 반사 검사에서는 와우의 외유모세포 기능을 검사한다. 구어와 어음평가로 대화방법을 결정하고, 언어발달 수준과 이식 아동의 환아 연령과 비교한다. 정신심리학적인 연구에는 중복장애가 있는지, 정신지체, 인지력 및 학습장애가 있는지를 확인한다(김희남, 2000).

인공와우 수술을 결정하면서 부모나 주위의 사람들이 궁금해 하는 사항들이 많이 있다. 이러한 부분은 수술 전에 상담을 통해서 먼저 해결해 주어야 하는 부분이다. 그 중 몇 가지를 살펴보면 다음과 같다(이상흔, 2001).

첫째, 나이에 따라 두개골의 성장도 이루어지는데 어떠한가?

유소아 때의 측두골내 수술이 두개골 성장에 미치는 영향은 거의 없고, 와우의 발달은 태어나면서 이미 성인의 크기로 완성되어 성장에 따라 이식기에 미치는 영향도 무시할 수 있다.

둘째, 인공와우 이식기를 장기간 삽입해도 안전한가?

FDA의 공인을 받기 위한 장기간의 동물 실험에서 여러 자극방법과 이식재료에 대한 안정성 여부가 검증되었으며, 그 동안의 임상 결과를 보아도 큰 문제는 없는 것 같다.

셋째, 새로운 인공와우 개발이 이루어진다면, 새로운 기기로 교체해야 하는가?

개발되는 것은 대부분 인체 내에 삽입되는 부분이 아니고 어음처리기와 그의 신호처리 방법 개선이 중심이 되므로 같은 회사 제품이라면 특별한 경우를 제외하고 교체할 필요가 없다.

넷째, 유소아기에 수술을 받으면 정신적인 충격을 받지 않는가?

인공와우 수술 후에 농아 집단의 일원도 아니고 건청인의 집단에도 못 들어간다는 갈등과 윤리적인 문제, 이들의 권리 등 여러 가지 문제들이 발생될 수 있으나 이는 조기 수술과 조기 재활 그리고 가족과 학교 및 병원과의 유기적인 협조와 사회적 관심 및 지원 하에 점차 개선될 문제이다.

다섯째, 수영이나 정전기의 문제는 없는가?

수영은 외부장치를 떼어 낸 후에 가능하며 정전기는 조심하여야 하고 겨울철 정전기 문제로 어음처리기의 프로그램이 없어질 수 있으며, 그러한 경우는 재매핑을 통해 정상적으로 인공와우 기기를 사용할 수 있다.

인공와우 수술에 적합한 대상자 선정은 그 과정에서 소요되는 검사 종류 및 소요시간도 다양하고 길지만 어느 검사도 간과하지 않아야 한다. 또한 수술도 중요하지만 수술 후 안정된 인공와우 맵핑을 찾을 때까지 첫 6개월은 정기적인 맵핑을 실시한다. 예를 들면, 첫 1~2회, 다음 2~3개월 간은 2주 1회, 다음 6개월간은 월 1회 정도 실시한다. 우선 최대 쾌적치를 높일 수 있고, 시간이 지남에 따라 역치와 최대 쾌적치 모두 전극과 생체조직의 조화로 변할 수 있다. 40 dB HL 정도의 소리에 반응하여 소리를 들을 수 있도록 지속적인 평가와 관리를 해야 한다(이정학, 이경원, 2005). 또한 예후에 큰 영향을 미치는 청능훈련 및 언어지도는 다음 장에서 구체적이고 체계적으로 다루어질 것이다.

참고문헌

http://www.healthatoz.com

http://www.emsee.ca/Styles.html

http://www.earsite.com/hearing_aids/hearing_aids.html

http://www.drsinha.com/hearingaids.htm

http://www.cragside.com/accessability/telephones/index.html

http://www.ablemall.co.kr/Category

http://www.stvincentmedicalcenter.neurosciencedomain.com

http://www.mayoclinic.org/cochlear-implants/about.html

석동일, 이규식, 박상희, 신혜정, 박희정.(2002). **청각재활**. 대구: 대구대학교 출판부

이정학, 이경원. (2005). **보청기평가**. 서울: 학지사

이상흔. (1999). 소아 인공내이(인공와우)의 현황과 전망. *Hearing Journal Quarterly Spring, 3,* 17-26.

임덕환. (1999). 인공와우 시스템의 기본 원리 및 구조. *Hearing Journal Quarterly Spring, 3,* 27-36.

김희남. (2000). **인공와우이식수술의 개요**. 제1회 보청기 워크샵, 한국언어청각임상학회.

이상흔. (2001). 인공내이 이식술의 실제. **언어치료**, 한국언어치료학회, 17-22.

Ronald L. Schow., Michael A. Nerbonne. (2002). *Introduction to Audiologic Rehabilitation(4th).* Boston: Allyn & Bacon.

제 4 장

청각장애 영유아의 언어지도

발달 초기에 청각적 자극의 수용이 원만하지 않은 아동은 지각의 체계화, 인지의 구조화 및 언어 기호의 체계화에 큰 영향을 받게 된다. 청각장애를 유아기의 가능한 빠른 시기에 발견하여 장애의 원인, 정도 및 본질을 진단 평가하여 조기 중재를 통해 청각 기능의 장애를 보상하고 언어 기능의 발달을 가능하게 하는 필수 조건이 청각장애 영유아의 언어지도이다.

청각장애의 발견과 지도는 무엇보다도 조기에 이루어지지 않으면 안 된다. 그러나 빠른 시기에 발견을 하더라도 치료 및 교육이 충분히 준비되어 있지 않으면 오히려 부모를 불안하게 만들어 재활의 효과나 효율성을 저하시킬 수 있다. 조기 발견과 지도의 중요성은 여러 가지 면에서 재론의 여지는 없다.

최근의 임상 현장에서 만 1세 미만의 청각장애 영유아를 만나는 것은 흔한 일이다. 의학과 청각학의 발전은 조기 발견을 가능하게 해주었고, 조기의 정확한 청력 측정은 조기 재활을 앞당기고 보다 질적인 재활을 제공할 수 있는 가능성을 가져다주었다. 뿐만 아니라 인공와우라는 청각 보장구의 개발과 보급은 고심도 청각장애 아동에게 조기의 청각 수용뿐만 아니라 음성언어 발달의 가능성에 변화를 주어 조기 언어치료 및 지도의 중요성이 더욱 강조되었다.

본 장에서는 언어지도의 기초가 되는 청각장애의 조기 발견과 진단에 대해 서술하고 영유아 언어지도가 갖는 의미를 살펴본 다음 청각장애 영유아를 위한 언어지도의 조건과 실천의 실제에 대해 서술하고자 한다. 언어지도의 실제에 있어서는 청각장애 영유아의 언어지도에 부모나 가정의 중요성을 강조하지 않을 수 없으므로 가정과 전문가의 역할을 고찰한 다음 실제 내용을 발달 순서에 맞추어 제시하고자 한다.

1. 조기 발견과 진단

청각에 장애를 가진 어린 유아에게 언어지도를 실시하기 위해서는 우선 이들을 조기 발견하고 알맞은 지도방침을 세우기 위한 합당한 진단을 실시하는 것이 가장 중요하다. 본 절에서는 청각장애의 조기 발견과 조기 진단에 관하여 서술하기로 한다.

1) 조기 발견

발달 초기에 청각자극에 대한 수용이 박탈된 경우 개체는 지각을 체계화시키고 인지를 구조화시키며 언어 구조를 체계화시키는 데 심한 영향을 받게 된다. 그러므로 가능한 한 조기에 장애 상태를 발견하고 장애의 원인이나 정도 및 성질을 진단하는 것은 청각 기능의 발달적 장애를 경감시키고 언어기능의 발달적 보상을 가능하게 해준다. 이와 같이 청각장애의 발견은 가능하면 빨리 행하는 것이 좋다. 그러나 신생아기에 발견이나 진단이 행해진다 하더라도 이에 후속되어 치료 또는 교육이 충분히 준비되어 있지 않은 경우에는 부모에게 불안이나 고통을 줄 수도 있다. 조기 진단은 이후의 청각 재활 프로그램에 연결되어질 때 비로소 그 의미를 가지게 된다. 최근 이비인후과학이나 소아 청각학의 발달에 따라 청각장애를 조기에 발견하고 적절한 진단과 조치를 할 가능성이 높아지고 있다.

독일의 경우 103명의 유아를 대상으로 한 연구에서 최초의 발견 시기는 약 6.6개월인 것으로 보고하였다. 그러나 보청기를 착용한 것은 8.7개월 그리고 조기 교육을 실시하기 시작한 것은 9.5개월로 최초 발견 시기로부터 약 3개월이 경과한 시점에 조기 교육이 실시된 점에 대하여 비판적으로 지적하고 있다 (Diller, Graser & Schmalbrock, 2001). 우리나라의 경우 최근 들어 만 12개월 이전에 조기 발견되는 사례가 증가하고 있으나 청각장애의 진단에만 관심이 쏠려 결과적으로 재활의 시기가 늦어지는 것을 임상적으로 쉽게 경험할 수 있다.

청각장애를 가장 먼저 발견하게 되는 사람은 대부분 어머니인데 자녀가 난청이 있는지 의심을 하게 되는 원인은 소리에 대해 반응이 부족하거나 언어의 발달이 지연되기 때문이다. 소리에 대한 반응이 거의 나타나지 않는 경우는 고도 청각장애일 경우가 많으며 일반적으로 빠르면 8개월경에서 18개월 사이에 발견

된다. 부모가 언어 발달이 지연되어 발견하였을 경우는 경도 청각장애인 경우가 많으므로 간단한 구어의 사용이 활발하게 이루어지는 시기인 18개월 정도가 지나 발견되는 것이 보통이다. 이 중에는 만 3세를 지나서 발견하는 사례도 매우 흔하다. 부모는 장애가 의심되면 먼저 소아과나 이비인후과 등의 병원을 찾아 진찰을 받는다. 따라서 진찰을 받는 병원에서 가장 먼저 청각장애 진단이 확정되는 것이 일반적이다. 우리나라의 경우 병원에서의 조기 발견 및 진단은 비교적 원활하게 이루어지고 있으나 주로 의료적인 처치가 대부분으로 교육적인 처치가 이루어지지 않는 실정이므로 조기 발견 진단의 가치를 상실하기 쉽다. 조기 발견 및 진단과 관련하여 반드시 고려하여할 사항을 정리하면 다음과 같다.

첫째, 청각장애의 조기 발견을 위해서는 제도적으로 신생아 청력 선별 검사(screening for new-born infants)가 실시되어야 할 것이다. 부모가 이상한 점을 발견하기 이전 신생아기의 체계적인 선별 절차를 통해 청각장애가 발견되는 것이 가장 이상적이다.

둘째, 조기 발견 및 진단은 조기의 재활 및 교육을 시작하기 위해서이므로 반드시 교육적 준비가 되어있어야 하며 조기 중재가 실시되어야 한다.

셋째, 청각장애의 조기 발견과 교육에는 무엇보다도 부모의 역할, 특히 어머니의 역할이 중요하다. 청각장애나 장애 상태에 대한 부모의 이해를 높이고 교육의 필요성을 자각하여 실행이 효율적으로 이루어질 수 있도록 해야 한다.

2) 조기 진단

청각장애의 조기 발견은 주로 청각검사를 통해 이루어진다. 청각검사를 실시하여 청각장애의 유무, 장애 정도 및 유형과 원인 등에 대해 가능한 자세하게 알아내야 한다. 그러나 청각장애 조기 진단의 대상은 나이가 어리며 중복장애를 가지고 있는 경우도 있기 때문에 청력검사를 통해 정확한 상태를 안다는 것은 곤란한 경우가 많다. 그러나 청각의 진단은 청각검사 방법과 검사기기의 진보로 상당한 실효를 거두고 있어 ABR이나 SSEP(stesdy state evoked potential) 등의 객관적 청각검사를 통해 청각장애 상태에 대한 조기 진단이 충분히 이루어지고 있다. 그러나 진단의 목적이 조기 교육적 중재를 위한 것이라면 단순한 청각의 진단만으로는 부족할 수 있다. 더욱이 중복장애나 정도에 관계없이 수반 장애가 있는 사례라면 더욱 어려운 점이 많다. 따라서 조기 언어 교육을 위해서는 청각적 진단을 비롯하여 의학적, 심리적 및 교육적인 각종 검사를 실시하여 결과를 종합하여 진단을 실시하는 것이 바람직하다. 종합적인 진단을 위해 필요한 청각적, 의학적, 교육학적 및 심리적 검사는 다음과 같은 내용을 포함하여야 한다.

(1) 청각 검사

주관적 청각검사 : 순음청력검사, 어음청력검사, 행동관찰검사, 유희청력검사 등
객관적 청각검사 : ABR, 이음향방사검사, ASSR, 중이기능검사 등

(2) 의학적 검사

이비인후과 검사 : 수술 혹은 약물 치료의 가능성 조사
청력검사 : 난청의 유무, 정도 및 보장구의 처방과 효과
소아정신과 검사 : 행동 및 정서적 특성
소아과 검사 : 전체적인 발육 상태 등

(3) 교육적 · 심리학적 검사

지능검사 : 지적 잠재능력 및 학습 가능성
발달검사 : 전반적인 발달 영역(인지, 사회성, 정서, 운동성 등)의 수준 측정
언어검사 : 수용 및 표현 언어 발달 정도
가정환경, 생육력 조사 : 가족 및 형제 관계, 배경 정보, 병력 및 교육력 등

이 밖에 경우에 따라 성격이나 학습 준비도와 같은 면에 대한 검사가 필요할 수도 있다. 이상과 같은 검사는 개인의 조건에 따라 선택적으로 실시될 수 있으나 조기 진단은 총체적인 발달을 고려하여 반드시 종합적으로 실시되어야 한다.

2. 영유아 언어지도의 의의

청각장애 영유아를 대상으로 매우 이른 시기에 언어지도를 시작하고 실시해

야하는 가장 큰 이유로는 다음과 같은 것이 지적될 수 있다.

첫째, 청각장애 영유아는 청각 손실에 의해 야기되는 일차적, 이차적 요인으로 인해 건청 유아에 비해 발달이 현저하게 지연되고 나이가 들면 그만큼 발달의 격차가 커지게 된다. 이러한 시점에서 훈련이나 교육을 하여도 노력에 비해 큰 효과를 기대할 수 없다. 청각장애가 인격 형성에 많은 영향을 미치기 전에 즉 가능한 아주 어린 시기에 발견하여 발견 즉시 언어지도를 시작하는 것은 장애로 인해 발생할 수 있는 영향을 최소화하고 발달의 지연을 감소시키는 점에 매우 중요한 의미를 가진다.

둘째, 청각장애 영유아의 언어지도 방법을 생각해보면 청능 훈련이나 언어 이해 및 표현 능력을 향상시키기 위해서 특별한 배려와 방법이 필요하다는 것을 알 수 있다. 따라서 이러한 특별한 교육방법을 가정교육만으로 해결하려고 하는 것은 부족하므로 전문가에 의해 실시되는 체계적이고 조직적인 지도가 반드시 필요하다.

셋째, 언어를 비롯한 인간 발달에 관한 연구는 발달의 결정적 시기 혹은 민감기에 대해 대부분 동의하고 있다. 발달의 중요한 시기에 해당되는 대략 만 0세에서 3세까지의 사이에 언어지도를 실시하는 것이 가장 효율성을 높이는 일이다. 조기 언어지도 혹은 중재의 결과 청각을 충분히 활용할 수 있게 되면 커뮤니케이션 능력, 언어 능력 뿐만 아니라 정서적인 면이나 사회 적응력과 같은 기술도 발달하게 되어 통합된 장면에서 교육을 받을 수 있도록 성장할 수 있을 것이다.

이상과 같이 언어지도의 필요성과 중요성에 대해서는 대부분 동의하고 있으나 실제 언어지도의 기본 성격이나 방향에 대해서는 이견이 있다.

조기 언어지도의 효과를 기대하기 위해서는 우선 학습의 기회가 마련되어야 한다. 보장구를 통해 소리가 들리기 시작한다고 해서 이제껏 한번도 들어본 적이 없는 말을 듣고 짧은 기간에 학습을 한다는 것은 불가능하다. 또한 일상생활에서 소리를 듣고 그 소리가 무엇을 의미 하는가 아는 것은 용이하지 않다. 따라서 조기부터 청각을 활용하게 하고 장기간 학습을 해야 할 필요가 있다. 그리고 일반적으로 3세 경이 되면 언어의 기초나 심신 발달의 기초가 확립되어지기 때문에 이러한 시기를 놓치게 되면 교육상 큰 문제를 안게 된다. 사람이 소리를 듣고 그 의미를 알고 의사소통에 언어를 도구로 사용할 수 있다는 것을 아는 일은 대뇌의 생리적 작용과 발달 때문이다.

인간의 뇌는 출생 직후 약 360g에 불과하던 것이 6개월 후에는 출생 시의 약

2배로 성장하게 되고 이후 만 20세까지 서서히 증가되거나 중지된다고 하며, 신경세포도 약 2세경까지 현저하게 증가하여 복잡한 망을 형성하는 것으로 알려져 있다. 청각은 이상과 같은 대뇌의 발달에 지배를 받으며 그 기능이 발달한다.

또한 청각의 발달을 살펴보면 청각반응은 생후 3~4개월까지는 신경학적으로 대뇌피질의 움직임과는 관계없는 무조건 반사가 대부분이지만 대뇌피질의 움직임이 활발해지면 경험이나 학습에 의해 습득된 반응이 나타나게 된다. 신생아나 출생한지 얼마 되지 않는 아기는 주변에서 들리는 큰 소리에 깜짝 놀라 울지만 어머니의 소리에는 울지 않고 오히려 알아듣는 반응을 보인다. 6개월경에는 옹알이가 활발하게 나타나기 시작하여 옹알이나 소리내기를 통해 자신의 청각적 조절 능력을 발달시킨다. 9~10개월이 되면 주변사람의 말을 모방하고 이해하는 행동이 나타나게 되는 것이다.

이상과 같이 뇌와 청각의 발달을 고찰해보면 인간의 생물학적 발달과 조기 학습의 중요성을 잘 이해할 수 있다. Sharma 등(2005)은 인공와우의 조기 적용을 강조하는 연구에서 만 3세 이전 조기에 인공와우를 사용한 청각 정보의 입력은 대뇌피질의 자극 반응 속도가 매우 빠르며 건청 아동과 유사한 발달을 보인다고 지적하였으며, Vermere 등(2003)은 조기의 인공와우를 사용하여 청각적 언어정보에 노출됨으로서 말소리 지각력과 언어 발달이 생활연령에 유사하게 발달하였다고 보고하고 있다. 이와 같은 연구 결과는 조기의 자극과 학습이 뇌와 청각의 발달을 촉구하며 이를 통해 언어 발달이 충분히 성장할 수 있다는 것을 보여주는 것이다. 청각장애 영유아의 경우는 생리적 발달과 함께 출생 이후의 조기 학습에 대해 건청 유아 이상의 세심한 배려가 필요하고 발달의 결정적 시기를 놓치지 않아야 할 것이다. 특히 장애에 대한 처지는 어떠한 경우나 어떠한 시기에도 시행착오가 있기 마련이며, 처지에 상당히 오랜 시간이 소요되므로 가능한 조기에 장애를 발견하여 적절한 교육을 마련하는 것이 무엇보다 중요할 것이다. 청각장애는 가능한 옹알이를 하기 이전 시기에 발견하여 적절한 조치를 취함으로서 건청 유아와 마찬가지의 듣기 능력과 언어발달을 꾀할 수 있도록 하는 것이 무엇보다 중요하다.

그러나 청각장애 영유아를 위한 언어지도에서 특히 유의해야 할 사항으로는 다음과 같은 것을 들 수 있다.

첫째, 청각장애 영유아의 언어지도는 빠르면 빠를수록 그 효과가 크다고 생각되지만 이 때는 인격 형성에 미치는 영향도 고려되어야 하므로 특별한 주의가 필요하다.

둘째, 청각장애의 영향은 언어나 인지 발달에 미치는 영향이 일차적이지만 커뮤니케이션이나 사회적 발달에도 큰 영향을 미칠 수 있으므로 주의가 필요하다.

셋째, 청각장애만을 보상하겠다는 생각으로 청능훈련, 독화, 발화지도에 관심을 기울이기 쉬우나 심신의 전체 발달을 도모하는 것이 목표를 달성하는 방법임을 잊어서는 안 된다.

넷째, 장애가 있다고 해서 다른 형제와 구별하는 처사는 바람직하지 않으므로 바람직한 양육 방법을 지니도록 하여야 한다.

다섯째, 종합적인 판별이 필요하다. 청각장애아 교육에서는 교육학, 심리학, 의학, 청각학 등에 의한 종합적인 진단이 필요하다. 일반적으로 이차적 장애 징후를 가지고 있으므로 관련 분야의 협조가 필요하고 교육의 성과를 기대하기 위해서는 교육의 평가와 진단을 종합해서 대책을 마련하여야 한다.

우리나라의 경우 청각장애 영유아의 언어지도는 주로 청각장애학교 유치부나 사설 크리닉을 위주로 실시되고 있으나 그 수가 아직 매우 부족하고 청각장애학교 유치부는 만 3세부터의 유아만을 대상으로 하고 있는 경우가 많아 더 빠른 시기의 조기 교육은 사설 언어치료실을 중심으로 실시된다. 이러한 경우 총체적인 발달 지원이 이루어지지 못하고 단편적인 훈련에 그칠 가능성이 있어 학습 효과를 증대시킬 수 있는 종합적인 대책이 마련되어야 할 것이다.

3. 청각장애 영유아의 조기 언어지도 조건

Diller Graser Schmalbrock(2001)는 자연스런 청각 구화법을 기초로 하여 청각장애 영유가 조기 교육이 효율적으로 실시되기 위해서 필요한 기본 내용으로 가장 먼저 진단 시기가 매우 빠르게 이루어져야 하며, 진단 즉시 보장구를 착용하여 교육이 시작되어야 하며, 둘째로 보장구와 보장구 착용에 대한 지속적인 평가를 실시하고 적절한 적합 과정을 통해 유아가 적절하게 보장구를 수용하고 충분한 시간 동안 사용할 수 있도록 교육되어야 하며, 셋째로 전문가뿐만 아니라 가족도 듣고 말하는 방법에 대해 전문적인 지식을 가지고 접근하여야 한다고 하였으며 이러한 내용을 바탕으로 보장구의 적합이나 교육적인 배려가 이루어질 때 청각장애 영유아의 듣기 및 언어 발달이 균형을 잡고 발달할 것이라고 지적하였다. 조기 언어지도의 효과를 극대화시키는 기본 조건을 살펴보면 다음과 같다.

1) 보장구 활용

청각 장애를 가진 영유아가 부자유스런 청각을 활용하기 위해서는 보청기나 인공와우과 같은 청각 보장구를 사용하여야 한다. 보장구를 사용함으로서 주위의 음을 크게 들을 수 있고 분명하게 들을 수 있으며 음을 듣게 됨으로서 정신의 안정을 찾을 수 있는 것이다. 따라서 경도라고 하더라도 청력손실이 언어 습득 이전에 발생한 경우라면 반드시 보청기를 착용하여야 하며, 고도 이상의 청력손실 때문에 언어 습득이나 의사소통이 곤란한 경우에는 반드시 인공와우를 이식하여야 한다.

보청기를 선택하거나 조정할 때 고려하여야 할 점으로는 첫째, 난청의 병변이나 청력에 따라 보청기의 사용을 고려하여야 하며, 둘째, 연령이나 정신 발달면에 대한 관찰 평가의 결과도 감안하여야 하며, 셋째, 보청기의 사용 목적에 따라 보청기 사용 방법을 고려하여야 한다. 보청기의 선택이 끝나면 적응 상의 조건을 검토하여 유아의 조건이나 상태에 보청기가 최적의 상태를 유지하여 작동할 수 있도록 하여야 한다.

인공와우를 착용하는 아동도 마찬가지로 인공와우 외부 착용 장치가 아동의 일부분이 될 수 있도록 배려하여야 하며, 어음처리기의 조절 상태가 아동의 상태나 듣기 상황에 알맞게 조정되어야 하며 모든 인공와우 장치가 최상의 조건에서 작동하고 착용할 수 있어야 한다.

2) 청각의 기능

청각장애 영유아의 언어지도가 적절하게 실시되기 위해서는 감각 및 지각 수준에서 청각 기능이 충분히 발달하여야 한다. 청각장애 영유아가 보장구를 착용하여 언어를 습득하는 데 청각을 활용하기 위해서는 다음과 같은 청각 기능이 성숙하여야 한다.

(1) 음을 듣는다

건청 아동은 생활 주위의 많은 음을 별다른 어려움 없이 듣고 이해한다. 그러나 청각장애 아동은 청각장애의 상태에 따라 특정한 소리가 들리지 않거나 들린다고 하더라도 듣는 데 곤란을 느낄 수가 있다. 난청 아동은 청력도에 나타나는 가청역치보다 더욱 큰 소리일 때 비로소 소리를 들을 수 있다.

(2) 음에 주의한다

음이 들리는 상태에서 음에 의식을 기울이면 음을 분명하게 들을 수 있고 그 음이 어떤 음인지를 식별할 수 있게 된다. 기차 속에서 책을 읽는 경우에는 기차의 시끄러운 음이 들리지 않지만 주의를 기울이면 기차소리가 분명하게 들린다. 이처럼 음에 주의를 기울인다거나 의식을 집중하는 것은 음을 들어 이해하기 위한 전제 조건이 된다. 사람들은 소리의 세계에 살면서 적응하기 위해 특별한 노력을 하지 않지만 청각장애 아동은 장시간 음에 주의하여 들어야 이해할 수 있게 된다. 그러나 이것도 유아기부터의 오랜 경험에 의해서 길러지는 것이므로 청각을 사용하기 시작하는 청각장애 유아의 경우에는 기초적 훈련이 필요하다.

(3) 음의 방향을 식별한다

일반적으로 사람들은 음에 주의를 기울여 음이 들린 방향을 식별하고 소리가 난 쪽으로 눈이나 고개를 돌리게 된다. 지나치게 큰 음, 미묘한 음에는 반사적이고 무의식적으로 음이 발생한 방향으로 귀를 기울이지만 그렇지 않은 대부분의 음에 대해서는 주의를 환기시키지 않는 것이 보통이다. 보통 자신이 주의를 기울이지 않으면 안 되는 음을 스스로 선택하여 귀를 기울이게 된다.

음의 방향을 분별하기 위해서는 좌우의 귀를 사용해야 하는데 그 이유는 왼쪽에서 들릴 때는 왼쪽 귀에 먼저 음파가 도달하고 나중에 오른쪽 귀에 음파가 도달하므로 그 사이에 발생하는 시간차나 강도차 등을 미묘하게 감지하여 음이 발생된 방향을 알아내기 때문이다. 성인의 경우 500~700Hz의 순음으로 정면에서 들어온 음은 1도의 차이도 분별해 낼 수 있다. 전후의 차이나 상하의 차이 등은 이해하기 어려운 것이지만 머리를 미묘하게 움직임으로서 차이로부터 방향을 알기도 한다.

따라서 보청기나 인공와우를 한 쪽 귀에만 사용하는 경우에는 좌우의 구별 없이 마이크로폰에서의 음이 동시에 느껴지므로 음의 방향을 잡기가 어렵게 된다. 이와 같이 듣기의 방향성을 향상시키기 위해서는 반드시 보청기를 양이에 착용하여야 하며, 인공와우를 사용하는 경우라면 인공와우를 사용하지 않는 귀에 보청기를 착용하거나(bimodel hearing), 인공와우를 양이에 이식하는 것이 효과적이다(홍빛나, 2005; 박미혜, 2006).

(4) 음의 차이를 변별한다

음은 귀에 들어와 청각신경을 자극함으로서 하나하나의 음이 분석된다. 이것은 예를 들면, 큰 북소리는 250Hz 가량의 낮은 음이고 전화벨 소리는 3,000Hz 가량의 높은 소리라는 요소적 성질로 알려진 것이다. 언어에 대해서도 마찬가지로 /아/의 특징적인 성분, /가/의 특징적 성분을 변별해내서 특징적이고 요소적인 성질을 대뇌의 기억중추에 전달한다. 처음 들은 상이한 두 음에서도 그것을 기억중추에 전달함으로서 차이점, 유사점, 같은 점 등으로 비교 변별하여 알게 된다. 이와 같은 경우에는 기억이 시간이 경과함에 따라 혼미해지기 때문에 변별능력은 기억력과 관계가 깊다. 건청인은 청력검사에 사용되는 순음의 고저나 대소를 지각할 수 있다. 예를 들면, 60dB의 음에서 1,000Hz와 1,005Hz의 음이 다름을 알 수 있으며 크기에 관해서는 60dB 정도의 음에서 0.5~1dB의 차이만 생겨도 차이를 지각할 수 있다.

실제로 언어를 들어 변별하는 데는 이 정도의 세밀한 변별력은 필요하지 않다. 언어는 분별요소가 복합하게 조합되어 있기 때문에 통합하여 변별할 필요가 있다. 청각장애 아동의 경우 일반적으로 음의 고저에 대한 변별력은 좋지 않지만 변별능력이 7%의 차이도 지각할 수 없을 정도가 되면 말소리를 들어 변별하는 데 상당히 큰 영향을 받게 된다.

실제 생활 장면에서는 두 개의 음을 듣고 비교하여 변별하는 일은 거의 없지만 음을 이해하기 위한 기초를 길러주기 위해서는 비교하여 듣고 변별하는 훈련 없이는 음을 구별할 수 있는 능력이 길러져야 한다.

(5) 음의 의미를 이해한다

뒤에서 자동차의 경적이 울리면 우리들은 뒤를 돌아보지 않고도 갓길로 피하게 되는데 그 이유는 자동차 경적의 의미를 알고 있기 때문이다. 위에서 언급한 것처럼 음이 귀에 들어오면 각각의 특징적 성분이 분석되지만 생활 속에서 몇 번이고 되풀이해서 그 음을 들으면 하나의 음에 하나의 패턴이 조합되어 대뇌 속에 기억된다. 생활에서 경험하는 음은 항상 의미를 수반하여 들리기 때문에 음의 의미도 음의 패턴과 함께 기억되어 음이 이해됨과 동시에 음의 의미도 지각하게 된다. 언어는 곧 의미이므로 언어를 교환하고 있을 때에는 당연히 의미가 중요하다. 단계적으로는 어떤 음인가 알고 난후 교통 경찰관의 호루라기 음을 들었을 때에는 교통 경찰관의 교통정리로 의미를 이해하게 된다. 실제의 생활에서는 양자가 동시에 통합되어 학습된다.

(6) 음의 선택한다

음을 듣고 있을 때 두 개 이상의 음이 동시에 들려와도 각각 분리하여 듣고 분별하는 것이 가능하다. 지하철 속에서 이야기를 나누고 있을 때에는 기차 소리와 이야기 소리를 동시에 들어 분별할 수 있는 것도 이 때문이다. 그래서 여러 가지 음이 있어도 들으려 하는 음만을 선택하여 주의를 기울일 수 있게 된다. 이 때에는 음의 방향을 분별하는 능력도 작동하게 되고 음원의 방향에 의식을 집중함으로서 선택할 수도 있다.

(7) 말을 할 때의 자기 조정

상대방과 대화를 나누고 있을 때에는 비록 무의식적이지만 청각을 조정자로 사용한다. 예를 들면, 주위가 시끄러울 때에는 자연스럽게 소리를 크게 하는데 이것도 스스로의 귀로 주위의 상황과 자신의 소리를 들음으로서 상황에 맞추어 자신의 소리를 조정하기 때문이다. 노래를 부르고 있는 경우에도 자신이 부르고 있는 노래의 박자를 스스로 듣기 때문에 박자를 스스로 조정하게 된다.

이와 같이 청각은 말을 표출할 때 그것을 들어 자신이 내는 소리를 조정하는 역할을 하는데 이를 「청각의 피드백 작용」이라고 한다. 영유아는 만 1세 정도까지 옹알이와 소리내기를 통해 이러한 작용을 학습한다. 조기의 보장구 착용과 청각 언어적 자극을 주는 것은 이러한 청각 기능의 성숙과 학습에 매우 중요한 조건이 된다.

4. 청각장애 영유아의 가정 지도

건청 아기는 생후 2개월 정도가 되면 모음을 위주로 입안에서 나는 소리를 반복적으로 산출하여 옹알이를 시작한다. 초기의 옹알이는 환경음의 모방이 아니라 반사적으로 산출되는 소리이기 때문에 청각장애 아기도 어느 정도 할 수 있다. 7~8개월이 되면 옹알이는 주변 환경의 영향을 받아 성인의 말소리에 들어있는 음과 비슷하게 된다. 그리고 생후 1년 정도가 지나면 그 수는 적으나 의미있는 언어를 사용하기 시작한다. 청각장애 아기의 경우 후기 옹알이부터 차이가 나타나기 시작하여 의미있는 언어 습득 시기가 되면 많은 차이점을 보인다고 한다(윤미선 심현섭, 2003; Stoel-Gammon & Otomo, 1986). 그러나 주위에 있는 사물의 관찰 혹은 자기 자신의 행동을 통한 의미 활동은 반드시 지체되지는 않는 것으로 보고되어 있다. 그리고 몸짓이나 손짓을 사용하여 의미를 전달한다. 이들의 의미 활동은 그대로 방치하면 음성언어와는 전혀 혹은 거의 연결되지 않는다. 이렇게 해서 그들의 의미의 시계는 자기가 보이는 범위, 자기가 움직일 수 있는 공간 내에 머물기 쉽다. 그래서 조기에 유아의 의미 활동에 관계되는 언어를 수용시키려는 배려를 하지 않으면 안 된다. 물론 청력 손실이나 보장구의 활용 능력 등에 따라 언어의 수용에 청각만을 사용할 것인지 시각적인 방법을 사용할 것인지는 개인차가 있으나 어떤 방법을 사용하든 먼저 언어를 수용시키는 것이 필요하다. 이 기간을 충분히 가져야 하며 결코 발성시키는 것을 서둘러서는 안 된다. 가정에서는 어린이로부터 자연스럽게 말이 나오기를 기다리는 정도가 바람직하다. 가정생활 중에는 일어나기, 옷 입고 벗기, 식사하기 배설 등의 기본적인 생활 습관에 관한 언어를 수반한 행동이 많다. 또한 놀이, 가정 또는 이웃사람에게 관계되는 일과 심부름 등에 대해서도 어머니와 자녀 사이에는 많은 언어에 의한 전달이 있을 것이고, TV를 볼 때에도 침묵을 지키지 않는다. 무엇보다 가정에서의 언어지도는 생활 경험을 축으로 이해하는 즐거움을 체득시키는 데 있다고 생각해도 좋다.

1) 청능훈련

청각장애 영유아의 청능훈련은 특히 일상생활 환경이나 부모 및 양육자의 역할이 중요하다. Auditory-Verbal Approach에서는 음성 언어와 학습을 도와줄 수 있는 듣기 환경의 개발을 통해 부모와 아이가 상호작용하는 것이 중요하다고 지적한다. 듣기에 있어 조기 교육은 유아로 하여금 청각에 대해 수동적인 사용자가 아니라 능동적이고 적극적인 학습자 및 사용자가 되는 것을 목표로 한다. Auditory-Verbal Approach에서 듣고 말하기를 지도하는 원칙 가운데 청능훈련과 관련된 기본적 부분은 다음과 같다.

첫째, 아무리 나이가 어린 영유아라고 하더라도 반드시 보장구를 상시 착용하도록 하여야 한다. 어린 영아일수록 보청기를 착용시키는 일은 쉽지 않다. 보청기를 착용하여 바로 효과가 눈에 띄는 것도 아니며 누워서 지내는 시간이 길기 때문에 피드백이 심하여 착용시키는 것이 여간 일이 아니다. 부모나 양육자가 청능훈련의 가장 기초가 되는 것이 보장구의 착용이라는 의식을 갖고 가정에서 실천할 수 있도록 해야 하며 경우에 따라 전문가의 구체적인 지원이 필요하다.

둘째, 인공와우 수술을 예정하고 있는 영유아라고 하더라도 보청기의 착용이 상시 이루어지도록 지원하여야 한다.

셋째, 보청기의 증폭이 충분하지 않으면 보청기를 착용하고도 듣기 능력을 발달시킬 수 없다. 어린 영유아의 임상 경험이 풍부한 전문가로 하여금 반응을 잘 관찰하여 보청기의 착용 역치가 어음 영역 내에 들어가도록 조정할 수 있어야 한다.

넷째, 음향적 자극은 영유아에게 의미있는 문맥 내에서 제공할 수 있어야 한다. 이를 위해 부모는 아이의 언어와 듣기 기술을 어떻게 하면 발달시킬 수 있는지 배워야 한다. 또한 단순한 언어 발달이 아니라 기능적인 언어 발달을 개선시키기 위해 부모가 무엇을 해야 하는지 알게 해주는 것도 매우 중요하다.

다섯째, 아이의 전반적인 생활 속에 듣기를 통합하여야 한다. 훈련과 생활이 별개의 것이 아니라 아이의 일상생활이 듣기 그 자체가 되는 것이 중요하다. 듣기와 더불어 언어가 발달하기 위해서는 부모가 가장 중요한 모델이 되므로 생활 속에서 자연스럽게 이루어지는 부모와의 상호작용이 곧 청능훈련이 되고 언어 발달을 촉진하게 되는 것이다.

청능훈련은 크게 두 가지로 그 형태를 구분할 수 있다. 대화를 위주로 한 대화기법과 듣기 훈련 방법이다. 대화기법은 다시 자연적 대화기법과 구조적 대화기법으로 분류된다. 자연적 대화기법은 어떤 형식에 구애받지 않고 자연스러운 대화를 통해 아동이 일반적인 대화의 형식을 익히도록 지도한다. 자연적 대화기법은 어린 유아에게도 적용할 수 있으나 유아의 언어능력이나 수용 능력에 적합하도록 조절하여 실시되어야 한다. 구조적 대화기법으로는 주어진 주제나 환경에 따라 제한된 청각 상황을 제시하여 아동이 미리 예상할 수 있도록 유도하면서 대화를 해나가는 방법이다. 예를 들어, 놀이터와 관련된 단어나 문장을 미리 예시하고 예시된 단어나 문장을 따라하게 하고 반복적으로 이용하여 이야기를 전개시켜 나간다.

청능훈련에 있어 대화기법은 형식적이든 자연스런 방법이든 언어의 개념이 부족한 유아나 고도 난청이 있는 아동에게는 어려운 방법일 수 있으나 방법론적으로는 집단 훈련에 적용하여 유아간의 경쟁심을 유발할 수도 있고 모방을 유도할 수도 있다. 또한 나이가 아주 어린 아동에게 주는 시사점으로는 의사소통의 과정 자체가 청능훈련이 된다는 점이다. 주변에게 의도적이건 비의도적인건 제시하는 언어는 유아의 언어지도에 풍부하고 효과적인 자극의 역할을 해 줄 수 있는 것이다.

청능훈련 가운데 듣기 훈련 방법은 집단훈련보다는 개인훈련이 적합하며 특정한 소리나 언어음에 대해 집중적으로 실시할 수 있다는 장점이 있다. 듣기 훈련은 듣기 발달 단계 맞추어 체계적으로 실시해 나간다.

적절한 보장구 착용하기 시작한 청각장애 영유아의 청능을 촉진하기 위한 가정 지도를 실시하는데 있어 다음의 것을 명심하여야 할 것이다.

첫째, 자녀의 청능 수준에 맞는 적절한 과제를 제시하여야 한다.

둘째, 자녀의 나이와 언어 능력에 맞는 동기 부여가 분명한 활동을 선택하여야 한다.

셋째, 반드시 지속적으로 꾸준히 실시하여야 한다.

부모가 조금만 의식하면 가정에서 다양한 청능 학습의 기회를 자녀에게 제공할 수 있으며 또한 재미있게 청능훈련을 해줄 수 있다. 따라서 부모가 청능 발달 단계(the stage of auditory skill development)에 대한 지식을 갖고 참여할 수 있으면 재활이 보다 효과적으로 진행 될 수 있다. 다음 절에서는 청능 발달 단계 따른 가정 지도에 대해 살펴볼 것이다.

2) 청능 발달 단계에 따른 가정 지도

(1) 청각적 탐지 단계

청각적 탐지 단계(stage of auditory detection)는 가장 기초적인 단계로서 소리가 들렸을 때 나타나는 자녀의 행동을 잘 관찰하여야 한다. 영유아는 주로 소리에 대해 놀라는 반응을 하거나 하던 동작이 멈추거나 소리내기(vocalization)를 시작한다. 그러나 이러한 자연스런 반응 이외에 좀더 구조화된 상황에서 소리를 탐지할 수 있는 행동이 형성되어야 한다. 이것을 조건화된 반응 행동(conditioned-response behavior)이라고 하며, 소리 자극이 주어지면 특별한 반응을 해야 한다는 것을 아동이 학습하는 것이다. 소리가 들리면 손을 들거나, 장난감 고리를 하나씩 끼우거나, 퍼즐을 맞추는 것과 같은 행동을 가리킨다. 이러한 조건화된 반응 행동은 보장구의 정밀 조정에 큰 역할을 할 것이다. 가정에서 소리에 대한 탐지 반응이 나타나면 아직 자녀가 소리를 확인하는 청능 수준에 이르지 못하였다고 하더라도 부모는 소리에 대해 이름 붙여주고(labeling) 설명을 해주어야 한다. 가정에서 듣는 소리에 대해 환경음 목록(the environmental sound dictionary)을 만들어 두는 것도 좋다. 가정에서 들을 수 있는 소리는 매우 다양하다. 이러한 소리 중에는 건청인에게는 너무 익숙해 무심해진 소리도 있다. 청각장애 자녀에게는 모든 소리가 중요하므로 자녀가 소리에 대한 탐지 반응이 보일 때는 소리에 이름을 붙여주고 설명해준다. 그리고 자녀가 듣는 소리에 대한 목록을 작성하여 전문가를 도와주어야 한다. 그러나 자녀를 따라다니며 자녀가 소리를 듣는지 지나치게 확인하려고 해서는 안 된다.

환경음에 대한 탐지 반응뿐만 아니라 말소리에 대한 탐지 반응을 학습하는 것도 언어지도에서는 매우 중요한 과제이다. 말소리 탐지 활동은 아동의 나이나 흥미에 맞는 재미있는 활동에 끼워서 실시하는 것이 중요하다. 말소리를 제시할 때는 반드시 청각만을 사용할 수 있도록 아동의 뒤에 앉거나 옆에서 활동하는 것이 좋다. 나이가 어린 자녀라면 아동을 무릎에 앉혀 활동을 하도록 습관을 들이는 것도 매우 효과적이다. 탐지 반응 단계에서는 소리에 대한 집중력을 키워주어야 하고 소리 자극을 기다리는 것도 배워야한다. 점차 아동은 자신의 이름에서부터 말소리를 탐지하여 인지하게 될 것이다.

(2) 청각적 변별 단계

청각적 변별 단계(stage of auditory discrimination or pattern perception)에서는 소리의 차이를 인식할 수 있는 과제를 제시하여 아동 스스로 차이를 인지하여 반응할 수 있도록 적극적으로 도와주어야 한다. 또한 소리 뿐만 아니라 말소리의 차이에 대해서도 마찬가지로 학습 기회를 부여하여야 한다. 듣기가 촉진되면 말하기로 연결될 수 있는 일상생활 활동이 이루어지도록 배려하여 주어야 한다. 아동이 정확하지 않은 발음으로 말을 하더라도 의사소통이 이루어질 수 있도록 풍부하게 반응하여 주는 것이 중요하다. 또한 더욱 자세한 말의 특징을 변별하고 인식할 수 있도록 강화하여 주어야 한다.

(3) 청각적 확인 단계

청각적 확인 단계(stage of auditory identification or segmental identification)에서는 소리의 차이를 인식할 수 있는 과제를 이용한 훈련이 필요하다. 아동의 보장구 착용 기간이나 듣기 능력의 수준을 파악하면서 과제를 수나 변별 단서의 정도를 조절하며 실시한다. 단어의 차이를 인식하는 훈련은 주로 전문가가 실시하는 것이지만 가정에서 부모나 양육자가 일상생활에서 매일 일어날 수 있는 일과 속에 통합시켜 실시하면 말소리를 이해하는데 까지 걸리는 시간을 단축할 수 있다. 또한 일상생활에서 익숙한 물건의 이름을 이용하는 것도 가정에서의 지도가 주는 장점이다.

이 수준에서는 훈련 과제를 closed-set에서 시작하여 open-set으로 난이도를 조절하여 실시한다. 듣기 훈련이라고 할지라도 활동자체를 언어 지도로 인식하여 반드시 말하기 지도와 함께 실시하여야 한다. 즉 듣기 일변도의 과제가 아니라 아동으로 하여금 말할 수 있는 기회를 제공하여야 한다는 것이다. 또한 단순히 언어를 듣고 따라하는 것이 아니라 아동 스스로 언어의 규칙이나 차이를 인식하고 추측할 수 있는 훈련(예: guess game)을 이루어져야 한다.

(4) 청각적 이해 단계

청각적 이해 단계(stage of auditory comprehension)는 듣기 훈련의 마지막 훈련단계이다. 주어진 자극을 들리는 그대로 모방하는 것이 아니라 내용을 이해하여 대답을 하거나 다른 형태의 표현으로 바꾸어 반응할 수 있어야 한다. 반대말 대기나 수수께끼 등 다양한 형태로 자극을 제시하여 말에 대한 이해력 증진시켜야 한다.

(5) 책읽기

부모와 일상적으로 나누는 활동은 매우 중요하다. 책 읽어주기, 자장가 불러주기, 손유희 등의 활동은 재미도 있고 나이에 맞게 실시할 수 있는 활동으로 가정에서 언어에 대한 듣기 활동의 좋은 기회를 제공한다. 또한 일상적으로 발생하는 모든 일에 듣는 기회를 풍부하게 제공하여 주어야 한다. 읽기 전문가들은 가능한 조기에 부모가 literacy 활동을 하여야 한다고 지적하고 있다. 청각장애 영유아를 위한 초기 읽기는 책 속에 나오는 인물이나 활동을 아이가 배울 수 있도록 마주보고 실시하고, 좋아하는 책이 많아지면 책을 아동에게 건네주고 다양한 방법으로 청각만을 활용하여 실시하도록 한다. 아이를 무릎에 앉히거나 얼굴을 보거나 혹은 거리를 두고 읽어준다. 책읽기를 통해 할 수 있는 듣기 활동의 예로는

* 엄마의 목소리가 끝나는 것을 알고 쪽을 넘긴다.
* 읽던 쪽에서 가장 마지막 낱말을 말한다(친숙한 책은 아동이 기억하고 할 수도 있으나 이것을 본격적인 읽기의 전초가 된다).
* 엄마가 말하면 그림에 나오는 물건이나 항목을 지적한다(책의 줄거리나 개념에서 지나치게 벗어나서는 안 된다).
* 이야기의 다음에 발생할 사건에 대해 질문한다.

부모와 함께 책을 읽는 활동은 나이를 막론하고 자연스런 듣기를 촉진하는 활동이 되며 언어를 이해하고 표현하는 활동이 된다. 특히 영유아에게는 흥미를 유지하고 동기를 부여하기 좋은 활동이다.

3) 청각장애 영유아의 언어 지도에 대한 지침

Chute와 Nevins(2002)는 인공와우를 사용하는 청각장애 아동에게 언어 학습을

실시할 때 반드시 기억하여야 하는 지침으로 다음과 같은 것을 지적하였다.

(1) 듣기와 언어 사이에는 특별한 관련이 있다

음성언어를 해독하는 데는 청각 수준의 발달 뿐만 아니라 뇌 수준의 언어-학습 시스템으로의 통합이 필요하다. 언어를 학습하기 위해서는 청감각을 사용할 수 있는 듣는 기회가 필요하므로 조기에 청각적 경험을 풍부하게 해주면 언어 학습에 청각을 충분하게 사용할 수 있도록 촉진하여 준다. 따라서 12개월 전후에 인공와우를 사용하기 시작하는 유아는 건청 아동과 유사하게 스스로 듣기 기술을 발달시키며 듣기를 통해 언어를 학습하게 된다. 언어적 기술을 사용하여 듣기 행동을 발달시키게 되면 듣기 행동이 언어발달을 더욱 촉진시키는 관계가 성립된다.

(2) 세상은 말할 것이 널린 장소이다

나이가 어린 아동에게는 "지금 여기에(here and now)" 있는 사람이나 사건에 대해 끊임없이 말을 해주어 아동의 내적 언어 능력이 확립될 수 있도록 해주어야 한다. 대화를 나누기 위해서는 먼저 아동과 부모가 함께 눈을 맞추어야 한다. 그리고 주변에 널려있는 것들에 대해 이야기를 하게 된다. 이를 통해 세상의 사물에 이름이 있다는 것을 알게 된다. 이와 같은 과정은 건청 아동과 부모 사이에 일어나는 일이며 청각장애 유아에게도 마찬가지로 적용될 수 있는 원리이다.

(3) 듣는 기회는 말하는 기회이다

아동이 말을 하도록 하기 위해서는 아동이 커뮤니케이션을 할 때 반응하도록 촉진하여야 하며 말을 하며 반응하도록 촉진하여야 한다. 커뮤니케이션을 하면서 말을 하면서 반응하도록 기대하고 주고받을 수 있다. 일상적인 상황에서 말을 하도록 아동을 격려하지 않으면 구어 능력이 발달할 수 있는 기회를 제한하는 것이다. 말이란 아동에게 강요해서 할 수 있는 것이 아니다. 부모는 말의 힘을 알 수 있도록 도와주어야 한다.

(4) 언어의 성장은 성숙한 언어 사용자와의 주고받기를 통해 이루어진다

아동이 언어를 발달시키는 것은 언어를 능숙하게 사용하는 사람들 속에 노출되어 있기 때문이다. 언어를 능숙하게 사용한다는 것은 어린 아동의 언어 수준을 정확하게 인식하는 것을 가리킨다. 아동의 현재 언어 수준보다 조금 더 어렵고 복잡한 언어 형태로 바꾸어주는 전략을 확대(expansion)라고 하는데 이러한 전략은 청각장애 아동이 새로운 언어를 들었을 때 사용하고 그렇게 함으로서 아동의 언어 수준이나 목록은 발달될 수 있을 것이다.

5. 청각장애 영유아의 언어지도의 실제

1) 언어 발달을 위한 교육적 배려

개체의 모든 발달에는 순서가 있다. 그러나 청각에 심한 제한이 있는 경우는 청능 발달뿐만 아니라 전체 발달에 대해서도 영유아기부터 세심하고 충분한 배려가 매우 중요하다. 똑같은 방법으로 접근해도 언어 발달이 이루어지는가는 적절한 지도가 얼마나 잘 이루어졌는가에 따라 다르다. 고심도 청각장애 아동 가운데는 청각을 활용하여 우수한 말소리의 변별 및 확인 능력을 나타내고 음성언어 능력도 충분히 발달한 아동이 매우 많다. 건청 아동과 거의 다를 바 없는 수준이나 전화까지도 효과적으로 사용하는 아동이 있는 반면에 전혀 그렇지 않는 아동도 있다. 모든 아동이 학습을 통해 발달해 나가는 개체라는 사실을 생각하면 청각장애 아동의 발달에 대해서 지나친 기대감을 가져서는 안 되지만 지나치게 기대감을 갖지 않는 것도 문제가 될 수 있다. 무엇보다 아동의 가능성을 믿고 추구해 나가는 자세가 중요하다. 본 절에서는 나이에 따라 청각장애 아동의 발달에 나타나는 특성을 제시하고 이를 촉진하기 위한 지도에 대해 서술하기로 한다. 우선 청각장애 아동의 언어 발달을 위해서 다음과 같은 내용이 기본이 될 것이다.

첫째, 아동의 전체적인 발달 및 청각 활용에 필요한 조건을 지원하고 육성해 나가기 위해서 지식, 기술 및 실천력 등을 지니고 적절하게 대처한다.

둘째, 아동의 작은 변화를 민감하게 이해하고 현재의 발달 단계에서 다음 발달을 예측하여 필요한 환경이나 구체적인 경험을 준비한다.

셋째, 듣기에 미치는 난청의 영향이나 보장구의 구조와 기능 등에 대해 기본적인 지식을 지니고 장치의 문제에 대처한다.

넷째, 청각의 가능성을 기대하기에 앞서 아동과의 의사소통 관계를 잘 형성하여 생활 경험을 풍부하게 해준다.

다섯째, 아동의 마음을 이해하고 수용하여 기쁘게 한다.

여섯째, 장애를 거부하지 말고 아동의 발달을 있는 그대로 수용하며 청각적인 개인차를 존중하여 필요한 지원을 제공한다.

일곱째, 아동과 함께 다양한 환경을 경험하고 그 속에서 적절한 모델을 제공한다.

여덟째, 아동과 커뮤니케이션은 표현력이 풍부한 음성이나 말을 사용한다.

아홉째, 사람의 이야기나 소리 및 음악을 듣는 일에 관심을 갖고 아동과 함께 즐거워한다.

열번째, 아동과 함께 일상생활을 경험하면서 아동 스스로 배울 수 있는 기회를 많이 만들어 준다.

2) 단계별 특성과 지도 내용

(1) 생후 6개월 ~ 1세 5개월의 유아

① 보장구의 착용

a. 착용 습관과 관리

보장구를 장난감이라 생각하고 가지고 논다.

착용시키면 잡아당겨 뺀다. 그러나 점차 착용시켜주는 동안 기다릴 수 있고 싫어하지 않는다.

아침에 일어나면 착용하고 잘 때는 벗는 습관이 형성되어 간다.

[지도]

보장구를 착용시키기 전에 상태를 점검한다(device check).

억지로 하지 말고 따뜻하고 부드럽게 바라보면서 착용시킨다.
보장구에 지나치게 신경을 쓰지 않도록 잠시 안아주거나 놀아준다.
이어몰드가 맞지 않으면 착용하기 어려워 불쾌감을 줄 수 있으므로 맞지 않을 때는 다시 만들거나 로션을 발라 착용시킨다.
보장구용 건전지를 먹지 않도록 유의한다.
장치 착용 전 준비나 점검 과정 혹은 보관 방법을 유아에게 보여준다.

b. 듣기 상태의 점검

소리가 시끄럽거나 들리지 않을 때 유아 스스로 보장구를 벗으려 한다.
보장구를 착용하는 순간 소리를 내기 시작한다.

[지도]
유아가 보장구를 자주 빼려 하면 한쪽씩 번갈아 가며 착용시킨다.
한쪽씩 착용시키면서 소리에 대한 반응을 잘 관찰하여 보장구의 조절에 정보로 사용한다.
소리가 들릴 때 유아의 표정이나 행동을 관찰하여 기록한다.
초기에는 지나치게 시끄러운 소리를 계속하여 들려주지 않는다.
소리를 많이 들려주고 싶은 욕심 때문에 오디오나 라디오를 계속하여 틀어주는 일은 좋지 않다.

② 커뮤니케이션

a. 주고받기(turn taking)

말을 해주면 빤히 쳐다본다.
친한 사람의 얼굴을 보면서 말을 하듯이 소리를 낸다.
말을 해주면 말하고 있는 사람의 입술이나 얼굴을 만지려고 하고, 소리에 반응한다.
주변 사람의 주의를 끌거나 요구가 있을 때 소리를 낸다.

[지도]
유아가 보고 있는 것, 하고 있는 것, 느끼고 있는 것에 대해 말을 해준다.
유아를 보살필 때 몸을 만지거나 안아 주며 따뜻하고 즐거운 목소리로 말을 하거나 노래를 불러준다.
엄마의 얼굴을 보면 반드시 말을 해준다.
도리도리, 짝짜꿍, 까꿍 등과 같은 음성놀이를 많이 해준다.
유아가 목소리를 내면 가까이 앉아 상대가 되어준다.

b. 옹알이 및 음성놀이

혼자 있을 때도 기분이 좋으면 소리를 낸다.
발성이 많아지고 목소리를 내며 웃는 일이 많아진다.
기분 좋은 소리가 들릴 때나 보장구를 착용하고 있을 때 발성의 양도 많아지고 목소리도 커진다.
모음의 발성이 증가하고, 목소리를 모방해주면 좋아한다.

[지도]
즐겁고 리듬 있게 맑은 목소리로 말을 해준다.
유아의 발성을 수용하여 같은 발성을 해준다.
유아가 좋아하는 놀이를 많이 해준다(도리도리 짝짜꿍, 까꿍 등).
혼자서 기분 좋게 웅얼거릴 때는 방해하지 않는다.
리듬 있고 단순한 말을 반복하여 해준다.

c. 언어 이해

사람이 말을 걸면 조용해진다.
보장구를 착용하고 소리가 들어가면 표정이나 행동이 활발해진다.
안돼, 아니야 등의 말로 야단을 치면 사람을 보지 않고도 장난을 멈춘다.

[지도]
지나치게 일방적으로 말을 걸지 말고 유아의 표현에 맞추어 준다.
이름을 부르거나 노래를 불러주어 목소리나 말에 흥미를 갖도록 한다.

d. 언어 표현

요구나 감정 표현 등을 목소리로 표현한다.
부르면 대체적으로 일정한 목소리나 리듬으로 반응한다.
1개 혹은 2개의 모음을 연결한 발성이 증가한다.
/빠빠/, /음마/ 라고 말하면 비슷하게 따라한다.

[지도]
유아의 미분화된 음성 표현을 이해하고, 적극적으로 놀아준다.
유아의 표정에 맞추어 잘 알고 있는 몸짓으로 음성표현을 해준다.
유아의 목소리에 담긴 리듬이나 신체 움직임의 속도에 맞추어 말을 한다.

③ 일상생활

a. 소리에 대한 인식

음악을 들려주면 가만히 듣고 있다.
큰 소리가 나면 동작을 멈추거나 표정이 변화하는 등 분명한 반응이 보인다.
갑자기 무엇인가 들리면 엄마의 얼굴을 본다.

[지도]
소리에 흥미를 나타낼 때는 함께 음원을 찾아보거나 즉시 소리를 반복하여 들려주거나 보여준다.
소리에 대한 반응을 분명히 하려고 의미 없이 소리를 들려주지 않는다.
큰 소리를 지나치게 오래 들으면 흥분하여 자지 않을 수도 있으므로 주의한다.
조용한 장소에서 기분 좋은 소리를 들려준다.
보장구의 착용 유무에 관계없이 주변의 소리를 들을 수 있는 기회를 만든다.
초기에 들려주는 소리는 유아가 충분히 들을 수 있거나 소리가 나는 것을 눈으로 확인할 수 있는 활동도 좋다.

b. 청각적 이미지

일상생활이나 놀이 속에서 사람의 음성을 인식하고 음원을 찾으려고 한다.
소리가 나는 물건에 관심을 기울이며 보거나 만지며 논다.
갑자기 큰 소리가 나면 놀라거나 불안해한다.

[지도 내용]
유아가 인식한 소리의 음원을 보여주거나 만지도록 해준다.
유아가 보고 있는 사람이나 물건 및 장면에 가까이 데리고 가서 보여주거나 만지도록 해준다.
생활에 필요한 소리를 듣는 경험을 풍부하게 시켜준다.

c. 소리 즐기기

음악이 들리면 동작이나 표정에 생기가 돈다.
자신의 흥미에 맞추어 소리를 내면서 듣는다.

[지도]
유아가 몸을 움직이면 움직임에 맞추어 밝은 음악을 들려주고 몸을 만져준다.
소리가 나는 장난감이나 악기를 가까이 두고 항상 자유롭게 놀도록 해준다.

(2) 1세 6개월 ~ 2세 11개월 유아

① 보장구의 착용

a. 착용 습관 및 관리

아침에 일어나거나 장치가 빠지면 끼워달라고 요구한다.
이어몰드가 빠지면 스스로 끼워 넣으려고 한다.
보장구를 종일 착용하게 되고 빼는 것을 싫어하기도 한다.
보장구에 흥미는 있지만 잘 사용하지는 못한다.
엄마나 전문가가 보장구를 관리하는 것을 관찰하고 따라 하기도 한다.

보장구의 구조에 관심을 갖고 만져보거나 작동시켜 보려고 한다.

[지도]
하루 종일 착용할 수 있도록 배려한다.
장시간 외출할 때는 예비 건전지를 가지고 다닌다.
혼자서 이어몰드를 착용할 수 있도록 연습을 해보게 한다.
유아의 흥미에 맞추어 보장구를 만져볼 수 있도록 해준다.

b. 듣기

보장구를 착용하고 있을 때 표정에 생기가 돈다.
보장구를 끼는 순간 확인하듯 소리를 낸다.
소리를 들으려고 물건을 거칠게 다루는 일도 있다(문을 쾅쾅 두드린다).

[지도]
보장구를 착용시킬 때는 반드시 말을 하거나 노래를 불러주어 반응을 확인하고 소리의 입력상태를 점검한다.
청력검사를 지속적으로 실시하거나 청능 행동을 관찰하여 보장구를 조절한다.
주변의 사람이 음악이나 소리 혹은 말에 흥미를 표시해주면서 유아를 이끌어 함께 행동한다.

② 커뮤니케이션

a. 주고받기

사람에 대한 관심이 증가하고 목소리에 대해 민감하다.
친한 사람과의 공동 행위가 증가하여 함께 웃거나 행동한다.
신체 동작이나 물건을 단서로 말을 하면 들으려고 한다.
들으면서 상대방의 얼굴을 보고, 이야기를 걸어주면 웃는다.

[지도]
유아와 공감적 커뮤니케이션의 기회를 충분하게 갖는다.

유아가 갖고 있는 이미지를 상상하며 말을 건다.
풍부한 표정이나 알기 쉬운 단서와 함께 분명하게 의사소통한다.

b. 음성놀이

마이크에서 자신의 목소리가 커지는 것을 듣고 좋아한다.
일상생활에서 많이 사용하는 말의 리듬을 비슷하게 낸다.
말을 하는 것처럼 소리를 내고 억양이나 리듬이 생긴다.
말을 할 때 목소리의 높이가 안정되고 음이 조금씩 변한다.
동물의 울음소리나 자동차 등 일상생활에서 자주 듣는 소리를 변별하고 따라 한다.
공동 관계가 성립됨에 따라 말을 걸면 목소리나 단어를 반사적으로 모방한다.
기침이나 재채기 등의 소리를 듣고 모방하며 좋아한다.
빠빠빠, 마마마, 와와 등과 같은 음절을 반복하며 즐거워한다.

[지도]
마이크를 사용하여 논다.
감정이 풍부한 말투로 이야기의 내용을 알기 쉽게 말해준다.
지나치게 빨리 말하지 말고 유아가 화자 쪽으로 오기 쉽도록 고개를 끄덕여 주거나 자연스럽게 모방하여 표현하도록 기회를 만들어준다.
말의 내용은 유아의 흥미나 관심에 맞추어 풍부하게 표현하도록 한다.
유아가 습득하지 못한 언어를 사용할 때는 얼굴을 보여주거나 동작이나 상황을 잘 살펴보며 말을 한다.

c. 언어 이해

사람의 목소리에 민감하게 반응한다.
일상생활 어휘를 이해하기 시작하고 이해 어휘가 증가한다.
장면이나 상황에 따라 청각 정보만으로 의미를 이해한다(안돼, 빠이빠이).

[지도]
다양한 기회를 만들어 장면에 맞는 노래를 불러준다.

청각만으로도 이해할 수 있는 커뮤니케이션 상황을 만들어준다.

이해시켜야 할 사건에 대해서는 눈을 맞추고 구체적인 단서를 사용하며 말을 한다.

실물, 사진, 체험카드 등을 사용하여 경험한 것을 중심으로 의사소통하면서 청각적 이해력을 높여나간다.

간단한 집안일을 말로 시킨다(신문 가지고와, 텔레비전 꺼).

아동이 알아듣는 소리나 음악, 낱말을 반복하여 들려준다.

d. 언어 표현

엄마를 부르거나 요구가 있을 때 일정한 말로 표현한다(엄마는 음마, 보장구는 아아 등).

이름을 부르면 대답하거나 손을 든다.

목소리를 자신의 감정이나 의도에 맞게 조절하여 사용한다.

모음, 양순음, 치조음 등을 비슷하게 표현한다.

[지도]

유아의 구체적 행위나 사고에 맞추어 즉시 모델링해주거나 적절하게 확대 모방해 준다.

유아가 사용하는 의미 있는 음성을 수용하여 모델링해 준다.

장면이나 조건에 맞추어 유아의 이름을 불러주고 인지시켜나간다.

숨을 쉬거나 발성을 하는 등의 감각놀이를 발달 단계에 맞추어 좋아하는 놀이 속에 첨가시킨다(발음은 관련시키지 않아도 된다).

간식이나 식사를 할 때 혀나 턱을 정확하게 사용하여 씹는 습관을 들인다.

③ 생활 경험

a. 소리에 대한 인식

소리가 나면 돌아보고 음원을 찾는다.

들리는 것을 전달하려고 사람을 찾거나 얼굴을 쳐다본다.

실내에서 갑자기 들리는 소리에 반응하고 스스로 음원을 찾는 일이 있다.

자신의 행동에 맞추어 주변의 사람이 목소리를 내고 있다는 사실을 알고 좋아한다.

부모나 가족의 목소리를 알고 반응하는 일이 증가한다.

큰 소리가 나는 장난감을 조작하여 소리를 내며 좋아한다(북, 피아노 등).

간단한 청능 놀이의 규칙을 알고 좋아한다(소리가 들리면 달려간다. 소리에 맞추어 공을 굴린다. 소리가 나면 문을 열고 나간다).

[지도]

듣는 경험을 반복하며 들린다/안 들린다에 대해 표정, 동작 및 언어를 사용하여 표현시킨다.

듣기 어려운 소리는 가까이 가도록 해주거나 소리를 크게 하여 들려준다.

반응이 분명해진 소리는 소리의 크기나 거리를 조절하여 작은 소리에도 반응하도록 한다.

일상생활이나 놀이를 하는 중에 소리와 연결시킨 행동이나 약속을 즐거워한다.

청능 놀이 방법이나 규칙을 이해시켜 자신감을 키워준다.

b. 청각적 이미지의 습득

엄마나 전문가가 유도하면 음원을 탐색하는 것에 흥미를 갖는다.

일상생활 습관 중에 반복되는 소리의 의미를 안다(시계, 현관 벨, 세탁기, 전자레인지, 전화, 알람, 청소기 등).

흥미가 있는 소리에는 일관적으로 반응한다(엄마 목소리, 현관 벨이나 핸드폰 소리).

익숙한 장소에서 일상적으로 들리는 소리의 음원을 안다.

흥미가 있는 사물의 소리가 나면 물건이 있는 쪽으로 간다.

[지도]

좋아하는 소리의 이미지를 정착시키기 위해서 모든 감각을 사용하여 사람 물건 장면과 적극적으로 교류하는 활동을 시켜준다.

일상생활에서 들을 수 있는 소리는 녹음자료를 사용하여 들려준다.

아동이 듣지 못하는 소리는 집중하여 듣도록 모델링을 유도하거나 진동을 이용하여 흥미를 갖도록 해준다.
소리가 나는 장난감을 사용하여 소리의 차이에 흥미를 갖도록 한다.

c. 소리 즐기기

노래에 맞추어 손 율동을 한다.
음악에 맞추어 춤을 추거나 노래를 부르거나 손뼉을 치거나 몸을 움직이는 것을 좋아한다.
CD나 녹음기, 비디오 등을 만져서 소리가 나는 일에 흥미를 갖는다.
좋아하는 소리나 음악, TV 프로그램이 있다.
잘 알고 있는 노래가 나오면 동작으로 표현한다.

[지도]
간단한 손 율동을 하면서 노래를 부르거나 듣는 기회를 만들어준다.
친숙한 사람과 함께 소리나 음악을 즐길 수 있는 기회를 많이 만들어준다.
TV의 유아 프로그램을 같이 보고 재현하며 논다.
음악이나 노래의 이미지를 떠올릴 단서가 될 수 있는 것을 준비하여 노래를 부르거나 논다.

(3) 3세 ~ 4세11개월의 유아

① 보장구 착용

a. 착용 습관

대부분 혼자서 보장구를 착용한다.
보장구가 떨어지면 스스로 다시 붙인다.
건전지나 코드 등의 착용 및 사용 방법을 이해한다.
건전지가 없어지거나 고장이 나면 표현하는 일이 있다.

[지도]
스스로 스위치를 켜거나 건전지를 교환할 수 있도록 가르쳐준다.

유아와 함께 보장구를 점검한다.
보장구를 드라이 팩에 보관할 때는 유아에게 건전지를 분리하도록 시킨다.
유치원이나 학원 등에 보낼 때는 유아에게 잘 설명한다.
보청기를 착용하는 유아는 피드백이 생기기 전에 정기적으로 이어몰드를 만들어 준다.

b. 듣기 점검

소리가 들리는지 자신의 목소리로 확인하고, 표현한다.

[지도]
정기적인 청력검사를 실시하여 듣기 상태를 점검한다.
보장구의 조절 부분을 함부로 올리거나 바꾸지 않도록 늘 확인한다.

c. 보장구 사용 방법

좌우에 착용하는 보장구를 구별할 수 있다.
자신이 착용하는 보장구를 조절할 수 있다.
FM 시스템을 사용하는 아동은 사용 방법이나 관리에 익숙해져있다.
유치원이나 학원에서도 사용할 줄 안다.

[지도]
가정에서도 FM 시스템을 사용하고 유아의 반응이나 관리 능력을 확인해둔다.
어떤 점을 불편해 하는지 확인하고 효율적으로 사용할 수 있도록 도와준다.

② 커뮤니케이션

a. 주고받기

익숙한 사람에게는 스스로 가까이 가거나 말을 건다.
친한 사람과는 언어를 사용한 간단한 대화가 가능하다.
언어 이외에 동작이나 표정 등을 사용하여 또래와 상호작용하며 노는 일이 많아졌다.

자신이 아는 낱말을 적극적으로 표현하며 의사소통한다.

[지도]

가족뿐만 아니라 주변의 많은 사람과 접촉할 수 있도록 해준다.

의사소통 관계를 넓혀 소리를 듣고 표현하는 체험을 넓힌다(유치원 행사 적극 참여하기, 지역사회의 행사 경험하기).

아직 사람과 쉽게 친해지기 어려우므로 지나치게 긴장하거나 불안하지 않도록 배려한다.

b. 청각적 자기 조절

공동 놀이 속에서 지극히 자연스럽게 상대방의 말을 모방한다.

다시 물으면 상대가 알아들을 수 있도록 크게 말하거나 발음에 주의한다.

말이나 노래의 리듬이나 억양이 장면이나 상황에 맞게 표현된다.

말을 할 때 목소리가 안정되고 소리가 충분히 크게 나온다.

발음이 점점 똑똑해지는 듯하다.

자신의 목소리 크기를 조금씩 조절한다.

[지도]

말을 주고받을 수 있도록 많은 기회를 만들어준다.

유아와 놀 때 알아듣기 쉬운 말을 사용하여 대답해준다.

발음하기 어려운 소리는 감각활동 놀이 속에 넣어 지도한다.

의성어나 의태어와 같이 리듬이 풍부한 말을 사용하여 말놀이를 한다.

c. 언어 이해

일상생활이나 유치원 생활 속에서 언어를 알아듣고자하는 태도가 보인다.

엄마와 말을 할 때는 듣고 말하기를 사용하여 의사소통을 한다.

말과 문자를 연결하여 이해하기 시작한다(자신의 이름 등).

자신이 필요하다고 생각하는 경우는 다른 사람의 말을 집중하여 듣고 못 알아들었을 때는 질문을 한다.

[지도]

경험하기 전후에 이야기를 나누고 관련 자료나 그림일기를 그려 이해를 심화시켜 나가도록 한다.

유아의 체험을 재현하는 놀이나 활동을 통해 듣는 기회를 만들어 준다.

문자에 관심을 갖도록 해주고 유아가 들을 수 있도록 읽어준다.

d. 언어 표현

자신이 알고 있는 것을 동작을 섞어가며 말로 전달하려고 한다(3어문 이상).

그림책이나 그림일기에 사용된 어휘를 이해하고 일상생활에서 사용하려고 한다.

이야기에 관심을 갖고 극놀이에서 자신의 역할을 즐긴다.

[지도]

이해 어휘를 사용할 수 있는 기회를 많이 만든다(사람과의 의사소통, 상징놀이, 극 발표회).

그림일기나 그림책의 내용을 통해 정확한 말의 모델에 많이 접촉할 수 있도록 한다.

이야기를 극화하는 놀이를 통해 내용을 이해할 수 있도록 해주고 자신의 감정에 맞는 어휘를 사용하도록 촉구한다.

어린이다운 표현을 존중하여 수용하고 정확한 말을 사용하는 방법을 보여준다.

③ 생활 경험

a. 소리에 대한 인식

가까운 거리에서 들리는 보통의 목소리에 반응한다.

흥미나 필요에 따라 작은 소리라도 주의하여 들으려고 노력한다.

듣기 어려운 경우는 음원에 스스로 가까이 가거나 들리지 않는다고 표현한다.

들으려고 할 때 잘 들리지 않으면 다시 한번 말해달라고 요구한다.

간단한 규칙에 따라 청능 놀이를 즐긴다.

[지도]

소집단 혹은 집단 활동에 참가시켜 그 장소에서 들을 수 있는 소리를 경험할 기회를 제공한다.

상호작용을 위한 의사소통이나 일상생활을 할 때 소리나 말에 주의를 기울일 필요가 있음을 자각시켜준다.

청각적으로 이해하기 쉬운 것은 청각만을 사용하여 의사소통하도록 한다.

소리가 들리지 않는 상황도 인식하여 표현한다(시계 소리가 안나요. 건전지 다 됐어요. 피아노 소리가 안 들려요).

b. 청각적 이미지의 형성

집 안밖에서 들리는 소리에 대한 청각적 이미지는 가지고 있다(현관벨소리, 설거지 소리, 전자렌지 소리 등).

들려도 관심이 없는 소리에는 돌아보지 않는다.

소리를 단서로 행동하거나 생활하는 태도가 형성되어 있다.

사람의 상태를 나타내는 소리를 안다(재채기, 기침, 방구, 웃음, 울음, 노래, 말소리 등).

들려도 이미지를 모르는 소리는 무슨 소리인지 질문한다.

[지도]

환경음이나 동물소리 그리고 사람들이 내는 소리에 대해 의성어, 의태어 등을 자주 표현하여 주고 이미지를 갖기 쉽도록 해준다.

유아가 들은 소리의 의미를 전달해주고 상황에 맞게 활동할 수 있도록 유도한다.

소리에 특정한 신호를 정해 흥미를 갖도록 한다.

소리를 단서로 할수 있는 일을 시킨다(세탁이 끝난 소리가 나면 엄마에게 말해주기).

c. 소리 즐기기

마이크를 잡고 노는 것을 좋아하고 몸짓을 섞어가며 감정을 표현한다.

잘 알고 있는 노래나 TV 체조 등을 녹음테이프나 CD로 듣고 이해한다.

간단한 노래를 소리 내어 함께 부르려고 한다.
놀이 장면에 맞추어 스스로 여러 가지 소리를 낸다.
기분이 좋을 때 알고 있는 노래의 일부를 부르거나 춤을 추기도 한다.

[지도]
TV, 녹음기, 라디오, CD 등의 스위치나 볼륨의 조작을 발달에 맞추어 가르쳐 주고 소리에 친숙하게 해준다.
잘 알고 있는 노래나 이야기는 테이프나 CD로 듣도록 한다.
지나치게 발음에 신경 쓰지 말고 노래를 부르도록 한다.

(4) 5세 ~ 6세11개월의 아동

① 보장구의 사용

a. 보장구의 착용 습관

장치가 고장 나지 않도록 신경 쓴다.
장치의 소리가 이상하면 부모에게 확인한 다음 스스로 건전지 등을 교환한다.
불쾌한 소리가 들리거나 소리가 크면 스스로 조절하거나 말한다.
소리의 변화를 말로 표현한다.
친한 사람들과 전화로 간단한 대화를 주고받는다.

[지도]
장치가 고장나면 아동에게 알기 쉽게 설명해준다.
불쾌한 소리나 지나치게 민감한 소리가 있는 경우는 아동의 표정이나 행동의 변화에 섬세하게 대처하여 무시하지 말고 청각사나 담당 교사와 의논한다.
고장의 상태를 언어로 표현하도록 지도한다(소리가 뚝뚝 끊어져요, 지지하고 잡음이 들려요, 소리가 안나요 등).
전화를 통한 의사소통을 연습하도록 촉진한다.

b. 듣기

자신이 낸 목소리를 들으며 크기를 조절한다.
자신의 듣기 능력에 맡게 음원의 강도를 조절하려고 한다.

[지도]
장치의 점검을 모두 아동에게 맞기지 말고 함께 조절과 점검을 하면서 이해하기 쉽도록 설명해준다.

② 커뮤니케이션

a. 주고받기

상대방의 이야기를 알아들으려고 주의를 기울이거나 얼굴을 쳐다본다.
이해하지 못하는 내용은 다시 묻는다.
대화에 익숙해져 일상에서 만나는 사람은 누구든지 이야기를 나눈다(자신이 없는 내용이면 목소리를 분명하게 내지 않는 경우도 있다).
친한 사람에게는 자신의 의사나 감정을 적극적으로 말하고자 한다.
속삭이는 목소리를 낼 수 있다.
어른과 함께 시각적 단서를 사용하면서 끝말잇기나 수수께끼 등의 언어 놀이를 즐긴다.
친한 사람에게 전화를 하고 싶어 한다.

[지도]
본인이 이야기하고 싶은 것을 충분히 수용해주고 공감을 느낄 수 있도록 올바른 지식이나 생각을 가질 수 있도록 이야기를 나눈다.
언어지도 시에는 자신의 목소리를 잘 듣도록 한다.
말을 걸었는데 이해하지 못할 때 주변의 친한 사람이 통역을 해주는 일이 없도록 하고 본인에게 대답할 수 있는 기회를 준다.
이해하지 못한 내용을 다시 물어보는 모델을 제시해준다(한 번 더 말해주세요, 그런데요).

b. 청각적 자기 조절

공감을 느낄 수 있는 관계 속에서 말의 강약이나 높이 리듬 등을 흉내 낸다.
상대방이 알아들을 수 있도록 목소리를 크게 하고 발음에 신경 쓰거나 동작을 사용하기도 한다.
잘 알고 있는 노래나 이야기, 인사를 친한 사람과 함께 노래한다.

[지도]
좋아하는 책을 소리 내어 읽는 기회를 자주 준다.
아동에게 발음을 분명하게 내야하는 목적을 알려주면서 연습한다.
장면에 따른 목소리의 사용 방법을 연습한다.
잘 알고 있는 노래나 동시 이야기 등은 문자를 짚어가며 같이 읽거나 따라 읽어 말의 리듬 속도 등에 익숙해지도록 한다.
같이 읽기를 할 때는 상대방의 목소리에 맞추어 자신의 목소리를 조절하도록 연습한다.
주위 사람의 기분이나 장면에 맞추어 목소리의 크기를 조절한다.
모든 발음을 낼 수 있도록 발음 연습을 한다.

c. 언어 이해

좋아하는 책을 읽거나 간단한 그림책을 혼자서 읽고 좋아한다.
간단한 언어를 주고받는 상황에서 청각만을 사용한다.
익숙한 사람이 잘 알고 있는 이야기를 말로 해주면 청각만으로 이해한다.
음악이나 노래 말을 들으면서 극놀이를 한다.

[지도]
아동의 흥미나 관심에 맞추어 책을 많이 읽어준다.
일상생활에서 문자를 접할 수 있는 기회를 만들어 준다.
단어나 짧은 구 혹은 문장을 청각만으로 듣는 기회를 만든다.
항상 정해진 형태로 말을 시작하거나 대화를 이끌어 가지 않도록 유의한다.
시각적 단서도 많이 사용하면서 즐겁게 언어 놀이를 할 수 있도록 해준다.
가족이나 친척 이웃이나 사건에 대해 아동이 알고 있도록 정보를 전달해준다.

아동이 재미있어하고 좋아하는 그림책이나 카드를 많이 읽어준다.

d. 언어 표현

잘 알고 있는 노래나 동시 및 간단한 그림책을 소리내서 읽는 것을 좋아한다.
유아용 이야기나 생활 체험을 스스로 생각하며 이야기할 수 있다.
사투리 표현이나 억양을 모방하거나 사용한다.

[지도]
아동의 자발성을 중시하여 활발하게 표현 활동을 할 수 있도록 해준다. 아동의 표현에 대해 주의, 평가 혹은 지적을 하지 않는다.
아동의 말에 관심을 갖고 잘 들어주는 태도를 갖는다.
그림일기나 이야기를 나누면서 집중적으로 이야기 주고받기를 하고 다양한 언어 모델에 접할 기회를 갖도록 해준다.
다양한 장소나 사람 앞에서 노래를 부르거나 책을 읽는 기회를 갖는다.

③ 생활 경험

a. 소리에 대한 인식

작은 소리라도 자주 접한 익숙한 소리는 들을 수 있다.
흥미있는 소리를 들으려고 주위 사람에게 조용하라고 하거나 가까이 가서 들으려고 한다.
학교나 유치원 활동에서 일정하게 들리는 소리 신호에 대해서 청각만으로 듣고 행동한다.
말이나 소리를 단서로 한 집단 놀이 활동이 가능하다.

[지도]
듣기 어려운 말이나 소리를 학습하는 기회를 자주 갖는다.
자주 놓치는 소리 혹은 생활에 필요한 소리에 대해서는 스스로 주의를 기울인다.
긴 문장을 듣고 찾기, 속담카드나 수수께끼 문장 카드 찾기 등과 같은 어려운 놀이 경험을 갖도록 해준다.

말하는 사람의 입모양을 볼 수 없는 이야기(예; 인형극)를 통해 듣는 기회를 갖는다.

소리와 시각적 자극이 함께 제시되는 경우는 시각적 단서보다 청각적 단서를 먼저 제시해 듣는 연습을 할 수 있도록 배려해준다.

b. 청각적 이미지의 습득

불쾌한 소리가 나지 않도록 주의한다.
가정 안과 밖에서 나는 소리에 대한 이미지가 많아진다.
익숙하지 않은 소리에 대해서 민감해진다.
남녀의 목소리, 가족, 선생님, 친구 등 익숙한 사람의 목소리를 듣고 안다.

[지도]
청각장애 집단과 건청 집단 모두 참가하여 활동하는 기회를 만들어준다.

청각장애 아동은 들을 수 없지만 건청인은 불쾌해하는 소리에 대해 이야기해준다.

사람 물건 자연과의 체험을 넓혀주고 새로운 만남을 통해 풍부한 이미지를 갖도록 해주며 소리의 세계를 넓혀나가도록 배려해준다.

본인의 개성이나 기대에 맞추어 적절한 환경이나 경험을 가질 수 있도록 배려해주고 소리의 이미지를 풍부하게 해준다.

c. 소리 즐기기

CD나 비디오로 제작된 아동용 이야기를 좋아한다.
피아노 키보드 등의 악기 연주를 좋아한다.
좋아하는 음악이나 노래를 반복하여 부른다.
친구와 함께 이해하기 쉬운 영화나 연극 음악회를 가는 것을 좋아한다.
소리나 노래를 단서로 하는 게임이나 놀이를 즐거워한다.
음악에 맞추어 춤을 추거나 극을 하는 것을 좋아한다.

[지도]

좋아하는 음악을 듣는 기회를 충분하게 만들어준다.

생일, 발표회, 운동회 등 집단 활동에 참가시켜 다양한 청각적 체험을 갖도록 해준다.

아동용의 이해하기 쉬운 연극이나 음악회에 참가한다.

자연환경을 탐험하거나 사회 활동에 참가하여 소리의 세계를 넓혀준다.

참고문헌

박미혜. (2006). 인공와우 양이 이식이 주는 청각장애 특수교육에 대한 시사. **특수교육재활과학연구, 45**(1), 25-40.

배희경. (2003). **인공와우 이식 아동의 청각재활** Auditory Verbal Therapy의 적용. **2003년 동산난청연구소 심포지움.**

윤미선, 심현섭. (2003). 와우 이식 아동의 음운 발달에 관한 문헌 고찰: 건청 아동 및 청각장애 아동과의 비교. **특수교육, 2**(1), 115-129.

홍빛나. (2005). **인공와우 이식 후 반대 귀에 보청기 착용이 어음 및 방향 변별력에 미치는 영향.** 한림대학교 대학원 박사학위 논문.

大沼直紀 (1997). **教師と親のため補聽器活用ガイド**. 東京: コレール社.

德島県立聾學校 (1991). **音遊びの聴覚学習**. 東京: 学園社.

文部省(1991). **聽覺障碍教育の手引-聽覺を活用する指導.**

濱田豊彦(1998). **難聴兒の聴覚活用の発達に関する研究.** 東京: 風間書房.

中野野達(編)(1993). **聽覺障碍兒の早期教育**. 東京: 福村出版.

Chute P. M. & Nevins M. E. (2002). *The parents' guide to cochlear implants.* Washington: Gallaudet University Press.

Diller, G., Graser, P. & Schmalbrock, C. (2001). Early natural auditory-verbal education of children with profound hearing impairment in the Federal Republic of Germany: results of a 4 year study. *International Journal of Pediatric Otorhinolaryngology, 60*, 219-226.

Estabrooks W.(eds.). (1998). *Cochlear implants for kids.* Washington; Alexander Graham Bell Association for the Deaf.

Janjua F., Woll B. & Kyle J. (2002). Effects of style of interaction on language development in very young severe and profound deaf children. *International Journal of Pediatric Otorhinolaryngology, 64,* 193-205.

Sharma A., Dorman M. F. & Kral A. (2005). He influence of sensitive period on central auditory development in children with unilateral and bilateral cochlear implants. *Hearing Research, 203*, 134-143.

Shames G. H. & Anderson (2002). *Human Communication Disorders; An introduction(6th).* Boston; Allyn and Bacon.

Stoel-Gammon C. & Otomo K. (1986). Babbling development of hearing impaired and normally hearing subjects. *Journal of Speech and Hearing Disorders, 51*, 33-41.

Vermeire K, Brokx J. P. L., Van de Heyning P. H., Cochet E. & Carpentier H. (2003). Bilateral cochlear implantation in children. *International Journal of pediatric Otorhinolaryngology, 67*, 67-70.

제 5 장

청능훈련

청각쟁애인 재활의 첫걸음은 듣기 능력을 향상시키는 것이다. 청각장애인의 듣기 능력을 효율적으로 활용하기 위해서는 보청기나 인공와우 이식 수술을 한 후 직접적인 청능훈련을 실시하거나 청각적인 경험을 다양하게 제공하여야 한다.

청능훈련이란 청각장애인들에게 잔존청력을 최대한 효율적으로 이용할 수 있는 기술을 학습시켜, 성인이나 아동의 말소리를 지각하고 청각적 단서를 충분히 이용하도록 직접적으로 지도하는 과정이다. 본 장에서는 청능훈련을 위한 일반적인 지침을 이용하여 청능훈련 방법과 전략을 바탕으로 실제 프로그램을 살펴본다.

1. 청능훈련의 일반적인 지침

청능훈련의 가장 이상적인 조건은 조용한 방에서의 일대일 개별 교육이다. 그러나 일반 회화 환경은 소음, 화자의 수, 이야기 주제, 회화 방식 등의 다양성으로 인하여 청능훈련에 이상적인 조건을 갖추고 있지는 않다. 청능훈련의 효율성을 높이기 위해서는 청능훈련의 난이도를 다양한 측면에서 고려하여 반복적으로 학습해야 한다. 다음은 청능훈련 난이도에 영향을 미치는 요인들이다.

1) 듣기 환경

청능훈련의 효과를 극대화하기 위해서는 환경 조절이 매우 중요하다. 듣기 환경은 신호 대 소음비율(Singnal-to-Noise Ratio, SNR)에 의해 결정된다. 신호 대 소음비율이 높을 수록 소음에 비해서 신호가 더 강한 것을 의미한다. 따라서 신호대 소음비율이 높을수록 더 적절한 듣기 환경이다. 청각장애인들을 위한 가장 이상적인 교실의 신호 대 소음비율은 +15dB이다(Crandell & Smaldino, 1995). 배경소음이나 딱딱한 면에서 반사되어 나오는 소리인 반향음이 많은 곳인 타일 바닥은 카펫이 깔려져 있는 바닥보다 듣기 어려운 환경이다. Crandell & Smaldino(1995)는 청각장애인들은 반향시간이 0.4초 이내인 교실에 배치해야 한다고 하였다.

2) 자극 선택

청능훈련을 위해 자극을 선택하기 위해서 과제 난이도 분석을 하여야 한다. 듣기 자극의 형태 과제의 수, 과제의 단위 등은 청능훈련의 성패를 좌우할 수 있다.

(1) 자극 형태

성공적인 청능훈련을 위해서는 청각장애인의 듣기 수준에 적합한 듣기 과제를 이용하여야 한다. 일반적으로 듣기 과제는 쉬운 것에서 어려운 것으로 점차적으로 나아간다. 듣기 과제는 다양한 방법으로 조작할 수 있으며 과제 조작시 자극의 음향학적 자질뿐만 아니라 언어적, 상황적 구성 자질에 대해서 충분히 분석하여야 한다. 예를 들어, 듣기 과제를 위해 음향학적 자질만 고려하여 음향에너지가 큰 자음과 모음이 결합된 /놈/이라는 단어를 선택하였다면, 아동은 선택한 어휘의 뜻을 모르고 상황적인 잉여성을 전혀 이용할 수 없기 때문에 과업수행에 어려움을 겪을 것이고 나아가 청능훈련의 흥미를 잃게 될 것이다.

일반적으로 듣기 과제는 폐쇄형(close set)에서 개방형(open set)으로 나아간다. 폐쇄형이란 자극의 수가 정해져 있고 아동이 이미 알고 있는 어휘들로 구성되어 있는 경우를 말한다. 예를 들어 눈, 코, 입, 귀를 아동에게 미리 제시한 후 얼굴의 한 부위를 듣기 과제로 사용함으로써 듣기의 난이도를 조절하는 것이다. 폐쇄형에서 과업 수행력이 좋은 경우 제한형(limited set)으로 듣기 과제를 확대한다. 제한형은 자연스러운 상황이나 문맥적 단서를 이용하여 얼굴의 한 부위를 명명한 후 아동이 지적하거나 말하도록 하는 것이다. 폐쇄형과는 달리 제한형은 자극으로 제시할 얼굴의 각 부위를 미리 알려주지 않아 유추할 기회를 제공하지 않는다. 자극형태 중 가장 어려운 개방형은 상황과 문맥적 단서를 최소화하여 아동이 아무런 단서 없이 단어, 구, 문장을 듣는 것이다. 어제 본 텔레비전 프로그램 등을 이야기하는 형태가 개방형의 예이다.

자극 형태를 폐쇄형에서 점차적으로 개방형으로 지도함으로써 청각장애인들은 자연스런 상황에서 기능적으로 듣기 과제를 수행할 수 있을 것이다.

(2) 자극의 단위

듣기 자극의 난이도에 영향을 미치는 또 다른 요인은 언어적 단위이다. 일반적으로 단어보다는 언어적 단위가 긴 구와 문장에 더 많은 어려움을 나타낼 것이라고 유추할 수 있다. 그러나 청각장애인들은 최소단어짝에서 두 단어의 변별을 가장 어려워한다. 그 이유는 구나 문장은 문맥적 단서를 이용하여 청각장애인이 들은 것을 유추할 수 있는 잉여성이 있는 반면 최소단어짝은 이러한 잉여성이 상대적으로 매우 적다. 그러므로 자극의 단위를 선택할 때 언어적 단위가 길고 짧은 것이 아니라, 제시된 단어나 구의 짝의 차가 큰 것에서 적은 것으로 나아가야 한다.

(3) 상황과 문맥적 단서

제한형과 개방형에서 상황적 단서나 문맥적 단서는 매우 제한적이지만 자극 과제의 난이도는 조절할 수 있다. 예를 들어, 질문의 수를 제한하거나 질문을 미리 예상하도록 하여 구조화된 형태의 자극을 제시하거나 청각장애인이 선호하는 텔레비전 프로나 주제를 선택함으로써 많은 단서를 제공할 수 있다. 그러므로 개방형 과업을 처음 시도할 경우 전 시간에 학습한 자료 등을 이용하여 아동과 이야기 하는 것이 아동의 흥미 유발에 많은 도움을 준다.

3) 자극 제시방법

일반 회화 상황은 청각뿐만 아니라 시각, 촉각 등을 이용한다. 그러나 청능훈련은 청각능력을 최대로 활용할 수 있도록 지도하는 것이다. 처음 새로운 자극을 제시할 경우 제시된 과업을 충분히 이해하고 수행할 수 있는지 살펴보기 위해 청각과 시각적 자극을 결합하여 사용한다. 청각장애인이 시각적 단서와 청각적 단서를 이용하여 충분히 과업을 수행할 수 있으면 시각적 단서를 제거한 후 단지 청각적 단서만으로 정확하게 과업을 수행할 수 있도록 지도하여야한다.

자극을 제시할 때 청각장애인이 제시할 자극을 미리 유추할 수 없도록 무작위로 제시하여야 한다. 청각장애인들은 자극에 반응하기 위해서 아주 작은 단서들도 이용한다. 예를 들어 자극을 제시하기 이전에 명명하고자 하는 물체를 무의식중에 아주 짧은 시간 동안 보았더라도 청각장애인들에게는 충분한 시각적 단서일 수 있다.

2. 청능훈련의 단계별 내용과 방법

청각장애인의 잔존 청력의 활용 정도를 파악, 청능훈련의 시작단계를 결정하고 청능훈련 결과 듣기 능력의 진전 정보를 얻기 위해서는 청능훈련의 평가는 필요한 과정이다. 따라서 대부분의 청능훈련 프로그램은 듣기 능력 검사를 포함하고 있으며, 프로그램은 쉬운 것에서 어려운 것으로 진행된다.

1) 음의 인식

음을 듣는 습관을 길러 들려오는 음에 대하여 어떤 형태로든 민감하게 반응하는 것을 가르친다. 음에 익숙해지도록 하고, 음을 들어서 즐거운 기회를 가능한 한 많이 가지도록 하는 것이 필요하다. 청각장애인들에게 소리 탐지를 지도하기 위해 시각적, 청각적으로 파악하기 쉬운 자극을 주고 그에 반응하는 활동을 놀이 형식으로 한다. 예를 들면, 아이가 보는 곳에서 북을 두드리고 그 소리를 듣고 손뼉을 치는 놀이를 한다든가, 북을 한번 두드리면 나무토막을 하나씩 쌓는 등의 놀이를 통해 아이가 충분히 익숙해진 다음에는 아이가 직접 하도록 하는 것도 좋다. 북소리에 맞추어 걷기도 하고, 기차의 기적소리를 스피커를 통하여 들려주어 소리가 날 때는 기차와 같이 달리고 소리가 들리지 않을 때는 즉시 멈추는 놀이를 통해서 훈련시킬 수 있다. 구체적인 활동의 예는 다음과 같다.

· 주제: 환경음과 말소리 인식하기
· 지도목표: ① 자동차의 경적음을 듣고 즐겁게 반응할 수 있다.
② 경적음의 의성어를 모방하여 발성할 수 있다.
· 지도내용: ① 자동차 경적음 듣기
② 자동차 경적음 듣고 장난감 자동차 운전하기
· 지도 방법 및 과정:
① 길 표지판 위에 자기가 만든 자동차 그림 붙이기

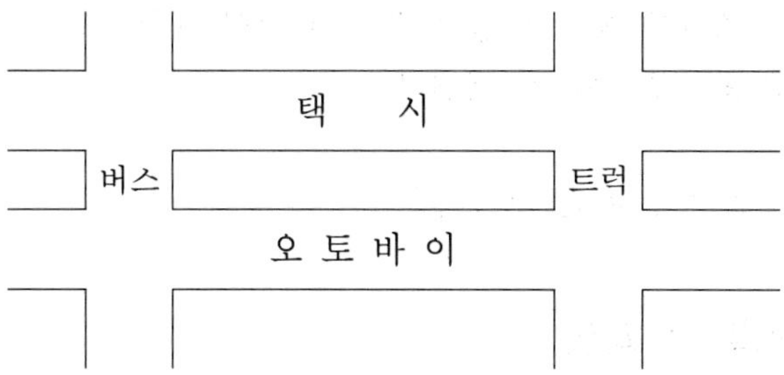

② 자동차의 경적음 듣기(녹음된 소리를 들려주면서 그림을 제시하여 준다).
③ 자동차 소리와 그림이 제시되면 출발한다(자동차 경적음의 의성어를 모방하면서 운전한다).
④ 육성음 듣고 출발하기(임상가가 자동차의 경적음을 육성으로 하면 해당 아동은 모방 발성하며 자동차를 출발시킨다).
· 유 의 점: ① 아동의 청력에 따른 좌석 배정을 고려한다.
② 활동하지 않는 아동도 귀를 기울여 듣게 한다.
· 자료: 녹음기, 자동차 그림(택시, 버스, 트럭, 오토바이)
· 평가: ① 자동차 경적음을 듣고 반응하는가?
② 경적음의 의성어를 듣고 반응하는가?

· 주제: 환경음 유무 인식하기
· 지도목표: 소리의 유무를 탐지할 수 있다.
· 지도내용: 북소리 리듬에 반응하기
· 지도방법 및 과정:
① 리듬의 변화에 따라 걷고, 뛰고, 뛰고 걷는 동작을 하다가 큰 북소리를 듣고 의자에 앉는다. 이때 의자는 사람의 수보다 하

나 적게 준비한다.

② 술래가 된 사람이 북을 친다.

③ 술래 아동의 북소리에 따라 의자 빼기 놀이를 하여 2명이 남을 때까지 한다.

· 유 의 점: ① 처음에는 북치는 모습을 보여준다.

② 술래가 북을 칠 때 리듬이 정확하지 않으면 임상가가 보조해 준다.

③ 의자를 빼긴 아동은 뒤쪽에 앉아 친구들이 하는 것을 본다.

④ 의자를 하나씩 빼낸다.

· 자료: 북, 의자

· 평가: 소리의 유무를 탐지 하는가?

2) 음의 변별 및 확인

청각장애인이 소리를 인식할 수 있으면 필요한 소리와 불필요한 소리를 구별하고, 필요한 소리에 초점을 맞추는 다음 훈련 단계를 실시한다. 예를 들어 수업 중 아동들은 주변 아동들의 잡담소리, 책장 넘기는 소리 등에는 무관심해야 하지만 교사의 말소리에 대해서는 민감하게 반응해야 한다.

청능훈련의 목표에 따라 소리의 형태를 크게 환경음과 말소리로 나누어 생각할 수 있다. 말소리 사이에 존재하는 음의 차이보다도 환경음(예, 북소리-피아노소리) 사이의 차이가 훨씬 크고 명확하므로 처음 음의 변별과 확인훈련을 위해 환경음의 도입이 훨씬 용이하다. 청각장애인의 연령이나 청력손실의 정도에 따라 환경음을 이용한 훈련이 필요하지 않을 수는 있으나 청능의 정도를 파악하여 정확한 청능훈련 시작점을 찾기 위해서는 청각장애인의 환경음 변별 능력을 평가하여야한다. 특히 처음 보청기를 착용하였을 경우 새로운 청각적 환경을 인식시켜야 하므로 친숙한 음을 정확히 구분할 수 있을 것이라고 예측되더라도 환경음 변별훈련부터 청능훈련을 시작함으로써 어려운 말소리 변별을 보다 즐거운 마음으로 그리고 충분히 준비된 마음으로 시작할 수 있도록 지도한다.

(1) 환경음 변별과 확인

환경음을 변별하기 위해서는 환경음 짝 선정을 위한 환경음의 유사성, 차이

점, 숫자, 순서, 음조, 소음, 리듬, 거리, 방향 등을 충분히 고려하여야 한다. 짝을 이룬 환경음의 차가 클수록 더 쉽게 음을 변별할 수 있으므로 임상가는 환경음 짝을 구성할 때 의식적인 노력과 주의가 필요하다.

환경음의 변별과 확인을 위한 시작단계에서는 음원이 매우 분명하고 확실히 차이가 나는 소리 즉, 손뼉치는 소리, 발을 구르는 소리, 종소리, 드럼치는 소리와 같은 소리부터 시작한다. 큰 소리에서 시작해서 점차 소리의 강도를 감소시켜 나간다. 즉, 부드럽게 손뼉치고, 발을 구르는 소리 대신 사뿐 사뿐 걷는 소리 등으로 소리의 질을 변화시킨다. 아동의 듣기 능력의 신장과 함께 청각 기억력을 동시에 이용할 수 있도록 환경음을 잘 듣고, 첫 번째, 두 번째, 세 번째가 무엇인지 묻고 대답하는 활동을 실시할 수도 있다.

(2) 말소리 변별과 확인

환경음에 대한 청지각 기능이 자동적으로 언어기능으로 발달되는 것은 아니므로 말소리를 구별하고 분리하는데 필요한 지각 기능은 따로 따로 분리해서 직접적으로 지도해야 한다. 말소리 변별을 위해 초분절적인 단서가 많은 '멍멍', '으르렁'과 같은 의성어나 '슬금슬금', '쌩'과 같은 의태어 활용은 매우 유용하다. 말소리를 변별하고 확인하는데 많은 영향을 미치는 것은 잉여성이다. 잉여성이란 소음이나 잡음으로 인해 정보 해독에 어려움이 있는 경우 부차적인 정보를 활용하는 것을 나타내는 용어로 정보 이론에서 유래된 용어이다. 청각장애인들은 잉여성이 높을수록 말소리 정보를 더 많이 유추할 수 있다. 따라서 말소리를 변별하고 확인하기 위해서는 잉여성이 높은 말소리에서 훈련을 시작하여 낮은 말소리를 나아간다. 잉여성을 높이기 위해 조작할 수 있는 요인은 다음과 같다.

① 메시지의 단순화

말소리 자극은 이미 알고 있는 간단한 단어에서 시작 되어야 한다. 제시된 단어를 들었으나 들은 단어의 뜻을 알지 못한다면 충분히 반응하지 못할 것이다. 그러므로 말소리 자극을 선택할 때 아동의 수용어휘에 없는 단어는 선택해서는 안된다. 청각장애 정도가 심한 경우 제한된 언어발달로 인하여 사용가능한 언어자료가 부족할 수 있다. 이런 경우 청능훈련에 앞서 수용어휘를 충분히 증대시켜야 한다.

② 메시지에 대한 청자의 친숙성

의사소통을 하는 관념의 발달은 전후관계의 구조를 설립해서 정보를 종합할 수 있게 한다. 이것은 청자가 예측할 수 있는 선택의 범위를 한정해 줌으로써 메시지의 잉여성을 증가시킨다. 메시지가 상황적, 전후관계적으로 청자와 친숙할 수록 잉여성은 높아진다.

③ 화자와 청자의 수

화자의 수와 청자의 수가 적을수록 말소리의 잉여성이 높다. 화자와 청자가 일대 일 상황에서 이야기하는 것은 청자가 화자를 예측할 수 있으므로 가장 잉여성이 높은 의사소통 상황이다.

④ 메시지의 시각적 단서 이용

화자는 전달하고자 하는 메시지와 함께 관련된 물체, 활자화된 핵심단어나 문장, 얼굴 표정, 상황이나 내용에 맞는 그림 등 시각적 단서를 이용함으로써 말소리의 잉여성을 높일 수 있다.

이상의 4가지 요인을 조작하여 의사소통에서 잉여성의 양을 증가시킬 수 있고 따라서 청각장애인이 메시지 자극을 쉽고 정확히 해석할 수 있다. 말소리 변별과 확인훈련에서는 예측할 수 있는 최대의 기회를 보장해 주고, 점차 잉여성의 양을 줄여나가는 것이 필요하다.

환경음과 말소리의 변별과 확인을 위한 구체적인 활동의 예는 다음과 같다.

· 주제: 소리 듣고 음원 확인하기
· 지도목표: ① 여러 가지 소리를 듣고 그 음원을 찾아낼 수 있다.
  ② 소리에 귀를 기울여 소리의 차이를 변별할 수 있다.
· 지도내용: 소리 듣고 음원 찾아내기
· 지도방법 및 과정: 소리 자료의 소리를 듣고 음원 찾기
  · 손뼉 소리를 듣고 손뼉치기
  · 걷는 소리를 듣고 걷기
  · 발구르기 소리를 듣고 발구르기
· 유 의 점: ① 시작단계에서는 음원이 매우 분명하고 또 각 소리의 차이가 확실한 소리부터 시작한다.
  ② 큰 소리로 시작해서 점차 소리의 강도를 줄여 나간다.
  ③ 발전단계에서는 소리를 내면서 하나, 둘, 셋으로 순서를 정한다.
· 자료: 책상

· 평가: ① 소리를 정확히 듣고 그 음원을 바르게 찾아내는가?
② 자극의 변화에 따라 적절한 음원 찾기가 이루어지는가?

· 주제: 소리 듣고 분류하기(악기)

· 지도목표: ① 두가지 악기 소리 듣고 찾아낼 수 있다.
② 세가지 악기 소리 듣고 찾아낼 수 있다.
③ 네가지 악기 소리 듣고 찾아낼 수 있다.

· 지도내용 및 과정:
① 두가지 악기 소리 듣고 찾아내기
· 대조적인 소리의 짝을 두개씩 묶어 두 개의 악기 그림 카드를 제시한다.

오 르 간 — 호루라기	큰 북 — 피 리
멜로디카 — 철 금	하모니카 — 케스터넷

② 세가지 악기음 듣고 세가지 카드 제시하기

오르간 — 멜로디온 — 큰 북
피 리 — 호루라기 — 하모니카

③ 네가지 악기음 듣고 네가지 카드 제시하기

오 르 간 — 큰북 — 멜로디온 — 캐스터넷
호루라기 — 철금 — 피 리 — 하모니카

· 유 의 점: ① 차이가 큰 음부터 점차 유사한 음으로 짝을 짓는다.
② 거리와 강도를 다양하게 하여 난이도를 조정할 수 있다.

· 자료: 악기음, 악기그림, 악기

· 평가: 악기 소리를 듣고 악기 소리를 변별하는가?

· 주제: 소리 듣고 분류하기(사람 목소리)

· 지도목표: ① 사람 목소리의 성별을 구별할 수 있다.
② 사람의 목소리를 듣고 적절히 반응할 수 있다.

· 지도내용: ① 노래 부르며 손 유희 하기
② 남자, 여자, 아기 목소리 듣기
③ 목소리 듣고 반응하기

· 지도방법 및 과정:

① '짝짜꿍' 노래 듣고 손 유희와 노래를 적절히 한다.

② 남자, 여자, 아기 소리를 듣고 들은 소리를 흉내 내며 그림카드를 찾는다.

· 남자 어른 노래 -- 굵은 목소리 흉내 -- 남자 그림

· 여자 어른 노래 -- 높은 목소리 흉내 -- 여자 그림

· 아기 노래 -- 높고 가는 소리 흉내 -- 아기 그림

③ 남자, 여자, 아기의 세 목소리 듣고 해당되는 인형을 표시된 위치에 배열한다.

· 유 의 점: ① 노래를 들으면서 목소리가 달라지는 것에 주의 집중한다.

② 각 목소리의 특성을 인식시킨다.

· 자료: · 노래(남, 여, 아기)

· 그림카드(남, 여, 아기)

· 평가: ① 사람의 목소리 종류를 구별하는가?

② 각 목소리에 적절히 반응하는가?

· 주제: 음의 고저 변별

· 지도목표: ① 높고 낮은 소리를 변별할 수 있다.

② 높고 낮은 소리를 확인할 수 있다.

· 지도내용: ① 소리를 듣고 탑과 짝짓기 놀이

② 사다리 오르기

· 지도방법 및 과정:

① 소리 듣고 탑과 짝짓기

· 낮은 다 - 낮은 탑 그림 카드

· 높은 다 - 높은 탑 그림 카드

② 소리 듣고 사다리 오르기

· 소리를 들으면서 사다리를 오른다.

도 - 미 - 솔 - 시

· 소리를 들으면서 사다리를 내려온다.

시 - 솔 - 미 - 도

· 유 의 점: 아동의 능력에 따라 높이의 간격을 조정한다. 처음에는 간격이 큰 음부터 점차 작은 음의 변별로 나아간다.

· 자료: · 오르간, 사다리, 그림카드(탑)
· 평가: ① 낮은 음부터 높은 음의 차이를 변별하는가?
② 높은 음부터 낮은 음의 차이를 변별하는가?

· 주제: 소리의 장단 변별
· 지도목표: ① 음놀이에 즐겁게 반응할 수 있다.
② 음의 길고 짧음을 알 수 있다.
· 지도내용: ① 소리 듣고 해당 물체 지적하기
② 소리 듣고 적절한 신체동작 하기
· 지도방법 및 과정:
① 긴 소리 짧은 소리 듣고 긴 막대 짧은 막대 지적하기
· 긴 소리 - 긴 막대
· 짧은 소리 - 짧은 막대
② 긴 소리 짧은 소리 듣고 긴 테이프 짧은 테이프 지적하기
· 긴 소리 - 긴 테이프
· 짧은 소리 - 짧은 테이프
③ 음의 장단에 따라 신체동작 하기
· 긴 소리 - 양팔펴기
· 짧은 소리 - 한팔펴기
· 유 의 점: 긴 소리는 긴 막대, 긴 테이프, 양팔길이와 대응되고 짧은 음은 짧은 막대, 짧은 테이프, 한팔 길이와 대응되는 관계를 잘 이해시킨다.
· 자료: 긴 막대 · 짧은 막대, 긴 테이프 · 짧은 테이프
· 평가: 음의 장단을 아는가?

· 주제: 소리의 악센트, 강약 변별
· 지도목표: ① 악센트가 강한 말을 변별하여 적절한 신체표현하기
② 악기 소리를 듣고 강약을 조절하여 신체표현하기
· 지도내용: 가위, 바위, 보 모방 발성하기
· 지도방법 및 과정:
① 가위, 바위, 보 모방 발성하기
· 가위, 바위, 보를 다양한 악센트(○○●, ●○○, ○●○)를 이

용하여 발성하고 모방하도록 한다.

② 캐스터네츠 소리를 듣고 강약을 조절하여 손뼉치기.

- 강약 강약 - ● · · ● ·
- 강강 약약 - ● ● · ·
- 약약 강강 - · · ● ●
- 강약 약강 - ● · · ●

· 유 의 점: ① 강약의 차이가 분명하게 한다.
② 실패시, 악기 놀이를 통해 소리의 강약을 충분히 알 수 있도록 한다.

· 자료: 캐스터네츠

· 평가: ① 가위, 바위, 보 말은 이해하는가?
② 강한 소리가 주어진 말에 대해 약속된 행동을 하는가?

· 주제: 연속적인 소리의 수 및 순서성 변별

· 지도목표: ① 소리를 듣고 제시된 수를 알게 한다.
② 소리의 종류별 순서성을 알게 한다.

· 지도내용: ① 제시된 소리의 수를 말하게 한다.
② 제시된 소리의 강약 순서를 안다.
③ 악기의 소리를 듣고 그 순서를 안다.

· 지도방법 및 과정:

① 들은 북 소리의 수를 말한다.

· · · · · · - 5

· · · · · · · · - 7

② 큰북으로 제시된 강약의 수를 순서대로 그린다.

강 약 강 약 - ● · ● ·

③ 들은 음원 대로 그림카드를 나열한다.

- 북 - 피리 - 피아노 - 바이올린
- 닭 - 토끼 - 소 - 개 - 말
- 가위 - 컵 속의 숟가락 - 열쇠 - 캐스터네츠

· 유 의 점: ① 시각적 자극과 청각적 자극을 동시에 제시한 후 점차적으로 청각적 자극만 제시한다.
② 북소리의 크기와 속도를 변화 있게 한다.

③ 변별의 수를 적은 것에서 시작하여 점차 늘려 나간다.
· 자료: ① 큰 북, 가위, 열쇠, 컵, 숟가락, 악기소리가 녹음된 테이프, 녹음기
② 그림카드(북, 피리, 피아노, 오르간, 바이올린, 닭, 토끼, 소, 개, 말)
· 평가: ① 소리의 차이를 변별하는가?
② 소리의 수를 기억하는가?
③ 소리의 순서성을 기억하는가?

· 주제: 모음변별과 확인
· 지도목표: ① 모음의 짝을 변별할 수 있게 한다.
② 모음을 모방 발성할 수 있게 한다.
· 지도내용: ① 두 모음의 짝 변별
② 세 모음의 짝 변별
· 지도방법 및 과정:
① 두 모음의 짝 변별

· 전설 모음과 후설 모음의 변별	· 전설 모음 짝 변별	· 후설 모음 짝 변별
이 - 우	이 - 에	우 - 오
에 - 오		
애 - 어		

② 세 모음의 짝 변별
이 - 어 - 우
에 - 으 - 우
애 - 아 - 어
· 유의점: 차이가 큰 모음의 짝 변별에서 점차 차이가 작은 짝의 변별로 나아간다.
· 자료: 모음사각도, 구형카드
· 평가: 모음을 변별하고 모방 발성하는가?

· 주제: 가시도가 높은 어두 자음의 변별 및 확인
· 지도목표: 모음이 같은 자음의 짝을 변별할 수 있다.
· 지도내용: ① 시각과 청각의 결합에 의한 자음 변별한다.
② 청각 만으로 자음을 변별하고 확인한다.

· 지도방법 및 과정:

① 청각과 시각적 자극을 이용하여 들은 단어를 변별한다.

일음절	이음절	삼음절
ㄱ. 밤 잠 삼	ㄱ. 자루 마루 가루	ㄱ. 박았다 삭았다 깎았다
말 살 달	애기 매기 재기	바르다 사르다 가르다
풀 술 굴	모기 조기 고기	감나무 참나무 밤나무
ㄴ. 매 새 개	ㄴ. 팔다 살다 갈다	ㄴ. 뿜는다 숨는다 굽는다
뽕 종 공	길다 밀다 질다	배웠다 세웠다 채웠다
몸 솜 곰	붓다 쏟다 쫓다	자르다 마르다 가르다
ㄷ. 빵 상 강	ㄷ. 푼다 준다 눈다	ㄷ. 불었다 줄었다 불었다
못 돛 솥	산다 만다 간다	말랐다 잘랐다 갈랐다
병 정 형	벤다 센다 젠다	자랐다 빨았다 살았다

② 청각적 자극만으로 들은 단어를 변별하고 모방한다.

· 유 의 점: ① 시작 단계는 시각과 청각을 결합한다.

② 음절수가 적은 일음절에서 시작한다.

③ 가시도가 큰 자음부터 변별한다.

④ 어두 자음의 조건만 달리하고 나머지 자음과 모음은 같게 한다.

· 자료: 낱말카드

· 평가: ① 일음절 어두 자음을 변별하고 모방하는가?

② 이음절 어두 자음을 변별하고 모방하는가?

③ 삼음절 어두 자음을 변별하고 모방하는가?

· 주제: 가시도가 높은 어말 자음의 변별

· 지도목표: 모음이 같은 어말 자음의 짝을 변별할 수 있다.

· 지도내용: ① 시각과 청각에 의한 자음의 변별

② 청각만에 의한 자음 짝의 변별

· 지도방법 및 과정:

① 청각과 시각적 자극을 이용하여 들은 단어를 변별한다.

일음절		이음절
ㄱ. 밥 발 박	ㄷ. 곰 공 골	ㄱ. 부담 부당 부단
봄 볼 복	갓 감 간	태열 태엽 태연
품 풀 푹	섬 선 성	부산 부삼 부삽
ㄴ. 돌 돔 돈	ㄹ. 삽 살 산	ㄴ. 수염 수영 수연
덤 덜 덫	잠 잘 잣	면접 면적 명전
톱 통 톤	집 진 짓	명단 명답 명당

② 청각적 자극만으로 들은 단어를 변별하고 모방 발성한다.

· 유 의 점: ① 시작 단계는 시각과 청각을 결합한다.
② 음절수가 적은 일음절에서 시작한다.
③ 가시도가 큰 자음부터 변별한다.
④ 어말 자음의 조건만 달리하고 나머지 자음과 모음은 같게 한다.

· 자료: 낱말카드

· 평가: ① 일음절 어말 자음의 변별과 모방이 가능한가?
② 이음절 어말 자음의 변별과 모방이 가능한가?

3) 말소리 이해

말의 변별 및 이해 훈련을 위한 자료를 선택할 경우 쉬운 것에서부터 차츰 어려운 것으로 구성하여야 한다. 청능훈련에서 말의 이해 훈련을 위한 초기 단계는 연습 자료를 그들이 잘 알고 있는 어휘, 문장 구조를 포함한 자료들로 구성하여 지도하여야 한다.

말의 이해훈련 자료는 첫째로, 생활용어와 같은 수없이 반복되는 자동적인 말(automatic speech)에서 시작한다. 둘째는, 말소리로 각 문장을 제시하기 전에 단서 단어를 제시하여 내용에 대한 단서를 준 후 점차 단서를 제거한다. 셋째, 회화, 역할극, 게임, 퀴즈 등을 이용한다.

(1) 생활용어 훈련

일상생활과 관련된 용어는 말의 사용 빈도가 매우 높기 때문에 일상 의사소통 상황에서 필요할 때 되풀이하여 말을 해주는 것이 적절한 지도 방법이다. 따라서 의사소통 중심법의 관점에서 수시로 지도되어져야 하지만 체계적인 과정을 통하여 지도하는 것도 필요하다. 전체적인 과정은 다음과 같다.

첫째, 임상가가 다소 큰 소리로 훈련시킬 내용을 제시한다. "사람들을 만날 때 인사하는 말에는 어떤 것이 있니?"

둘째, "안녕"이라는 인사말 외에도 많은 말들이 있다. 내가 하는 말을 듣고 지명을 받은 사람은 나의 말을 따라서 해보세요.

셋째, 인사말을 하나씩 말해주고 청각장애인을 지명하면 지명받은 청각장애인은 일어서서 다른 청각장애인들을 보고 되풀이 한다.

넷째, 인사하는 상대방에 따라 인사하는 인사말이 다르다는 것을 인식시키고 사람에 따라 적절한 인사말로 대답하게 한다.

이때 대답의 형식도 다양하게 하도록 하는 것이 좋다.

① 질문을 그대로 사용하여 대답하기.

"친구를 만났을 때"하고 물으면 "친구를 만났을 때는 '안녕'하고 대답해요".라고 대답한다. 이와 같이 청각장애인이 질문에 포함되어 있는 말을 될 수 있는대로 많이 사용하도록 함으로써 질문 내용을 잘 이해하였다는 것을 임상가가 확인할 수 있도록 해야 하며 큰 소리로 명확히 대답하는 훈련이 이루어져야 한다.

② 질문에 대한 해석을 붙이면서 대답하기.

"친구를 만났을 때는 반가운 얼굴로 '안녕'이라고 인사하는 것이 제일 좋다고 생각해요"

③ 말과 행동을 동시에 하기.

"안녕"이라고 인사말을 하면서 실제 인사하는 태도와 행동을 보인다.

④ 글로 대답하기.

질문이 하나씩 끝날 때마다 답을 적도록 한다.

⑤ 간단한 경쟁하기.

처음에 한 청각장애인이 답을 알아 맞추지 못하면 그 기회가 상대팀의 청각장애인에게 넘어가며 정답은 1점씩 준다.

⑥ 화자 바꾸기.

질문이 적힌 카드를 각 청각장애인에게 나누어 주고 다른 청각장애인등은 그 카드를 보지 못하게 하고 청각장애인이 질문을 하고 청각장애인이 대답하게 한다. 대답을 할 때는 모든 청각장애인을 향하여 말을 하도록 한다. 이것은 다양한 화자 즉, 다양한 말의 상황에서 훈련시키는 효과를 가져올 수 있다. 경쟁적으로 연습시키기 위하여 임상가는 정확하게 대답한 청각장애인에게 그 카드를 준다. 훈련이 끝난 후에 카드를 많이 가지고 있는 사람에게 칭찬을 해준다. 구체적인 활동의 예는 다음과 같다.

· 주제: 생활용어 이해
· 지도목표: 기본 생활용어를 듣고 이해할 수 있다.
· 지도내용: ① 놀이에 관한 용어
　　　　　② 심부름에 관한 용어

· 지도방법 및 과정:

① 놀이에 관한 용어

ㄱ. 우리 시장 놀이 하자

· 뭐 드릴까요?

· 수박은 얼마인가요?

· 장난감 가게에는 어떤 것들이 있나요?

ㄴ. 우리 소꿉놀이 하자

· 아빠는 누가 할래?

· 식사하세요.

② 심부름에 관한 용어

ㄱ. 신문 가지고 와

ㄴ. 슈퍼에 갔다 와

ㄷ. 어머니 오시라고 해라

ㄹ. 화분에 물 좀 줘

ㅁ. 방 청소 좀 해라

· 유 의 점: ① 시작 단계는 단서를 충분히 준다.

② 놀이를 통해 지시를 듣고 행동을 유도하는 것이 좋다.

③ 의사소통 상황에서 이루어지면 더욱 효과적이다.

· 자료: 시장 그림, 채소가게 그림, 장난감 그림

· 평가: 묻는 말을 듣고 적절한 반응 행동을 하는가?

(2) 이야기

말을 이해하는 초기 단계에서는 연관된 문장이나 간단한 문장을 이해하도록 이야기 자료를 구성한다. 제시되는 어휘와 관념은 알기 쉽고 상식에 속하는 기초적인 어휘와 개념을 주로 다루되 이야기 내용은 논리적으로 연결되므로 다음에 올 내용을 유추할 수 있어야 한다.

<나의 동생>

① 나는 동생이 한명 있다.

② 내 동생의 이름은 영희이다.

③ 영희는 참 예쁘다.

④ 영희는 얼굴이 예쁘기 때문에 우리 가족 모두는 그녀를 좋아 한다.

위에 제시된 이야기는 앞에 나오는 문장에서 암시되는 내용이 한 가지씩 첨가되어 나가며, 문장의 구조는 대부분 주어, 목표어, 서술어의 순서로 되어 있고 회화체 언어를 사용한다.

간단한 문장을 이용한 이야기를 충분히 이해할 수 있으면 문장마다 화제가 바뀌는 이야기를 제시한다. 아동은 이야기가 진행됨에 따라 그에 알맞은 말이나 질문에 대답을 하여야 한다. 아동이 이해하지 못하는 경우에는 큰 소리로 단서가 되는 단어를 말해 주고 그 문장을 다시 한 번 말해 준다.

① 나는 내일 여행을 가려고 한다.

② 오늘은 하루종일 숙제를 했다.

위와 같이 문장마다 주제가 다르고 핵심단어도 다르다. 단서 단어는 문장내의 단어를 선택해서 제시할 수도 있으며 문장내용을 대표하는 문장외의 단어도 선택할 수 있다.

다음 단계로 수행할 수 있는 이야기 자료는 이야기 회상하기이다. 즉 화자의 이야기를 처음부터 끝까지 듣고 자기가 이해한 내용을 회상하여 이야기 하도록 한다. 이 때 이야기의 길이는 개인차에 맞도록 조정하고 어휘의 수준도 조정되어야 한다. 먼저 이야기를 제시하기 전에 단서를 제공해 주어야 한다. 단서를 주는 방법은 화제에 대한 토의, 단서 단어와 문장 제시하기 등을 할 수 있다.

만약 주제가 "효도"에 대해 토론을 시켜서 효도에 대한 정보를 얻도록 하고 부족하면 임상가가 부가하여 설명을 해준다. 단서 단어는 이야기에 나오는 줄거리의 순서대로 단어를 선택해서 칠판에 판서하여 제시한다. 단서 문장도 이야기와 관련이 있는 질문을 해서 답을 하도록 한다. 시각적 단서가 필요한 경우 이야기 내용의 그림을 제시해 줄 수 있다. 구체적인 활동의 예는 다음과 같다.

· 주제: 간단한 이야기 듣고 질문에 답하기
· 지도목표: ① 이야기의 내용을 듣고 이해할 수 있다.
  ② 이야기의 요점을 파악하여 들을 수 있다.
· 지도내용: 간단한 이야기를 듣고 질문에 대답한다.
· 지도방법 및 과정:
  ① 소풍에 관한 이야기를 듣는다.
  · 지난 5월에 소풍을 갔다.
  · 소풍을 동물원으로 갔다.

· 동물원에는 여러 종류의 동물들이 있었다.
· 사자, 곰, 호랑이, 사슴 · · · 등
· 우리는 보물 찾기 놀이를 했다.
· 나는 상품으로 공책을 받았다.

② 질문에 대답하기

· 몇 월 달에 소풍을 갔습니까? 5월 달
· 어디로 소풍을 갔습니까? 동물원
· 동물원에는 어떤 동물이 있었습니까? 사자, 곰, 호랑이, 사슴 … 등
· 무슨 놀이를 했습니까? 보물 찾기
· 상품으로 무엇을 받았습니까? 공책

· 유 의 점: ① 대답의 형식을 다양하게 한다.
② 질문을 그대로 사용하여 질문에 대답하기
③ 질문에 해석을 붙이면서 질문에 대답하기
④ 말과 행동을 동시에 하기
⑤ 글로 대답하기

· 자료: 소풍 삽화

· 평가: ① 이야기를 듣고 이해하는가?
② 이야기를 듣고 핵심을 파악하는가?

· 주제: 가정 생활에 대한 질문에 대답하기

· 지도목표: 가정에서 경험한 것을 서로 이야기할 수 있다.

· 지도내용: 경험을 상기시키는 질문에 대답하기

· 지도방법 및 과정:

① 가정에서 놀았던 일을 상기시키는 질문을 듣고 답하게 한다.

· 어제 집에서 무엇을 하였습니까?
· 어떤 TV 프로그램을 좋아합니까?
· 어떤 장난감을 제일 좋아합니까?
· 몇 시간 놀았습니까?

② 가족에 관한 질문에 답하기

· 가족은 모두 몇 명입니까?
· 동생은 몇 살입니까?

③ 집에 관한 질문에 답하기

· 집은 아파트 입니까?

· 방은 모두 몇 개 입니까?

· 집 주소는 무엇입니까?

· 유 의 점: ① 답은 완전한 언어 형식을 요구해서는 안된다.

② 질문의 내용 이해가 곤란한 경우는 단서를 준다.

· 평가: ① 질문을 듣고 이해하는가?

② 질문의 요지를 파악하는가?

③ 답을 말로 표현 하려고 하는가?

(3) 게임과 퀴즈

경쟁을 시키기 위하여 모든 청능훈련 자료를 게임이 가능하도록 구성할 수 있다. 퀴즈는 청각장애인들이 자기의 지식이나 상상력을 발휘하는데 흥미를 느끼므로 동기유발을 시키는 좋은 자료가 될 수 있다.

임상가가 칠판에 '한 글자 퀴즈'라고 쓴 뒤 "지금부터 퀴즈를 내겠습니다. 묻는 말의 답을 아는 사람은 손을 들어요. 대답은 한 글자로 합니다." 임상가가 문제를 내기 전에 청각장애인들에게 대답하는 방법을 정확히 이해시켜야 한다.

① 청각장애인이 대답을 할 때 질문의 내용을 반복한다.

② 학급 청각장애인들을 두 팀으로 나누어 퀴즈를 통하여 집단 간에 경쟁을 시킨다.

③ 청각장애인들로 하여금 답을 쓰도록 하여 청각장애인들 간에 경쟁을 시킨다.

④ 단서를 주어야할 필요를 느낄 때 임상가는 정답을 뒤섞어서 칠판에 기록해 두고 정답을 제외한 나머지 단어를 X표로 지워나간다.

⑤ 청각장애인이 퀴즈를 제시하고 다른 청각장애인들이 답하도록 한다.

퀴즈를 이용한 게임의 구체적인 활동의 예는 다음과 같다.

· 주제: 자주 사용하는 말을 통한 퀴즈

· 지도목표: 일상생활에 필요한 상황을 듣고 대답할 수 있다.

· 지도내용: 질문에 적절한 대답하기

· 지도방법 및 과정:

① 다음과 같은 상황에는 어떤 말을 합니까?

· 전화가 걸려 왔을 때
· 식사를 마친 후에
· 전화번호를 잘 못 눌렀을 때
· 다른 사람에게 부탁할 때

② 다음과 같은 경우에 무엇을 사용합니까?

· 종이를 자를 때
· 옷을 다릴 때
· 전화번호를 찾을 때
· 잠겨진 문을 열때

③ 다음과 같은 경우에 어디로 가야 합니까?

· 책을 사려면?
· 연필을 사려면?
· 야구경기를 보려면?
· 영화를 보려면?

④ 다음에 제시한 것을 가지고 무엇을 합니까?

· 물감을 가지고
· 숟가락과 젓가락을 가지고

· 유의점: 질문의 내용 이해가 어려우면 삽화나 질문카드와 같은 단서를 사용한다.

· 자료: 삽화, 질문카드

· 평가: ① 질문을 듣고 이해하는가?
② 질문에 적절한 답을 하는가?

4) 역할극

말 이해단계의 초기 역할극 자료는 두 사람 사이의 간단한 대화로 구성한다. 이 때 화제는 한정적이고 사전에 알고 있는 내용이어야 한다. 그리고 회화 문장의 전개는 뒤에 나오는 내용이 앞에 나온 내용에서 발전된 것이어야 한다. 아래의 주제를 이용하여 먼저 임상가와 부모가 짝이 되어 시범을 보이고 청각장애인들로 하여금 두 명씩 짝을 만들어 연습을 하게 한다.

참여하는 아동의 능력에 따라 점차적으로 참여하는 사람을 두 사람으로 제한하지 않고 세 명 이상의 화자가 등장한다. 또 같은 시간에 여러 가지의 회화를 독립적으로 진행한다. 두 사람씩 짝을 지어 1m 정도의 간격을 두고 서로 마주보고 앉는다. 짝지어 앉은 두 사람끼리만 이야기를 주고 받아야 하며, 다른 사람들이 주고 받는 이야기에는 관심을 기울이지 말아야 한다. 다음은 도서관과 분식점을 이용한 역할극의 예이다.

· 주제: 도서관 역할극

· 지도목표: 가상 도서관 상황에서 적절히 대화할 수 있다.

· 지도내용: 도서관에서의 일을 가정하여 대화한다.

· 지도방법 및 과정:

① 이 책을 반납하러 왔습니다.

② 언제 빌려 갔나요? 어젯밤에 빌려 갔습니다.

③ 이 책들을 다 읽었나요? 다 읽었어요.

④ 재미가 있었나요? 무척 재미 있었습니다.

⑤ 또 빌려 가려고 하나요? 예, 빌려 가겠어요. 여행에 관한 책이 있나요?

⑥ 어떤 종류의 여행을 말합니까? 우주 여행과 관련된 책을 빌리려고 합니다

⑦ 죄송합니다. 벌써 대출되었습니다. 내일 와서 빌려 가겠어요.

⑧ 내일을 수요일이기 때문에 도서관 문을 열지 않습니다.

⑨ 그럼 목요일에 오죠.

· 유 의 점: ① 초보단계의 자료는 두 사람 사이의 간단한 대화로 구성한다.

② 화제는 한정적이고 사전에 알고 있는 내용이어야 한다.

③ 회화 문장의 전개는 뒤에 나오는 내용이 앞에 나온 내용에서 발전된 것이어야 한다.

· 자료: 삽화, 문장카드

· 평가: ① 적절하게 반응하는가?

② 적절하게 질문하는가?

· 주제: 분식점 역할극
· 지도목표: 가상 분식점 상황에서 적절히 대화할 수 있다.
· 지도내용: 분식점에서 가능한 일들을 가정하여 대화한다.
· 지도방법 및 과정:
① 어서오세요. 무엇을 드릴까요? 예, 김밥 두줄 주세요.
② 마실 것은 무엇을 드릴까요? 콜라 주세요.
③ 더 드시고 싶은 것은 없습니까? 예, 없습니다.
④ 맛있게 잘 먹었습니다. 얼마입니까?
⑤ 이천원입니다.
⑥ 여기 있습니다.
⑦ 다음에 또 오세요.
· 유 의 점: ① 초보단계의 자료는 두 사람 사이의 간단한 대화로 구성한다.
② 화제는 한정적이고 사전에 알고 있는 내용이어야 한다.
③ 회화 문장의 전개는 뒤에 나오는 내용이 앞에 나온 내용에서 발전된 것이어야 한다.
· 자료: 삽화, 문장카드
· 평가: ① 적절하게 반응하는가?
② 적절하게 질문하는가?

3. 아동의 청능훈련

청각장애 선별 연령이 낮아지고 보청기와 인공와우의 발달로 인하여 청능훈련 시기는 빨라지고 있다. 청각장애인들의 청능훈련 활동의 형태를 결정할 때 특히 주의해야 할 점은 다음과 같다.

① 임상가가 성취 목표와 활동을 확실히 결정하라.
② 아동의 흥미를 유발할 수 있는 창의적 활동을 잘 구조화시켜 아동을 동기유발시킨다. 아동을 환경에 맞추지 말고 환경을 아동에게 맞추어라.
③ 목표 어휘는 아동의 언어수준에 적절해야 한다. 아동이 이미 알고 있는 어휘를 이용하여야 한다. 청능훈련에 처음으로 사용하는 어휘는 청능훈련에 포함시

키기 전에 반드시 아동이 알고 있는지 확인하여야 하며, 만약 모르는 단어라면 충분히 수용시킨 후 청능훈련에 포함시켜야 한다. 아동이 어릴수록 새로운 단어에 대한 친숙성은 그 단어의 다양한 의미를 인지하고 이해하는 것을 의미한다.

④ 훈련에 사용되는 자료는 아동의 흥미 유발에 중요한 역할을 한다. 자료는 간단하면서도 흥미가 있고 좋은 삽화를 가지고 있는 것을 선택해야 한다. 삽화는 시각적 보조로써 특히 중요하므로 그 내용을 정확히 묘사해야 한다. 상품화된 이야기 책이나 녹음자료 역시 좋은 자료로 활용할 수 있다. 그러나 녹음된 소리는 육성과 음향에너지의 차이가 있으므로 자극 선택 시 아동의 반응을 충분히 관찰한 후 훈련에 적용한다.

청각장애 아동의 청능훈련 역시 일반적인 청능훈련의 순서에 의해 진행된다. 그러나, 듣기 환경과 자극 난이도가 청각장애 성인에 비해 청능훈련 결과에 더 많은 영향을 미칠 수 있으므로 충분히 아동의 상태를 파악하여 청능훈련을 시작한다. 이러한 점을 고려하여 청각장애 아동들의 변별훈련는 아동에게 최대한으로 성취감을 줄 수 있도록 쉽고 흥미로운 활동에서 시작해야 한다. 예를 들어, 조개껍질과 빗, 배를 제시한 후 "빗"이라고 말하였을 때 적절히 아동이 반응하지 못한다. 이때, 치료사가 자극 항목과 유사한 어휘를 제외한다면 아동은 더 쉽게 목표 어휘를 변별할 수 있을 것이다. 따라서 배를 제외하고 조개껍질과 빗을 아동에게 제시한다. 아동의 개인차를 고려하여 자극의 수를 두개에서 세개로 광범위하게 확대한다. 이 활동은 일련의 청각적 정보의 저장과 회상을 요구한다.

아동의 말소리를 변별할 수 있으면 점차적으로 말소리를 이해할 수 있는 단계로 나아간다. 3~4개의 물건을 아동 앞에 둔다. 그리고 임상가는 물건의 이름을 말하는 대신에 그 물건의 특징, 기능 등을 말해줌으로써 어휘를 아동이 수용하도록 지도한다. 예를 들어 솔방울, 이쑤시개, 공 등을 아동에게 제시하고 각 자료의 특징을 설명한다. 즉, '이것은 나무에서 자라는 것이다.', '이 나무는 겨울에도 푸르다.', '이것은 소나무 열매이다.'와 같이 솔방울에 대해 설명한다. 높은 잉여성과 단순한 상황을 사용하여 그 아동은 듣기 상황에서 성공을 경험할 수 있다. 이런 활동은 상당히 흥미롭고, 청각장애인으로 하여금 그의 실패를 긍정적 방법으로 조정할 수 있도록 한다.

청능훈련의 그룹지도 역시 위와 같이 실시한다. 물건 구매하기 활동을 이용하여 3개~4개의 물건의 이름을 듣고 구입하도록 지도한 후 각 아동들은 순서대로 물건을 구입한다. 활동 역시 물건의 명칭을 직접 이야기하지 않고 물건을 설명해주고 그 물건을 선택하게 함으로써 보다 어렵게 난이도를 조정할 수 있다.

이야기 그림도 유아들에게 인기가 있는 자료가 된다. 그림을 보고 이야기를 듣고 난 다음 질문에 대한 학습자의 대답을 기대하는 활동으로 구성한다. 질문은 난이도에 따라 순서대로 제시해야 한다. 만약 질문을 이해하지 못하면, 그 답에 관련된 정보를 말소리로 들려주고 다시 한번 반복해 준다. 이 활동을 하는 데 있어서 가장 도움이 되는 방법은 구조적 또는 개발적 기법을 사용해야 한다. 예를 들면, 그림에 관한 이야기에서 '작은 소년의 개는 무엇을 했어요?' 가 질문이라고 가정했을 때 청각장애인이 그 질문을 이해하지 못한다면 다음과 같은 방법으로 대답에 필요한 정보를 개발할 수 있다. 충분한 단서를 제공한 후 다시 질문을 반복한다. 청능훈련에 사용할 수 있는 이야기나 게임은 일반적으로 학교 또는 서점에서 구입할 수 있으며 또래 집단에게 인기 있는 이야기 그림이나 게임은 청능훈련을 더욱 용이하게 도울 것이다.

구체적인 활동의 예를 그림 5.1을 이용하여 설명하면 다음과 같다. 그림 5.1은 유치원에서 아동들과 놀이활동을 하는 장면 그림이다. 각 영역별로 가능한 질문이 매우 명확하게 나타난다. 가능한 질문의 예로 두 아이가 퍼즐을 맞추는 그림은 어디 있니? 차 마시고 있는 아이는 어디 있니? 남자(여자)아이는 몇 명이니? 소꿉놀이 하는 친구는 몇 명이니? 그림을 그리고 있는 아이는 어디 있니? 여자아이는 무슨 그림을 그리니? 블록을 맞추고 있는 여자 아이가 왜 웃고 있니? 와 같은 질문을 아동의 연령과 청능 수준에 따라 다양하게 제시할 수 있다.

[그림 5.1] 역할 놀이 장면 그림(그림출처: http://www.kidkids.net)

이야기 활동 이외에도 동요와 동시를 이용한 다양한 활동을 치료 활동에서 사용할 수 있다. 동시를 이용한 청능훈련은 동시의 함축적 의미로 인하여 듣기와 언어·인지 능력의 향상을 도모할 수 있다. 동시를 이용한 청능훈련은 시의 제목 말하기, 첫줄 읽기, 그 이야기에 관해서 말하기 등으로 구성된다. 이 활동은 시의 내용 가운데 마지막 1줄만 읽어 주거나 중간부분의 1줄을 읽어줌으로써 보다 어렵게 조정할 수 있다. 그리고 다른 두 종류의 시 가운데 각각 1줄씩 읽어주고 시의 제목 확인하기 등도 난이도를 조정하는 하나의 방법이다.

4. 청능훈련 프로그램

Boothryd(1988)는 성공적인 청능훈련 프로그램은 청각장애인들이 소리에 집중할 뿐만 아니라 소리에 주의 집중하고 그 소리의 대상이나 사건을 인식하고 방향성을 가지고 소리를 지각하고 이해할 수 있는 활동을 포함하여야 한다고 하였다. Erber(1982)는 청각장애 아동의 청력손실 정도와 청취능력에 따른 다양한 청능훈련을 강조하였다. Erber의 청능훈련 프로그램은 소리의 탐지(detection), 소리의 변별(descrimination), 소리의 확인(identification), 소리의 이해(comprehention) 단계로 구성되었으며, 청능훈련은 일상생활에서 종합적으로 이루어져야 한다고 강조하였다. Moog 등(1995)은 Speech Perception Instructional Curriculum and Evaluation(SPICE)라는 말소리 지각 평가 및 훈련 프로그램을 이용하여 청각장애인의 집중적인 청능훈련을 강조하였다. Watkins & Clark(1993)은 가정 중심의 청각장애 훈련 프로그램인 Sensory Kids Impaired-Home Intervention(SKI-HI) 프로그램을 Utah 주립 대학에서 개발하여 청각장애 아동들의 발달 단계에 맞춰 4단계 11개의 기술로 구성하였다. 11개의 기술은 다시 20개의 하위 기술로 분류하였으며 언어와 말소리 자극의 연계성을 고려하였다. 윤미선(2002)은 와우이식 청각장애인을 위해 듣기 연습을 제작하였다. 듣기 연습 프로그램은 선별검사와 듣기 연습으로 나누어져 있으며, 듣기 연습은 소리의 감지, 말소리의 변별, 말소리의 확인, 말소리의 이해로 구성되었다.

본 장에서는 SPICE와 SKI-HI 프로그램의 세부사항에 대해 살펴보았다.

1) Speech Perception Instructional curriculum and Evaluation(SPICE)

말소리 지각 훈련프로그램인 Speech Perception Instructional Curriculum and Evaluation(이하 SPICE)은 80년 동안 보청기를 착용한 아동을 대상으로 연구한 것을 바탕으로 Moog, Biedenstein & Davidson 등(1995)이 개발하였다. 최종 치료목표는 일상생활에서 타인과 의사소통을 함에 있어서 청각 기술을 충분히 이용하는 것이다.

전체 프로그램은 탐지(detection), 초분절적 지각(suprasegmental perception), 모음과 자음 지각(vowel and consonant perception), 연결된 구어(connected speech)로 구성되었다. 1단계인 탐지는 말소리를 감지하는 단계이며, 2단계인 초분절적 지각 단계는 지속, 강세, 억양이 다른 패턴에 의해서 아동이 말소리를 구별하는 기술을 발달시키는 단계이며, 3단계인 모음과 자음 지각은 지속, 강세, 억양은 모두 같고 모음과 자음만 다른 자극을 주었을 경우 아동이 변별하고 확인하도록 지도하는 단계이다. 마지막으로 연결된 구어는 구와 문장에서 단어를 이해하고 충분히 사용할 수 있도록 지도하는 단계이다.

SPICE는 평가지, 비디오, 시각차단판, 장난감, 그림카드로 구성되어 있으며 평가지는 아동의 현재 청능 능력을 평가하여 치료의 시작점을 제시하며, 치료 계획을 수립하고 수립한 치료 목표의 진전을 측정하는데 도움이 준다. 표 5.1은 박희정(1997)이 한국어 실정에 맞게 수정한 것을 보완한 말소리 지각 훈련 프로그램 평가지이다.

아동의 청능 수준을 평가하기 위해 말소리지각 훈련프로그램 평가지의 처음부터 실시할 수도 있으나 아동을 관찰한 결과 유추할 수 있는 아동 수준에서 시작하여 평가 시간을 절약할 수 있다. 평가지에 제 2 음형대의 음향 에너지에 따라 모음과 자음을 그룹화하여 제시함으로써 단어 선택시 음소를 고려할 수 있도록 하였다. 평가지의 각 목표 옆에 있는 □는 목표를 성취하였으면 ■, 다음 치료 목표로 계획되었으면 ▧로 표시한다. 각 목표의 준거에 도달하면 평가지에 다시 ■로 수정 표시하고, 준거에 도달한 □옆의 _란에 날짜를 기입한다. 각 목표의 도달 준거는 적어도 5개의 세트에서 90%이상 쉽게 정반응하는 것이다. 진행의 정도와 진전 속도 등을 쉽게 살펴보기 위해 색깔 볼펜을 이용하여 평가지에 날짜를 적을 수 있다. 예를 들어, 9월에 성취한 치료목표는 검은색 볼펜, 11월에 성취한 치료목표는 파란색 볼펜, 12월에는 녹색 볼펜으로 날짜를 적는다.

일반적으로 청능훈련은 최적의 듣기 상황에서 시작하여 점차적으로 듣기 상황을 일반화 시킴으로써 난이도를 조절한다. 치료 상황 역시 전체 난이도를 고려하여 폐쇄형에서 점차적으로 개방형으로 진행한다.

SPICE를 이용하여 청각장애인의 청능 수준에 대한 평가가 모두 끝나면 장기-단기 목표를 계획하고 주간 목표를 선택하여 목표에 도달하기 위한 활동들을 선택한다.

〈표 5.1.〉 말소리지각 훈련 프로그램 평가지

말소리 지각 훈련 프로그램 평가지

이 름	
날 짜	
생년월일	

■	성취
▧	목표단계
__	성취날짜

〈모음 분류〉
모음 1군(고주파수): 이, 에, 애
모음 2군(중주파수): 으, 어, 아
모음 3군(저주파수): 우, 오
이중모음: 와, 위, 의, 왜, 웨, 예, 얘

〈자음 분류〉
자음 1군(고주파수): ㅅ, ㅆ
자음 2군(중주파수): ㅈ, ㅉ, ㅊ, ㅎ
자음 3군(저주파수): ㅁ, ㄴ, ㅇ, ㄹ
파열음: ㄱ, ㄲ, ㅋ, ㅂ, ㅃ, ㅍ, ㄷ, ㄸ, ㅌ

Ⅰ. 탐지

A. 말소리 탐지
______☐ 어떠한 말소리라도 탐지
______☐ 자신의 이름 탐지
______☐ 6음을 탐지(m, a, i, u, s, ʃ)

B. 말의 시작과 끝 인식하기
______☐ 연장된 모음이나 마찰음
______☐ 반복된 CV 음절
______☐ 연속적인 말

Ⅱ. 초분절적 지각(지속 중심)

A. 지속이 다른 두 자극 변별
______☐ 장음과 단음
______☐ 장음과 반복된 음
______☐ 문장과 단어, 문장과 구
______☐ 음절수가 다른 두 단어
______☐ 익숙한 두 노래

B. 지속이 다른 세 자극 확인
______☐ 장음, 단음, 반복된 음
______☐ 문장, 단어, 구
______☐ 세 문장
______☐ 음절 수가 다른 세 단어
______☐ 익숙한 세 노래

C. 지속이 다른 네 자극 확인
______☐ 음절이나 지속이 다른 문장
______☐ 음절이나 지속이 다른 단어
______☐ 익숙한 네 가지 노래

D. 지속만 다른 핵심단어를 문장에서 확인
______☐ 핵심단어가 끝에 있는 문장
______☐ 핵심단어가 중간에 있는 문장
______☐ 핵심단어가 두개 있는 문장

Ⅲ. 모음 자음 변별

A. 6음 확인(m, a, i, u, s, ʃ)
______☐ 두 음
______☐ 네 음
______☐ 여섯 음

B. 모음과 자음이 다른 단어 확인하기
______☐ 자음과 모음이 다른 두 단어
______☐ 자음과 모음이 다른 네 단어
______☐ 자음과 모음이 다른 여섯 단어

C. 단어에서 모음 지각
______☐ 두 단어
______☐ 네 단어

D. 단어에서 자음 지각
______☐ 두 단어
______☐ 네 단어
______☐ 여섯 단어

Ⅳ. 연결된 말

A. 문맥에서 핵심단어 확인
______☐ 핵심단어가 끝에 있는 문장
______☐ 핵심단어가 중간에 있는 문장
______☐ 핵심단어가 두개 있는 문장

B. 실행된 문장 확인
______☐ 정확하게 반응하기
______☐ 반복하기

C. 그림 문맥을 이용하여 대화
______☐ 정확하게 반응하기
______☐ 반복하기

D. 친근한 주제에 대해 대화
______☐ 질문에 대답하기
______☐ 대화하기

E. 연결된 담화 그대로 반복하기
______☐ 읽어준 문장 반복하기
______☐ 질문에 대답하기

일반적으로 청능훈련을 위한 주간 치료계획서에는 치료 목표를 수행하기 위한 1~2개의 활동과 자극 세트를 제시한다. SPICE의 주간 계획서의 양식은 표 5.2에 나타내었다. 표 5.2의 주간 계획서는 두열로 이루어져 있으며 아동의 주간 진전을 한 눈에 불 수 있는 잇점과 아동의 다음 활동을 계획하거나 목표를 잡는데 많은 도움을 줄 수 있다.

〈표 5.2.〉 SPICE 주간 계획서

<table>
<tr><th colspan="2">주간 계획서</th></tr>
<tr><td colspan="2">아동명: 치료사:
날 짜: 단 계:</td></tr>
<tr><td>* 목 표:
* 수 준:
* 어 휘:
* 활동내용:</td><td>* 결 과:
* 권 고:</td></tr>
</table>

자극 제시는 시각과 청각을 같이 이용하여 제시하고 아동이 충분히 자극에 대해 반응하는 방법을 익히면 시각적 자극을 제거하고 청각만을 이용하여 자극을 제시한다. 표 5.2의 평가지는 SPICE의 전체 단계를 요약한 것이다. 다음은 각 단계를 간략하게 서술하고 각 단계별로 활동의 예를 구체적으로 살펴보았다.

(1) 탐지

탐지 단계는 SPICE의 첫 부분으로써 듣기 목표를 제공해 주는 첫 단계이다. 아동이 단어, 구, 문장에서 말소리의 차이를 지각할 것을 기대하기 전에 음의 유무를 알아야 한다. 아동은 다양한 말소리 자극에 주의하여 듣고 일관된 반응을 나타내어야 하고 말소리의 시작과 끝을 알아야 한다. 표 5.1의 탐지단계에서 수준 A의 목표 3인 6음 인식과업은 인공와우 이식 수술을 한 아동들은 쉽게 반응할 수 있으나 보청기를 착용한 심한 청각장애 아동들은 고주파수인 마찰음을 탐지하지 못할 수도 있다. 탐지 단계의 구체적 활동의 예는 표 5.3에 제시하였다.

〈표 5.3.〉 탐지단계 활동의 예

수 준 A		말소리 탐지	
목 표	1	어떠한 말소리라도 탐지한다.	
활 동			자료 및 유의점
구슬 끼우기		1) 치료사는 아동 앞에서 다양한 말소리를 내면서 실에 구슬을 끼운다. 2) 아동이 소리를 들었을 때, 실에 구슬을 낀다는 것을 인식하면 치료사는 말소리만 산출한다. 3) 치료사가 말소리를 산출하면 아동은 실에 구슬을 끼운다. 4) 아동의 반응이 일관되게 나타나면, 치료사는 아동의 등 뒤로 가거나 입을 가리고 말소리를 산출한다. 5) 아동은 실에 구슬을 끼운다.	· 구슬, 실
그 외 가능목표		· 의성·의태어 · 노래 · 이야기 소리 · 책읽기	

수 준 A		말소리 탐지	
목 표	2	자신의 이름을 탐지한다.	
활 동			자료 및 유의점
손 들 기		1) 치료사는 아동 앞에서 아동의 이름을 부른다. 이름을 들었으며 아동은 손을 들게 한다. 아동이 손을 들지 못하면 치료사가 아동의 손을 들어 올려준다. 2) 아동이 이름을 들었을 때, 손을 든다는 것을 인식하면 치료사는 이름만 부른다. 3) 치료사가 이름을 부르면 아동은 일관되게 손을 든다. 4) 치료사는 아동의 등 뒤로 가거나 입을 가리고 아동의 이름을 부른다. 5) 아동은 손을 든다.	· 부르는 방향으로 돌아보기

<table>
<tr><td>수 준 B</td><td colspan="3">말소리의 시작과 끝 인식하기</td></tr>
<tr><td>목 표 1</td><td colspan="3">연장된 모음이나 마찰음에서 말소리의 끝과 시작을 인식한다.</td></tr>
<tr><td colspan="3">활 동</td><td>자료 및 유의점</td></tr>
<tr><td>장난감 조작</td><td colspan="2">1) 치료사가 '에---'라고 말하면서 구급차를 책상위로 움직인다. 아동이 주시하는 상황에서 치료사는 소리를 멈춤과 동시에 구급차의 움직임도 멈춘다.
2) 아동이 '에---' 소리의 시작 시 구급차는 움직이고 소리가 끝나면 구급차를 멈추어 소리와 활동을 연결시킬 수 있으면, 치료사는 '에---' 소리만 내고 아동은 스스로 구급차를 움직인다.
3) 아동이 일관되게 반응할 수 있으면, 치료사는 아동의 등 뒤로 가거나 입을 가리고 '에----' 음을 산출한다.
4) 아동은 구급차를 움직인다. 치료사가 '에---' 소리를 멈추면 구급차를 멈춘다.</td><td>·구급차 장난감
·소리 에너지가 큰 F_2가 낮은 모음 3군부터 시작한다</td></tr>
<tr><td>그 외 가능목표</td><td colspan="3">·오---- ·아---- ·우---- ·쉬---- ·스---- ·시----</td></tr>
</table>

<table>
<tr><td>수 준 B</td><td colspan="3">말소리의 시작과 끝 인식하기</td></tr>
<tr><td>목 표 2</td><td colspan="3">반복된 CV음절에서 말소리의 끝과 시작을 인식한다.</td></tr>
<tr><td colspan="3">활 동</td><td>자료 및 유의점</td></tr>
<tr><td>꼭두각시 인형 조작</td><td colspan="2">1) 치료사는 꼭두각시를 손에 끼우고 꼭두각시의 입을 닫는다.
2) 치료사는 음이 없다는 것에 초점을 맞추어 자신의 닫혀진 입과 꼭두각시의 닫혀진 입에 주의를 준다.
3) 치료사는 꼭두각시의 입을 열고 닫는 동안 '부부부'와 같은 반복된 음절을 말하기 시작한다. 치료사는 말소리 자극과 결합된 행동 모두를 지적한다.
4) 아동은 그의 손에 꼭두각시를 끼운다.
5) 치료사는 반복된 음절을 말하고 아동은 꼭두각시의 입을 움직인다.
6) 치료사는 자극을 촉진하거나 자극과 행동을 다시 결합할 때 아동을 도울 필요가 있으며, 아동이 독화와 듣기 모두로 일관된 반응을 보이면 치료사는 청각적인 단서만을 제시한다.
7) 아동은 똑같은 방법으로 정확하게 꼭두각시를 조작한다.</td><td>·꼭두각시 인형</td></tr>
<tr><td>그 외 가능목표</td><td colspan="3">·시시시, 사사사, 수수수, 기기기, 가가가, 구구구
·찌찌찌, 짜짜짜, 쭈쭈쭈, 미미미, 마마마, 무무무</td></tr>
</table>

(2) 초분절적 지각

아동이 말소리에 반응할 수 있고, 음의 시작과 끝을 지적할 수 있을 때, 그 다음 목표는 두 자극을 변별하는 것이다. 초분절적 지각 단계의 첫 과업은 장음과 단음의 대조와 같이 가능한 한 차이가 큰 음을 선택하여 짝을 이루며 점차적으로 대조 짝의 난이도를 조절해 나가도록 구성되어있다. 아동이 두 자극을 변별할 수 있으면 세 자극, 네 자극으로 자극의 수를 첨가한다. 자극은 지속시간, 강세, 억양에 따른 초분절적인 차이를 고려하여 선택한다. 특히 한국어는 지속시간에 따라 의미의 분화가 일어나므로 이 단계에서는 지속을 고려하여 대조 짝의 난이도를 고려하였다. 표 5.4는 초분절적 지각 단계의 두 자극 변별과 문장에서 지속이 다른 핵심단어를 확인하는 활동과 초분절적 지각 단계의 마지막 수준인 핵심단어를 지속이 다른 환경 속에서 지각하는 활동의 예이다.

〈표 5.4.〉 초분절적 지각 단계 활동의 예

수 준 A		지속이 다른 두 자극을 변별한다.	
목 표	1	장음과 단음을 변별한다.	
	2	장음과 반복된 음을 변별한다.	
활 동			자료 및 유의점
장난감 조작		1) 책상 위에 장난감 침대, 아기 인형을 둔다. 2) 치료사는 아기 인형을 침대에 눕힌 후 검지 손가락을 입을 대고 '쉬--'라고 말한다. 3) 치료사는 아기의 볼에 뽀뽀하는 시늉을 하며 '쪽'소리를 낸다. 4) 치료사가 두 활동을 아동이 변별할 수 있을 때까지 지도한 후 아동이 치료사를 모방하도록 유도한다. 5) 치료사는 아동이 이 활동을 쉽게 변별할 수있을 때까지 무작위로 반복 실시한다. 6) 치료사는 입을 가리고 음을 내면서, 장난감을 조작한다. 7) 아동은 활동과 음을 결합하여 들은 후, 청각적 단서만으로 활동을 반복한다.	·장난감 침대 ·아기 인형
그 외 가능목표		·장음: 음---무, 부--우, 야---옹 ·단음: 퍽, 딱, 욱, 빵, 툭, 통, 휘, 꽝, 슬쩍, 씽, 쌩, 윙, 쪽, 쿵, 쾅 반복된 음: 빵빵, 깡충깡충, 칙칙폭폭, 호호호, 꿀꿀꿀, 멍멍, 도리도리	

수 준 A	지속이 다른 두 자극을 변별한다.	
목 표 3	문장과 단어, 문장과 구를 변별한다.	
	활 동	자료 및 유의점
그림카드	1) 아동 앞에 엄마가 문을 두드리는 그림카드와 소년이 손을 흔드는 그림카드를 제시한다. 2) 치료사는 엄마가 문을 두드리는 그림카드를 제시하면서 "엄마가 문을 두드린다"라고 말한다. 3) 치료사는 소년이 손을 흔드는 그림 카드를 제시하면서 "안녕"이라고 말한다. 4) 치료사가 두 활동을 아동이 변별할 수 있도록 지도한 후 아동이 치료사를 모방하도록 유도한다. 5) 치료사는 아동이 이 활동을 쉽게 변별할 수 있을 때까지 무선 순위로 반복 실시한다. 6) 치료사는 입을 가리고 음을 내면서, 그림카드를 제시하면, 아동은 그림카드와 음을 결합하여 들은 후 청각적 단서만으로 활동을 반복한다.	·그림카드
그 외 가능목표	·단어: 뛰다, 걷다, 앉다, 얼음, 먹다, 보다, 폴짝, 비 ·구: 악수하다. 위·아래로 폴짝, 코를 집어보세요, 파란 바다, 배를 타다. ·문장: 당신의 두 눈을 감으세요, 운동장을 한바퀴 뛰세요.	

수 준 A	지속이 다른 두 자극을 변별한다.	
목 표 4	다양한 음절에서 두 단어 변별하기	
	활 동	자료 및 유의점
물체 조작	1) 컵과 바나나를 책상 위에 둔다. 2) 치료사는 '컵'이라고 말한 후, 컵을 아동에게 제시한다. '바나나'라고 말하고 바나나를 아동에게 제시한다. 3) 치료사가 두 활동을 아동이 변별할 수 있도록 지도한 후 아동이 치료사를 모방하도록 유도한다. 4) 치료사는 아동이 이 활동을 쉽게 변별할 수있을 때까지 무작위로 반복 실시한다. 5) 치료사는 입을 가리고 음을 내면서, 물체를 조작한다. 6) 아동이 물체 조작과 음을 결합하면, 청각적 단서만으로 활동을 반복한다.	·컵, 바나나 ·어음은 일상생활 용품이나 동물, 먹을 것 등으로 선택하며 아동이 이미 익숙하게 알고 있는 것으로 선택한다.
그 외 가능목표	· 단음절 : 소, 밥, 책, 공, · 이음절 : 오이, 우유, 학교, 나비, 우산 · 삼음절 : 물고기, 코끼리, 바나나 · 다음절 : 산타크로스, 생일케이크	

수 준 A		지속이 다른 두 자극을 변별한다.	
목 표	5	익숙한 두 노래를 변별한다.	
활 동			자료 및 유의점
그림완성하기		1) 치료사는 '나비야' 노래를 부르면서 나비 스티커를 오른쪽 그림에 붙이고, '생일 축하노래'를 부르면서 생일 케익그림에 양초 스티커를 붙인다. 2) 치료사는 두 활동을 아동이 변별할 수 있도록 지도한 후 아동이 치료사를 모방하도록유도한다. 3) 치료사는 아동이 이 활동을 쉽게 변별할 수있을 때까지 무작위로 반복 실시한다. 4) 치료사는 입을 가리고 음을 내면서, 스티커를 붙인다. 5) 아동은 청각적 단서만으로 활동을 반복한다.	·나비스티커 ·양초 스티커 ·그림판
그 외 가능목표		·나비야 ·생일 축하노래 ·거미의 하루	

수 준 D		지속만 다른 핵심단어를 문장 확인하기	
목 표	1	핵심단어가 끝에 있는 문장	
활 동			자료 및 유의점
행위수행		1) 공, 케이크, 의자 그림을 아동에게 제시한다. 2) 아동에게 "공을 색칠하세요", "공을 굴려요", "공을 차요"의 지시어를 듣고 적절히 행동한다. 3) 아동이 독화와 듣기만으로 활동을 수행할 수 있도록 치료사는 돕는다. 4) 아동이 활동을 일관되게 할 수 있으면 치료사는 입을 가리고 말소리 지시를 하고, 아동은 듣기만으로 활동을 수행한다.	·공, 케이크, 의자 그림카드
그 외 가능목표		·엄마가 밥을 (해요, 먹어요, 주셨어요) ·할아버지는 키가 (커요, 작아요, 중간이에요) ·나는 엉덩이를 (쳐요, 만져요, 흔들어요)	

<table>
<tr><td colspan="2">수 준 D</td><td colspan="2">지속만 다른 핵심단어를 문장 확인하기</td></tr>
<tr><td>목 표</td><td>2</td><td colspan="2">핵심단어가 중간에 있는 문장</td></tr>
<tr><td colspan="3">활 동</td><td>자료 및 유의점</td></tr>
<tr><td colspan="2">인형옷입히기</td><td>1) 인형을 아동에게 보여 주면서 “인형에게 비옷을 입히세요”, “인형에게 원피스를 입히세요”, “인형에게 녹색 윗옷를 입히세요”라고 말하며 각각에 해당하는 행위를 수행한다.
2) 아동이 모방할 수 있도록 아동에게 인형을 주면서 치료사가 말소리로 지시한다.
3) 아동이 일관되게 할 수 있으면 치료사는 입을 가리고 말소리만으로 지시한다.
4) 아동은 듣기만으로 일관되게 지시를 수행한다.</td><td>·인형
·비옷, 원피스, 녹색 윗옷</td></tr>
<tr><td colspan="2">그 외 가능목표</td><td colspan="2">·엄마가 (영화관, 시장, 집)에 갑니다.
·공을 (의자, 책가방, 손)에 놓습니다.
·나는 (눈, 다리, 엉덩이)를 만집니다.</td></tr>
</table>

<table>
<tr><td colspan="2">수 준 D</td><td colspan="2">지속만 다른 핵심단어를 문장에서 인식하기</td></tr>
<tr><td>목 표</td><td>3</td><td colspan="2">문장에서 두 개의 핵심단어가 있는 문장 인식하기</td></tr>
<tr><td colspan="3">활 동</td><td>자료 및 유의점</td></tr>
<tr><td colspan="2">퍼즐</td><td>1) 치료사는 퍼즐판을 아동 앞에 두고 “야채가게에서 파를 집으세요”, “부엌에서 커피포트를 집으세요”, “장난감가게에서 야구공을 집으세요”라고 말하면서 퍼즐판에서 각각에 해당하는 퍼즐을 집는다.
2) 아동이 독화와 듣기로 위의 활동을 수행하도록 돕는다.
3) 아동이 일관되게 하면 아동이 독화만으로 행위 수행을 하도록 치료사는 입을 가린다.
4) 아동은 행위 수행 한다.</td><td>·퍼즐판
·파, 커피포트, 야구공 퍼즐조각</td></tr>
<tr><td colspan="2">그 외 가능목표</td><td colspan="2">·(선반, 식탁, 손)위에 (핫도그, 책, 연필)을 놓으세요.
·(비행기, 차, 기차)에 (개, 아기, 고양이)를 놓으세요.
·(나, 엄마, 할머니)에게 (우편물, 딸기, 바나나)를 주세요.
·(안경점, 서점, 과일가게)에 (안경, 책, 양배추)를 팝니다.</td></tr>
</table>

(3) 모음과 자음 지각

모음과 자음 지각 단계의 목표는 아동이 지속, 강세, 억양이 같고 다만 모음과 자음이 다를 때, 자극 사이에서 목표 단어를 지각하는 것이며 심한 청각장애인의 경우 초분절적 지각 단계와 병행하여 실시할 수 있다. 인공와우 수술을 한 아동뿐만 아니라 보청기를 착용한 심한 청각장애 아동들 역시 주파수 영역을 통하여 말소리를 지각하고 이러한 정보를 기초로 단어를 구별할 수 있다. 모음을 구별하는데 있어서 제 2 음형대의 정보는 매우 유용하고 이것은 단어를 변별하기 위해 말소리 자극을 선택하는 첫 번째 기준이다. 표 5.1의 평가지에는 제 2 음형대를 이용하여 모음과 자음을 음형대 별로 그룹화하여 제시되어 있다.

보청기를 착용한 심한 청각장애 아동들은 인공와우 수술을 한 아동들만큼 쉽게 고주파수 자음을 지각할 수 없으므로 보다 진전이 늦을 수 있다. 그러므로 각 아동의 특성에 맞는 어휘를 선택하여야 할 것이다. 일반적으로 저주파수대의 에너지가 많은 음소를 고주파수대의 에너지가 약한 음소에 비해 먼저 치료 음소로 선택한다. 표 5.5는 모음과 자음 지각단계의 구체적인 활동의 예이다.

〈표 5.5.〉 모음과 자음 지각 단계 활동의 예

<table>
<tr><td colspan="2">수 준 A</td><td colspan="2">/m, a, i, u, s, ʃ/음을 확인한다.</td></tr>
<tr><td rowspan="3">목
표</td><td>1</td><td colspan="2">두 음</td></tr>
<tr><td>2</td><td colspan="2">네 음</td></tr>
<tr><td>3</td><td colspan="2">여섯 개의 음</td></tr>
<tr><td colspan="3">활 동</td><td>자료 및 유의점</td></tr>
<tr><td colspan="2">문
자
카
드</td><td>1) 치료사는 아동에게 빙고 카드를 제시한다.
2) 치료사가 /ㅁ/라고 말하면 빙고 판의 ㅁ를 검게 색칠한다. 같은 방법으로 다른 란도 검게 색칠한다.
3) 아동은 모든 란을 검게 색칠한 후 “빙고”라고 말한다.
4) 치료사는 아동이 실패할 경우 독화와 병행하여 듣기 훈련을 시킨다</td><td>·빙고판<table><tr><td>ㅁ</td><td>ㅏ</td><td>ㅜ</td></tr><tr><td>ㅣ</td><td>듣기</td><td>ㅅ</td></tr><tr><td>ㅅ</td><td>ㅏ</td><td>ㅜ</td></tr></table></td></tr>
</table>

<table>
<tr><td colspan="2">수 준 B</td><td colspan="2">지속은 유사하고 모음과 자음이 다른 단어를 확인한다.</td></tr>
<tr><td rowspan="3">목
표</td><td>1</td><td colspan="2">자음과 모음이 다른 두 단어</td></tr>
<tr><td>2</td><td colspan="2">자음과 모음이 다른 네 단어</td></tr>
<tr><td>3</td><td colspan="2">자음과 모음이 다른 여섯 단어</td></tr>
<tr><td colspan="3">활 동</td><td>자료 및 유의점</td></tr>
<tr><td colspan="2">그
림
카
드</td><td>1) 치료사는 여우, 하마, 고래, 상어를 책상 위에 둔다.
2) 치료사는 '여우'라고 말하며 여우 그림을 지적한다. 나머지 그림도 이와 같은 방법으로 실시한다.
3) 치료사는 무작위로 그림을 명명하고 아동은 독화와 듣기를 이용하여 명명된 것을 지적한다.
4) 아동이 독화와 듣기를 이용하여 그림을 인식할 수 있으면 치료사는 입을 가리고 듣기만으로 지적한다.</td><td>·여우, 하마, 고래, 상어 그림카드</td></tr>
<tr><td colspan="2">가능 목표</td><td colspan="2">·단음절 → 이음절 → 삼음절 → 다음절순으로 진행할 것
·이중모음과 모음 1군 ·이중모음과 모음 3군 ·이중모음과 모음 2군
예) 쇼-봄, 엿-죽 예) 귤-띠, 병-밀 예) 꽝-젖, 형-금
·모음 1군과 모음 3군 ·모음 2군과 모음 3군 ·모음 1군과 모음 2군
예) 이-눈, 댐-목 예) 벌-몸, 칼-총 예) 키-턱, 피-검</td></tr>
</table>

<table>
<tr><td colspan="2">수 준 C</td><td colspan="2">자음은 같으나 모음은 다른 단어 확인 한다.</td></tr>
<tr><td rowspan="2">목
표</td><td>1</td><td colspan="2">두 단어</td></tr>
<tr><td>2</td><td colspan="2">네 단어</td></tr>
<tr><td colspan="3">활 동</td><td>자료 및 유의점</td></tr>
<tr><td colspan="2">그
림
카
드</td><td>1) 치료사는 비, 배 그림카드를 책상 위에 둔다.
2) 치료사는 '비'라고 말하며 비 그림을 지적한다. 나머지 그림도 이와 같은 방법으로 실시한다.
3) 치료사는 무작위로 그림을 명명하고 아동은 독화와 듣기를 이용하여 명명된 것을지적한다.
4) 아동이 독화와 듣기를 이용하여 그림을 인식할 수 있으면 치료사는 입을 가리고 듣기만으로 지적한다.
5) 아동이 90% 정확히 명명한 그림을 지적하면 통과시킨다.</td><td>·비, 배 그림카드</td></tr>
</table>

<table>
<tr><td colspan="2">수 준 D</td><td colspan="2">모음은 같으나 자음이 다른 단어를 확인한다.</td></tr>
<tr><td rowspan="3">목
표</td><td>1</td><td colspan="2">두 단어</td></tr>
<tr><td>2</td><td colspan="2">네 단어</td></tr>
<tr><td>3</td><td colspan="2">여섯 단어</td></tr>
<tr><td colspan="3">활 동</td><td>자료 및 유의점</td></tr>
<tr><td colspan="2">그
림
카
드</td><td>1) 치료사는 비/피 그림 카드를 책상 위에 둔다.
2) 치료사는 '비'라고 말하며 비 그림카드를 지적한다. 나머지 그림도 이와 같은 방법으로 실시한다.
3) 치료사는 무작위로 그림을 명명하고 아동은 독화와 듣기를 이용하여 명명된 것을지적한다.
4) 아동이 독화와 듣기를 이용하여 그림을 인식할 수 있으면 치료사는 입을 가리고 듣기만으로 지적한다.
5) 아동이 90% 정확히 명명한 그림을 지적하면 통과시킨다.</td><td>·비, 피 그림카드</td></tr>
</table>

(4) 연결된 구어

아동이 표 5.1의 평가지에 제시된 모음과 자음 지각 단계를 50%이상 실시하면 연결된 구어단계와 병행하여 청능 훈련을 실시한다. 일반적으로 아동이 자음과 모음에 근거한 6-8개의 단어 세트를 인식할 수 있으면, 연결된 구어 단계와 병행하여 실시한다. 표 5.6은 그림을 이용하여 연결된 구어를 지도하는 활동의 예이다.

〈표 5.6.〉 그림문맥에 반응하고 반복하기

<table>
<tr><td colspan="2">목 적 C</td><td colspan="2">그림 문맥을 사용하여 이야기 하기</td></tr>
<tr><td rowspan="2">목
표</td><td>1</td><td colspan="2">정확히 반응하기</td></tr>
<tr><td>2</td><td colspan="2">반복하기</td></tr>
<tr><td colspan="3">활동의 예</td><td>자료 및 유의점</td></tr>
<tr><td colspan="2">그
림
묘
사</td><td>1) 치료사는 아동에게 그림이나 삽화를 보여준다.

(출처: http://www.kidkids.net/)
2) 아동에게 생소한 단어나 이름을 지적하여 미리 어휘 점검을 실시한다.
3) 치료사는 그림에 해당하는 질문을 한다. 예. “몇명의 아이들이 놀고 있니?”
4) 아동은 각각의 질문에 대답한다.</td><td>· 장면그림카드</td></tr>
</table>

2) Sensory Kids Impaired-Home Intervention(SKI-HI)

Sensory Kids Impaired-Home Intervention(이하 SKI-HI) 프로그램은 1993년 Watkins & Clark에 의해서 Utah 주립 대학에서 개발되었으며 청각장애 아동과 그들의 가족을 위한 가정 중재 프로그램이다. SKI-HI는 부모와 아동 간의 효과적인 상호작용을 촉진하는데 중점을 둔 프로그램이다. 이 프로그램은 아동의 능력과 특성에 따라 치료 단계를 구성하였고, 언어와 말소리 자극의 연계성을 고려하여 가족을 교육하고 그들과 상호작용하는 것을 강조하였다. 본 절에서는 7개의 영역으로 나누어진 전체 프로그램 중 청능훈련 프로그램을 소개한다.

SKI-HI 프로그램의 청능훈련은 정상적인 청각발달 순서에 따라 네 단계로 구성되었다. 1단계는 말소리와 음성에 주의 집중하는 단계로 소리에 주의 집중하기와 기초 발성하며 듣기, 2단계는 환경음과 말소리의 차이 알기, 음원 찾기, 억양 조절하여 기초발성 인식하기, 3단계는 음원의 거리와 위치 바꿔 듣기, 모음과 자음이 구별된 발성하기, 4단계는 변별과 이해하는 단계로 청각장애 아동들은 말소리를 충분히 인식하고 사용함으로써 청각을 효율적으로 사용하는 방법을 배우게 된다. 이 단계의 아동들은 단어와 구를 이해하고 이를 의미있게 사용하게 된다. 소리 모방과 유의미한 사용은 환경음의 변별과 이해하기, 음성의 변별과 이해, 말소리의 변별과 이해, 말소리 모방과 말하기로 이루어졌다.

연령이 높고 경도의 청각 손실을 가진 아동이라면 단계 1부터 시작할 필요가 없으므로 각 개인의 필요성과 수준에 따라 유연하게 프로그램을 계획하고 적용하여야 할 것이다. 채정희(2004)가 SKI-HI를 번안하여 수정한 것을 보완하여 표 5.7에 제시하였다. 표 5.7은 SKI-HI의 구체적인 단계와 기술을 나타내고 하위 기술을 간략하게 요약한 것이다..

<표 5.7.> SKI-HI 청능훈련 프로그램

단계	기술	하위 기술
단계 Ⅰ	1. 소리에 주의 집중하기	1. 환경음과 음성에 주의 집중하기 2. 말소리에 주의집중하기 3. 청각 단서의 사용과 음원을 보여주고 강화하기 4. 소리에 대한 반응 확인하기
	2. 기초 발성하며 듣기	5. 아동의 모든 발성과 음 활동의 기회를 제공하고 강화하기
단계 Ⅱ	3. 환경음과 말소리 변별하기	6. 소리를 내는 물건과 사건에 대한 인식 7. 정보의 첫 근원으로서 음 인식
	4. 음원 찾기	8. 음원 찾기 9. 음원파악의 시도 강화
	5. 억양 조절하여 기초발성하기	10. 지속, 강도, 음도가 다양한 기초발성 11. 음조가 있게 말소리 표현 12. 말소리 호흡
단계 Ⅲ	6. 음원의 거리와 위치 파악하기	13. 길어진 거리와 다른 수준의 음원 찾기
	7. 모음과 자음 발성하기	14. 아동의 말 시도를 강화하고 모음과 자음 자극 15. 유의미 단어를 이용하여 자극
단계 Ⅳ	8. 환경음의 변별과 이해하기	16. 환경음의 변별과 이해
	9. 음성의 변별과 이해하기	17. 모방음의 변별과 이해 18. 단어와 말소리의 변별과 이해
	10. 말소리의 변별과 이해하기 11. 말소리의 모방과 말하기	19. 미세한 모음의 차이를 변별하고 이해 20. 미세한 자음의 차이를 변별하고 이해

모든 단계는 부모목표를 구체적으로 기술하고 있으며 단계마다 정상 청력발달 활동자료와 활동의 예를 제시하고 있다. 다음은 각 단계의 부모목표와 활동의 예를 제시하였다.

(1) 단계 Ⅰ

단계 Ⅰ은 아동들이 소리에 주의집중하고 들은 소리를 인식할 수 있도록 부모들이 도와주도록 구성하였다. 구체적인 부모 목표는 다음과 같다.

① 아동이 소리에 주의집중하고 소리에 반응할 수 있도록 소리를 들을 수 있는 환경을 제공한다.

② 소리의 근원을 보여주고 소리에 대한 아동의 반응을 강화하고 단서를 제시한다.

③ 아동의 발달 연령을 고려하여 반응을 유도한다.

④ 소리를 산출할 수 있는 기회를 제공하고 발성한 모든 소리는 강화한다.

단계 Ⅰ은 소리에 주의집중하기, 기초 발성하며 듣기로 구성되어 있으며 표 5.8은 소리에 주의 집중하기 기술의 하위 기술과 활동의 예이다.

〈표 5.8〉 소리에 주의 집중하기의 하위 기술과 활동의 예

하위 기술	활동의 예
1. 환경음에 주의 집중하기	아동이 수도꼭지 돌려 물소리에 주의 집중하도록 한다. 물소리가 나면 웃으면서 "응"과 같은 단서를 제공하고 물소리가 나지 않으면 고개를 흔들면서 "아니"라는 단서를 제공한다.
2. 말소리음 차이에 주의집중하기	손에 꼭두각시 인형을 끼우고 "안~~~녕"인사하기
3. 청각적 단서의 사용과 음운 보여주고 강화	기저귀를 갈 때 아이의 두 다리를 들어 올리며 상승하는 억양을 내려올 때는 하강하는 억양을 이용한다.
4. 소리에 대한 반응의 확인	노래('거미가 줄을 타고 올라갑니다')를 들려주고 아동의 행동을 관찰한다.

기초발성하며 듣기 기술을 위한 하위기술은 아동에게 발성할 기회를 제공하고 발성에 대한 강화 주기이다. 하위 기술을 위해 부모는 아동이 혼자 하는 말을 듣고 모방하여 아동에게 피드백하기, 소리 녹음하여 들려주기, 마이크를 이용하여 음 증폭하기 등의 활동을 이용할 수 있다.

(2) 단계 Ⅱ

단계 Ⅱ의 최종 목표는 아동들이 거리에 따라 소리의 특성을 알고 소음으로부터 원하는 소리에 주의 집중할 수 있도록 부모가 지도하는 것이다. 구체적인 부모 목표는 다음과 같다.

① 아동이 음원을 찾을 수 있도록 반복적인 기회를 제공한다.

② 사물이나 사건에 대한 정보를 얻기 위해 음원을 찾고 인식할 수 있는 의미있는 기회를 제공한다.

③ 단서, 위치, 배경음에 따라 환경음과 말소리의 위치를 단계적으로 파악할 수 있는 기회를 제공한다.

④ 음원을 찾으려는 아동의 모든 행동을 강화한다.

⑤ 지속시간, 강도, 음도가 다양한 소리자극을 아동에게 반복적으로 제공한다.

⑥ 다양한 음조를 이용하여 말소리를 적절히 사용하도록 격려한다.

⑦ 안정된 호기를 유지하고 적절히 호흡을 사용하여 말하도록 격려한다.

단계 Ⅱ의 기술인 환경음과 말소리 변별하기, 음원 찾기, 억양 조절하여 기초발성하기의 하위기술과 구체적 활동의 예는 표 5.9, 표 5.10, 표 5.11에 각각 제시하였다.

〈표 5.9〉 환경음과 말소리 변별하기의 하위 기술과 활동의 예

하위 기술	활동의 예
6. 소리를 내는 물건과 사건에 대한 인식	아동이 좋아하는 서로 다른 소리가 나는 장난감(건반피아노, 종, 자동차 등)을 가지고 놀게 한 다음 장난감의 소리와 물건을 연결할 수 있는 경험을 반복적으로 제공한다
7. 정보에의 첫 근원으로서 음인식	음식을 주기 진전에 음식의 이름을 분명하고 크게 들려준다.

〈표 5.10〉 음원찾기의 하위 기술과 활동의 예

하위 기술	활동의 예
8. 음원 찾기	부모나 가족 중 한명이 아동이 볼 수 없는 곳에서 아동의 이름을 불러 아동이 소리나는 곳으로 돌아보면 정적 강화를 준다.
9. 음원파악의 시도 강화	아동이 소리 나는 곳을 찾으려고 노력하는 모습을 볼 때마다 미소를 짓거나 기뻐하는 모습을 보여줌으로써 아동의 행동을 강화한다.

〈표 5.11〉 억양 조절하여 기초발성하기의 하위 기술과 활동의 예

하위 기술	활동의 예
10. 지속, 강도, 음도가 다양한 기초발성	아동에게 옷을 입혀주는 동안 윗옷의 머리를 끼우며 "머리 쏘~~ㄱ, 팔 쏙쏙" 등과 같이 다양한 지속시간과 재미있는 억양을 이용한다.
11. 음조가 있게 말소리 표현	손인형을 이용하여 아동이 선호하는 이야기의 가상의 놀이를 한다. '신데렐라' 이야기를 들려주며 슬픔, 행복, 두려움, 분노 등의 여러 감정을 반영한 억양패턴을 이용함으로써 아동이 상상할 수 있도록 자극한다.
12. 말소리 호흡	부모의 배위에 아동을 눕히고 다양한 길이의 음을 말하는 동안 아동이 올바른 호흡방법을 느끼도록 하거나 아동의 뺨과 부모의 뺨을 대고 호흡의 흐름을 느끼도록 한다.

(3) 단계 Ⅲ

아동들이 공간 지각력이 발달하기 시작하면서 사물과 공간의 개념은 급속도로 발달하게 된다. 그러나 심한 청각장애 유아들은 공간 지각력을 향상시키기 위해 지속적으로 모델을 제시하여 주어야 하고 다양한 거리와 수준에서 소리의 위치를 파악하기 위한 실제적인 훈련이 필요하다. 단계 Ⅲ의 최종 목표는 아동들이 유사한 환경 속에서 다양한 거리의 소리에 노출되더라도 소리의 특성을 알고 소음으로부터 원하는 소리에 주의 집중할 수 있는 능력을 향상시키는 것이다. 부모는 소리에 대한 아동의 모든 반응을 강화하고 이전 단계에서 사용한 모든 기술을 이용할 수 있다. 구체적인 부모 목표는 다음과 같다.

① 부모들은 다양한 거리, 환경, 단서 속에서 아동이 환경음과 말소리의 위치를 파악할 기회를 반복적으로 제공한다.

② 부모들은 아동의 말소리에 대해 지속적으로 긍정적인 강화를 주고 모음과 자음을 산출할 수 있도록 자극을 제공한다.

③ 부모들은 아동이 산출한 무의미 모음과 자음을 유의미한 단어를 이용하여 강화한다.

단계 Ⅲ의 첫 번째 기술인 음원의 거리와 수준에 따라 위치를 파악하기 위해 음원과 거리를 다양하게 하고 소리의 수준도 조절하여 음원 찾기의 난이도를 조절하였다. 예를 들어, 부모는 청소를 하면서 아동의 귀 위 또는 아래에서 아동의 이름을 부르고 아동이 쳐다보면 웃어주거나 머리를 쓰다듬어 주어 칭찬을

함으로써 아동을 강화할 수 있다. 두 번째 기술인 모음과 자음 발성을 위한 하위 수준과 구체적인 표 5.12과 같다.

〈표 5.12〉 모음과 자음 발성하기의 하위 기술과 활동의 예

하위 기술	활동의 예
14. 아동의 말 시도를 강화하고 모음과 자음 자극	애완동물에게 먹이를 주며 "맘마", 양치질을 할 때 "치카치카", 인형을 업으며 "어부바"와 같이 말하기 시도시 강화하고 모방하여 말소리를 자극한다.
15. 유의미 단어를 이용하여 자극	아동이 물을 가리키며 "무"라고 소리를 내기 시작할 때 부모는 애완동물, 장난감, 주변 동물들을 이용하여 반복적으로 "물"을 아동에게 말한다.

(4) 단계 Ⅳ

아동들이 다양한 소리를 변별하고 이해할 수 있도록 반복적인 기회를 제공하여야 한다. 이 단계의 부모 목표는 환경음, 단어와 구, 회화 상황에서 의미있는 표현을 위해 말소리의 미세한 차이까지 변별하고 이해할 기회를 아동에게 제공하는 것이다.

단계 Ⅳ의 기술인 환경음의 변별과 이해하기, 음성의 변별과 이해, 말소리의 변별과 이해, 말소리의 모방과 말하기를 실시하기 위한 하위 기술과 활동의 예는 표 5.13, 표 5.14, 표 5.15에 각각 제시하였다.

〈표 5.13〉 환경음의 변별과 이해하기의 하위 기술과 활동의 예

하위 기술	활동의 예
16. 환경음의 변별과 이해	아동이 거실에서 놀고 있을 때 막대기 두 개로 바닥을 일정한 박자로 친다. 아동에게 깡통을 건네주며 같은 박자로 치게 한다. 바닥과 깡통을 번갈아 치며 소리의 특징을 관찰하며 변별하고 이해한다.

〈표 5.14〉 음성의 변별과 이해하기의 하위 기술과 활동의 예

하위 기술	활동의 예
17. 모방음의 변별과 이해	동물소리를 들려주고 들은 동물음의 소리를 선택하게 한다.
18. 단어와 말소리의 변별과 이해	아동이 가족의 호칭에 익숙해지면 "엄마 어디있어?"라고 물은 후 엄마를 껴안도록 한다. 이때 엄마는 "응, 내가 00의 엄마야."라고 말하여 아동의 행동을 강화한다. 다른 가족도 이와 같이 실시한다.

〈표 5.15〉 말소리의 변별과 이해, 모방과 말하기의 하위 기술과 활동의 예

하위 기술	활동의 예
19. 미세한 모음의 차이를 변별하고 이해	아동과 장난감 모형을 가지고 놀면서 우유, 오이, 아이 등을 말하고 아동이 정확하게 지적하거나 선택하고 그 단어를 따라한다.
20. 미세한 자음의 차이를 변별하고 이해	'토끼' 그림과 모형을 함께 제시한다. 강아지의 행동을 포함한 단어(깡충깡충, 냠냠)들을 같이 반복적으로 제시하여 아동이 토끼를 모방하고 반복하도록 한다.

참고문헌

김영욱. (2003). **청각장애아동교육의 이해**. 서울 : 도서출판 양지.

박희정. (1997). 초분절적 어음지각 훈련프로그램이 청각장애아의 어음변별력 개선에 미치는 효과. 미간행 대구대학교 석사학위 청구 논문.

유재홍. (2002). 유아교육 키드키즈. http://www.kidkids.net/eduinfo.

채정희. (2004). 부모 개입 청능훈련 프로그램이 청각장애아동의 의사소통 능력에 미치는 효과. 미간행 대구대학교 석사학위 청구 논문.

Boothryd, A. (1978). Speech perception and sensorineural hearing loss. In M. Ross & T. Ciolas(Eds.), *Auditory management of hearing-impaired children.* Baltimore : University Park Press.

Boothryd, A. (1982). *Hearing impairments in young children.* Englewood Cliffs, NJ : Prentice Hall.

Crandell, C. C. & Smaldino. J. I. (1995). Classroom acoustics. In R. J. Roeser & M. R Downs (Eds.). *Auditory disorders in school children* (3rd ed.), New York: Thieme. 217-234.

Erber, N. P. (1982). *Auditory training.* Washington, DC: Alexander Graham Bell Association for the Deaf.

Moog, J. S., Biedenstein, H. J., & Davidson, L. S. (1995). *Speech perception instructional curriculum and evaluation.* Missouri : Central Institute for the deaf.

Watkins, S. & Clark, T. C. (1993). SKI-HI Resource manual : family-centered, home-based programming for infants, toddlers, and preschool-aged children hearing impairment. Logan : Downs.

제 6 장

발성 발어 지도

언어는 우리가 의사소통을 하고 사회생활을 영위는데에 매우 중심적인 역할을 한다. 우리의 의사를 전달하는 방법은 말소리를 통한 구어적 의사소통부터 몸짓이나 손짓 등을 사용하는 비구어적 의사소통 방법까지 다양하다. 이중 말을 통한 구어의사소통 방법, 즉 음성언어는 가장 효율적인 의사소통 방법으로, 신생아는 자연스럽게 음성언어를 습득한다. 그러나 청각장애 아동, 특히 태어나면서부터 소리를 듣지 못하는 선천성청각장애 아동은 청력의 손실로 인해 음성언어의 습득이 어려워지고, 결과적으로 전반적인 의사소통에서 장애를 보인다(윤미선, 1994). 언어와 의사소통의 문제는 학령기에 이르러서는 학습의 문제로 연결되며, 학령기 이후에는 직업선택의 제한, 사회적응의 어려움 등으로 발전한다. 그러므로 청각장애 아동이 성장하여 사회에 잘 적응하고 생활하기 위해 적절한 말과 언어 능력을 습득하고 발전시키는 것이 필요하다.

특수교육이나 청각재활 관련 문헌을 보면 청력손실의 정도에 따라 음성언어 습득의 가능성을 분류하고 있으며, 90dB 이상의 청력손실이 있는 선천성청각장애 아동은 말소리를 듣기가 어렵고 음성언어의 습득이 불가능하므로 일반적으로 수화와 같은 시각적 의사소통 방법을 선택한다고 지적한다(이소현, 2003; Schirmer, 2001). 그러나 청각장애 아동 부모의 대부분은 수화를 전혀 모르는 건청인으로, 이들은 자신의 아이가 음성언어를 사용하여 말을 하기를 일차적으로 원한다. 이런 부모의 바램은 오늘 날 와우이식의 등장으로 농 수준의 청각장애 아동도 일정 수준 이상의 말소리를 들을 수 있게 됨에 따라 실현 가능성이 커졌다. 우리 나라에서는 2005년부터 와우이식이 의료보험 혜택을 받게 되어 와우이식을 받는 아동의 수는 더욱 늘어나고 있다. 또한 와우이식의 나이가 점차 어려짐에 따라 선천성청각장애 아동도 언어발달에 필수적인 시기에 말소리를 듣지 못하고 지내는 기간이 상대적으로 짧아져, 결과적으로 건청 아동의 언어발달 과정을 따라갈 가능성이 더욱 커졌다. 실제로 와우이식을 받은 청각장애 아동의 언어발달은 보청기를 사용하는 청각장애 아동에게서 기대하지 못했던 수준에 이르고 있다. 와우이식을 받은 아동 집단 내의 언어수행력도 이들의 언어발달에 관한 연구결과가 보고되기 시작한 1990년대 중반부터 지금까지 불과 10년의 기간동안 놀라운 변화를 보이고 있다(Robbins, 2000; Tye-Murray, Spencer & Woodworth, 1995).

현재 청각장애 학교나 언어치료실에는 청력 손실의 정도가 심하여 보청기를 사용해도 음성언어 발달에 필요한 수준의 말소리를 들을 수 없는 아동과 와우이식을 받아 소리를 비교적 잘 듣는 아동이 공존한다. 그러므로 본 장에서는 말과 언어발달 영역에서 청각장애 아동의 일반적인 특성과 와우이식 아동이 보이는 특성을 살펴보고, 청각장애 아동의 발성과 발어지도를 위한 언어평가와 언어치료 계획과 방법을 살펴보고자 한다. 또한 본 장에서 다루는 청각장애 아동의 말과 언어는 원칙적으로 최중도 이상의 심한 청력손실을 갖고 있는 아동을 대상으로 한다. 경도와 중도 청력 손실을 보이는 아동의 발성과 발어도 언어치료를 필요로 할 수 있으나, 이들의 조음과 언어 중재는 일반적인 조음장애와 언어장애의 평가와 치료에서 크게 벗어나지 않기 때문이다.

1. 청각장애 아동의 말과 언어 특성

1) 청각장애 아동의 말 특성

말소리의 특성을 설명하고 평가하는 데에는 크게 두 가지의 흐름이 있다. 하나는 개별 음소들이 어떻게 산출되는가를 보는 분절적인 측면(segmental aspect)에서의 분석이고, 다른 하나는 개별음소의 산출보다, 말의 억양, 빠르기, 쉼, 강세 등과 같이 전반적인 특성을 보는 초분절적인 측면(suprasegmental aspect)의 분석이다. 의사소통 측면에서 이 두 가지는 모두 중요하므로 청각장애인의 말 특성과 평가 및 중재 시에는 이 두 영역을 모두 보아야 한다.

(1) 말명료도

말명료도는 분절적인 면과 초분절적인 면이 모두 영향을 주는 변인이다.

말명료도는 화자의 의사가 청자에게 전달되는 정도를 보여주는 구어의사소통 능력 평가의 효율적인 지표로, 청각장애 아동의 말산출 능력을 나타내는 대표적인 방법이다(Osberger, 1992). McGarr (1983)는 청각장애 아동의 말명료도가 낱말 자료의 경우 17 - 31 %, 문장자료의 경우 30 - 50 % 정도로 매우 낮은 수준의 의사만이 상대방에게 전달된다고 보고하였다. Carney (1986)에 의하면 청력 손실의 수준 등에 따라 대상자가 보여준 말명료도의 범위는 0 %에서 100 % 까지 다양했으나, 90 dB 이상의 청력손실이 있는 심도 이상 청각장애 아동의 말명료도의 평균은 약 20 % 정도에 그쳤다.

(2) 조음

청각장애 아동은 말에서 분절적인 오류가 심한 특징을 보이며 이러한 오류는 모음과 자음에서 모두 나타난다. 일반적인 조음/음운 장애 아동의 대부분은 모음의 오류는 보이지 않으나 청각장애 아동의 경우에는 모음에도 오류가 나타난다. 윤미선(1994)에 따르면 청각장애 아동의 모음에서 나타나는 특징은 첫째, 중립모음화와 둘째, 길이 연장에 있다. 또한 자음의 특성은 첫째, 입 앞쪽에서 만들어지는 자음이 뒤쪽에서 만들어지는 자음보다 더 정확히 산출되며, 둘째, 첫소리보다 끝소리에 오류가 많고, 셋째, 자음에 과도한 비성이 나거나 비강으로 공기가 유출된다. 오류 형태를 보면 모음의 경우 조음위치에 대한 오류가 주를 이루고 중립모음으로 대치되는 경향이 두드러지며 탈락은 거의 나타나지 않는다. 그러나 자음의 경우, 음소의 탈락이 가장 많이 나타나는 것이 특징이고 조음위치에 대한 오류와 조음방법에 대한 오류 모두 나타난다. 또한 청각장애인은 조음의 시각적인 면에 민감하여 시각적인 단서가 많은 말소리에서 오류를 적게 보이는 경향을 보인다(McGarr & Whitehead, 1992).

한국어의 모음과 자음에 대한 연구결과에 따르면 음향학적 분석에서 6세 6개월에서 10세 사이의 심도 청각장애 아동이 산출한 모음 /이, 아, 우/ 가 이루는 모음공간은 같은 나이의 건청 아동이 산출한 모음 /이, 아, 우/가 이루는 모음공간보다 좁았다. 이러한 음향학적 특징은 청지각적으로는 모음의 발음이 정확하지 않고 중립모음과 유사하게 들리는 것으로 나타났으며(오영자, 1999), 영어권 청각장애 아동의 모음에서 나타나는 특징과 일치한다(McGarr & Whitehead, 1992). 또한 심도난청 아동의 자음 산출의 특성은 조음위치에서는 후두음과 양순음이, 조음방법에서는 설측음과 비음, 폐쇄음의 자음정확도가 높았다. 부정확한 자음은 조음위치에서는 경구개음이었고 조음방법에서는 마찰음과 파찰음이었다(이지영, 2000). 김선미(1996)는 낱말내의 위치에 따른 자음정확도를 분석하였는데 어두초성과 어중초성에서 높은 수행력을 보인 소리는 양순파열음, 치조파열음, 후두마찰음이었고 어말종성에서는 설측음과 양순비음이었다. 낮은 수행력을 보인 소리는 초성에서는 치조마찰음과 경구개파찰음이었고, 종성에서는 연구개파열음과 연구개비음이었다. 영어를 사용하는 청각장애 아동은 양순음-순치음-후두음-치간음-치조음-경구개음-연구개음의 순으로 자음정확도가 높았다(Nober, 1967).

(3) 음성

청각장애인의 음성은 높은 음도, 쉰 목소리, 과대비성, 쥐어짜는 듯한 소리 등으로 특징지워진다. Wirz (1991)는 청각장애인의 음성과 건청인의 음성을 녹음하여 평가자들에게 들려주었는데, 평가자들은 청각장애인의 음성과 건청인의 음성은 뚜렷하게 구분할 수 있었다. 청각장애인은 음성의 높낮이가 불규칙적이고 변화 폭이 적으며 음성의 크기도 조절이 안 되었다. 또한 쥐어짜는 듯한 소리(strained voice)가 나타나고 청각장애인의 20 %는 가성(falsetto voice)을 사용하는 것으로 평가되었다. 청각장애인의 음성 특징 중 또 하나는 공명에서 나타나는 과대비성(hypernasality)이다(Colton & Cooker, 1968). 과대비성을 보이는 청각장애인의 X선 촬영 결과를 보면, 이들의 연인두폐쇄(velopharyngeal closure)는 과대비성이 없는 건청인의 것과 매우 유사하였다(Seaver et al., 1980). 즉 청각장애 아동의 과대비성의 기전은 구개파열 아동의 과대비성의 기전과는 차이가 있고, 해부학적인 원인보다 근육움직임의 협응을 이루는 시간의 부적합에 기인하는 프로그래밍의 문제로 생각된다.

음도에 있어서는 비정상적으로 높은 음도나 음도의 불안정성 등이 특징적으로 나타난다(윤미선a, 2004; 허명진 · 정옥란, 1997). 건청인 화자는 청각적인 피드백을 받고 음도를 조절하나 청각장애인의 경우 이러한 조절 기능을 하지 못해 음도의 왜곡이 오는 것으로 보인다. 따라서 음도 이상은 어린 청각장애 아동에게서는 나타나지 않다가도 성장과 함께 청각적 피드백의 부족이나 결핍이 지속되면서 더욱 심해진다.

Mahshie & Contour (1983)는 청각장애인의 발화 중 성대의 부적절한 내전과 외전 상태를 관찰하고, 이것이 무성과 유성음의 혼동을 일으키는 원인 중 하나이며 또한 음성의 질에서 바람새는 소리를 갖게 하는 원인이 된다고 주장하였다. 호흡과 말산출의 관계에서 청각장애 아동은 호흡과 조음 사이의 협응이 부족하여 한 번에 너무 많은 숨을 내보내며, 말을 시작하기 전 들숨의 양이 건청 아동의 경우보다 상대적으로 적었다(Whitehead, 1983). 그 결과 말을 끝맺기 위해 호흡기관에 과도한 긴장을 주게 되고 이것은 지각적으로 쥐어짜는 듯한 소리로 들린다.

(4) 말속도

청각장애인의 말속도는 건청인의 말속도와 차이가 있는 것으로 나타난다(윤미선b, 2004; Parkhurst & Levitt, 1978). 윤미선의 연구에서 청각장애인은 말속도가 건청인보다 유의하게 느렸고(3.18 음절/초 vs. 5.04 음절/초), 전체 말에서 쉼 부분을 제외한 조음 속도도 건청인보다 느린 것으로 나타났다(4.39 음절/초 vs. 6.14 음절/초). 청각장애인은 전반적으로 말의 빠르기가 건청인보다 느릴 뿐 아니라, 쉼을 제외한 조음부분만을 보았을 때도 건청인보다 느린 속도로 분절음을 산출하는 것을 알 수 있었다. 또한 쉼의 특성을 보면 문장 간 쉼에서는 건청인 집단과 청각장애인 집단 간의 유의한 차이가 없었으나, 문장 내 쉼에서는 두 집단 간 유의한 차이가 있었다. 이것은 청각장애인들이 문장 내에서 불필요한 위치에서 과도하게 쉼을 갖는다는 것을 의미한다.

청각장애인은 해부학적이나 생리학적으로 말빠르기를 조절하는 신경계나 근육조직에 문제를 갖고 있지 않다. 그럼에도 불구하고 건청인에 비해 말속도와 조음속도가 느린 원인은 호흡조절 능력의 부족으로 쉼이 자주 나타나고 청각적 피드백과 발화산출의 부족으로 후두 구조의 발달이 미숙하기 때문으로 설명된다(Metz et al., 1985).

2) 청각장애 아동의 언어 특성

청각장애 아동이 보이는 언어의 특징은 몇 가지로 요약된다: 첫째, 명사와 동사를 과다 사용하고 기능어를 생략한다. 둘째, '주어-목적어-동사'의 문장 구조를 과다하게 사용한다. 셋째, 구문발달의 지체와 발달의 한계를 보인다. 넷째, 구문 형태에 있어 발달의 지체가 아닌 일탈의 양상을 보인다(Osberger et al., 1986). 이상과 같은 전반적인 언어 특성을 하위영역별로 살펴보면 다음과 같다.

(1) 통사론적 특성

정상발달의 초기 단계에 있는 아동의 경우 두 낱말 발화의 단계를 넘어서서 문장을 만들기 시작할 때, 기능어가 생략되고 낱말을 나열하는 '전보식' 문장을 사용한다. 정상 발달과정에서 이러한 '전보식' 문장은 언어발달의 다음 단계로 가면서 자연스럽게 사라지나 청각장애 아동의 구문발달 과정을 보면 이러한 '전보식' 문장의 사용이 지속된다(Davis & Hardick, 1981). 이외에도 청각장애 아동의 구문 발달은 여러 면에서 건청 아동의 발달과 차이를 보인다. 이러한 차이는 자신의 나이보다 어린 건청 아동의 언어발달 패턴과 유사한 지체를 보이는 경우도 있지만, 건청 아동의 발달 패턴에서 벗어나 독특한 양상을 보이는 경우도 있다(Seyfried & Kricos, 1996).

일반적으로 청각장애인은 기본적인 주어-목적어-동사의 문장은 알고 있으나 보다 복잡한 문장 구조로 가면 이해를 하지 못한다. Moeller er al. (1986)은 4.5 - 20 세의 145 명의 아동과 성인을 대상으로 구문에 대한 이해를 조사하였다. 이들의 연구에서는 구문의 이해 정도를 언어연령으로 산출하였는데 145명의 아동과 성인 중 구문을 이해하는 언어연령이 5-7세보다 큰 사람은 거의 없었다.

청각장애인이 보이는 구문발달의 또 다른 특징은 발달상 한계를 보이는 점이다. Clarke & Rogers(1981)는 8-19세의 382명의 학생을 대상으로 구문능력검사를 실시하였는데, 11세 이상에서는 나이에 따른 구문능력의 증가가 관찰되지 않았으며, 발달의 한계는 청력손실의 정도에 관계없이 나타난다.

(2) 의미론적 특성

어휘 사용에 관한 연구로, Griswold & Commings(1974)는 19명의 학령전기 청각장애 아동을 대상으로 그들의 표현어휘를 조사하였다. 청각장애 아동이 산출한 품사들은 명사, 대명사, 동사, 전치사, 의문사 등이었다. 이 중에서 명사는 전체 어휘의 55%를 차지하였고, 의문사는 '언제'와 '무엇'이 가장 흔하게 사용되었다. 정상아동의 어휘 사용과 비교하여 지시대명사, 동사의 활용, 연결어, 동사의 시제 등을 나타내는 기능어의 사용이 부족했다. Brannon(1968)은 청력손실의 정도에 따라 어휘 사용의 차이가 있는 가를 보기 위해 건청 아동, 70dB 이하의 난청 아동, 70dB 이상의 농 아동의 세 집단 간 비교를 하였다. 청력손실의 정도가 클수록 전체 산출한 낱말 수, 다른 낱말 형태의 수, 다른 낱말의 수가 줄어들었다. 난청 아동과 농 아동을 비교하면, 난청 아동의 경우 부사, 대명사, 접사를 제외하고는 정상 아동의 낱말 사용 분포와 유사하였으나 농 아동은 모든 부류에서 정상 아동의 분포와 유의한 차이가 있었고 명사의 과다 사용이 두드러졌다.

(3) 형태론적 특성

청각장애 아동은 말지각력의 부족으로 인해 음향적 에너지가 적은 형태소를 인지하기가 어려운 점과 형태소에 대한 문법 지식의 부족 때문에 형태소를 자주 생략한다. Cooper(1967)는 7-19 세 사이의 140명의 청각장애 아동과 76 명의 건청 아동을 대상으로 형태소의 사용에 대한 평가를 하였다. 청각장애 아동의 경우 성별에 따른 차이가 나타나 여성이 남성보다 높은 점수를 받았다. 그러나 청각장애인 중 가장 높은 점수를 받은 19세 여성 집단의 점수는 정상청력 9-10세 집단의 점수보다 낮았고, 남성의 경우 17-18세 청각장애 집단의 점수는 7-8세의 정상청력 집단의 점수보다 낮았다. 또한 정상청력의 아동은 나이의 증가에 따라 형태소이해와 산출 능력이 증가하였으나 청각장애 남자 아동은 9-10 세 이후에는 능력의 증가가 없었다. 반면 청각장애 여자 아동은 15-16세까지 형태소 점수의 증가를 보였다.

(4) 화용론적 특성

의사소통 기능에 따른 평가에서 Day(1986)의 결과에 따르면 전반적인 청각장애 아동의 기본적인 의사소통과 화용체계는 크게 왜곡되어 있지 않은 것으로 보인다. 그러나 청각장애 아동은 정보적이거나 발견적 의사소통 의도의 표현 기능이 제한적인 경향을 보였다. 의사소통 기능의 분류에서 청각장애 아동은 자신의 나이보다 어린 건청 아동의 결과와 일치하였고, 3세에 정보적이거나 발견적인 기능, 정보를 주고 받기 위하여 자신이 질문을 하거나 질문에 대답을 하는 기능은 적게 나타났다. Nicholas & Geers(1997)는 36개월을 난청 아동의 의사소통 산출에서 기능과 방법의 상호작용을 볼 수 있는 중요한 시기로 평가하고 이 시기 아동을 대상으로 의사소통 기능의 발달과 60개월 때의 구어발달과의 관계를 연구하였다. 청각장애 아동 아동은 같은 나이의 건청 아동보다 빈도가 적게, 그리고 보다 불확실하게 의사소통을 하였지만 전반적으로는 같은 언어 연령 대의 건청 아동과 동일한 양상으로 의사소통 기능이 발달하였다. 그러나 기능의 분포에서 정보적이고 발견적인 기능이 적게 나타나고 지시적 기능은 보다 자주 나타났다.

화용 기술이 필요한 또 다른 언어 형태는 대화로, 청각장애 아동은 대화 시 어려움을 보인다. Tye-Murray(2004)는 청각장애 아동이 대화 기술을 포함한 화용 기술의 어려움을 보이는 원인으로 첫째, 청각장애 아동이 여러 사람들과 만나서 이야기를 나눈 경험이 부족하고, 다양한 언어 구조에 익숙하지 못한 것, 둘째, 청각장애 아동은 부모나 다른 사람들이 일상 생활에서 말하는 것을 듣지 못하므로 언어의 이용 방법을 익힐 기회가 적다는 것, 셋째, 경어의 사용이나 적절한 말 사용 방법에 대해 건청 아동은 부모로부터 직접적인 지시를 받으나, 청각장애 아동의 경우는 제한된 언어능력 등으로 인해 그런 기회를 갖지 못했기 때문으로 보았다.

3) 청각장애 아동의 말과 언어 습득에 영향을 주는 요인

청각장애 아동의 말과 언어발달을 이야기할 때 반드시 고려해야 할 것은, 청각장애 아동의 말과 언어 수준이 다른 어느 장애군보다 개인차가 크다는 점이다. 이러한 개인차가 나타나는 것에는 다양한 요인이 작용을 한다. 제한된 청력 수준은 언어의 형태, 내용, 사용에 대해 정확한 정보를 제공하지 못하고 결국 이것은 전반적인 언어 발달의 지체로 나타난다. 이러한 청각장애 아동의 언어발달 지체에 영향을 주는 주요 요인은 청력손실의 정도, 청력손실의 발생 시기, 청각장애의 진단과 중재 시기이며, 그 외에 다른 장애 유무, 비언어성 지능, 의사소통 방식, 교육 방법 등이 있다(Seyfried & Kricos, 1996).

(1) 청력손실의 정도

청각장애인의 말과 언어 발달 문제의 일차적 원인은 청각적인 피드백의 부족 때문이므로 청각적인 피드백 부족의 정도, 즉 청력손실의 정도는 청각장애 아동의 말과 언어에 영향을 주는 주요 요인이다. 그러나 청력손실의 정도가 주요 요인이기는 하나 청각장애 아동의 언어발달 수준을 결정짓는 단 하나의 요인은 아니다. 임상 현장에서는 청력손실의 정도가 심한 아동의 언어 수준이 자신보다 청력이 좋은 아동의 언어 발달 수준을 능가하는 경우를 종종 보게 된다. 실제로 청각장애인의 말명료도와 청력손실의 관계를 보면 두 변인은 일관되게 높은 상관관계를 유지하지는 못하는 것으로 나타난다. Smith (1975)에 따르면 청력손실의 정도가 85 dB 까지는 말명료도와 부적 상관관계를 유지하였으나 그 이상의 청력손실이 있는 경우는 의미있는 상관관계가 나타나지 않았다. 또한 같은 수준의 청력손실을 보이는 사람이라 하여도 3000 Hz까지 잔존청력이 있는 아동이 그렇지 않은 아동에 비해 명료도가 높았고, 1000 Hz 이상에서 잔존청력이 없는 경우는 명료도가 낮았다. 말소리의 지각과 산출의 관계에서 Stark & Levitt (1974)의 연구를 보면 지각을 잘 하는 사람이 산출을 잘 하나 산출을 잘 하는 사람이 항상 지각을 잘 하는 것은 아니었다. 이러한 결과를 통해 청력손실의 정도뿐 아니라 청력 손실의 양상, 특히 고주파수를 들을 수 있는지의 여부가 말명료도에 영향을 주며, 또한 청각적인 피드백이 청각장애인의 말산출 능력에 영향을 주는 단 하나의 요인은 아님을 알 수 있다.

(2) 청력손실의 발생 시기

청력손실이 발생한 시기가 언어를 습득하기 전이라면 언어 발달의 전 영역은 심각한 영향을 받는다. 반면 청력손실의 시기가 언어를 이미 습득하고 난 후라면 발음과 목소리 등에 영향을 받고 화용적으로 적절하게 언어를 사용하는 것이 어려워지나, 의미론과 구문론적인 면에서 이미 습득한 언어수준은 유지된다. 이런 이유로 태어나면서부터 소리를 듣지 못하는 선천성 청각장애 아동의 중재와 재활이 다른 대상보다 중요하다.

(3) 청각장애의 진단과 중재 시기

청각장애의 진단과 중재가 어릴 때 이루어질수록 청각장애 아동의 언어능력은 정상발달을 따라갈 가능성이 커진다. 조기진단과 조기중재의 시점에 대한 연구에서 보면 생후 6개월 이내에 진단과 중재를 받은 아동의 경우, 그 후에 진단과 중재가 이루어진 아동보다 언어발달 측면에서 유의하게 높은 수준을 보이는 것으로 나타난다. 생후 6개월이란 이 시기는 초기 언어발달 과정에 매우 민감한 시기로서, 이 시기에 청각적 자극의 입력이 가능해지고 언어발달을 위한 도움이 주어진다면, 청각장애 아동도 건청 아동의 언어발달을 따라갈 가능성이 매우 높아지는 것으로 판단된다(Yoshinaga-Itano, 2003).

4) 와우이식 아동의 말과 언어

(1) 와우이식 아동의 말 특성

와우이식을 한 청각장애 아동의 말산출 능력은 수술 전보다 발전하며 같은 청력 수준이나 같은 나이의 보청기를 사용하는 아동보다 높다는 것은 초기 연구에서부터 확인되었다(Osberger et al., 1994). 조음 능력 중 모음 산출에 대한 결과를 보면 청각장애 아동은 와우이식 후 다양한 모음을 산출하게 되고 모음의 제1 포만트와 제2 포만트의 공간이 증가하였으며, 중립모음(central vowel)으로 모음을 왜곡하는 경우가 감소하였다(David, 2001). 자음 산출에 있어서는 초기 옹알이에서도 변화가 나타나 20개월에 와우이식을 받은 아동은 와우이식 후 5개월이 지나자 음절성 옹알이(canonical babbling)의 양이 또래 청각장애 아동보다는 건청아동에 가까웠고, 다양한 음소를 산출하였으며 다음절 옹알이까지 발달시켰다(Ertmer & Mellon, 2001). Serry & Blamey (1999)는 평균연령 3세 9개월에 와우이식 수술을 받은 9명의 심도난청 아동을 4년 동안 종단적으로 관찰하였는데, 이들은 정상청력 아동의 발달 속도보다 느리기는 하였으나 정상아동의 조음/음운 발달과 비슷한 발달 양상에 따라 음소를 습득하였다.

와우이식 후 나타난 음성의 변화에서 가장 두드러진 특징은 기본주파수와 강도의 변화이다. 기본주파수의 변화는 음성의 높낮이의 변화를 의미한다. 와우이식 전 기본주파수가 건청인의 기본주파수 범위보다 높게 나타났던 청각장애 성인과 아동은, 와우이식 후 기본주파수가 건청인의 기본주파수 범위로 이동하며, 음도가 낮아졌다(윤미선a, 2004; Langere et al., 1998). Seifert et al. (2002)은 3세 8개월에서 10세 사이의 아동 20명을 대상으로 기본주파수와 와우이식 시 나이의 관계를 연구하였다. 연구 결과 4세 이전에 와우이식을 받은 아동의 기본주파수는 나이와 성별을 일치시킨 건청 아동의 것과 유의한 차이가 없었다. 그러나 그 이후에 와우이식을 받은 아동 집단의 기본주파수 값은 건청 아동 집단과 유의한 차이가 있었다. 와우이식은 청각장애인의 음성 특성 중 하나인 과대비성의 산출에도 영향을 주어 Langere et al. (1998)에 의하면 와우이식 전과 12개월 후의 평가에서, 와우이식 후 과대비성이 유의한 수준으로 감소하였다.

(2) 와우이식 아동의 언어특성

여러 선행연구를 통하여 와우이식 아동의 언어 능력이 보청기를 사용하는 아동의 언어 능력보다 앞서는 것으로 나타난다. Robbins et al.(1995)은 Reynell Scale 의 언어지수를 이용하여 와우이식 아동의 예측된 언어지수와 실제 언어지수 간의 관계를 보았다. 이들의 연구에 의하면 와우이식 아동은 수술 후 15개월의 평가 시 이해언어연령은 예측지수를 10개월 앞섰고, 표현언어연령은 예측지수보다 8개월 앞섰다. Dawson et al.(1995)에서도 유사한 결과가 확인되었다. 수용어휘 검사 점수의 증가율은 건청 아동의 경우를 1로 했을 때, 청각장애 아동은 .43 을 나타냈는데, 와우이식 후 증가율은 1.06으로 나타나 정상아동의 발달율보다 컸다. 이 두 가지 연구의 결과가 의미하는 것은 와우이식을 하지 않은 청각장애 아동의 경우 건청 아동과의 언어 지수의 차이가 성장과 함께 더욱 커지나 와우이식을 한 아동의 경우에는 언어지수의 차이를 점차 줄여갈 수 있다는 것이다.

Spencer et al.(1998)는 와우이식 아동과 보청기 사용 아동의 형태소 산출을 연구하였다. 연구대상 아동들에게 12분 간 자연스러운 대화를 하게 한 후 산출된 발화를 전사하여 분석하였다. 와우이식 아동은 보청기 사용 아동보다 유의하게 많은 형태소를 산출하였다. 특히 와우이식 아동은 낱말 끝의 문법형태소(-s, -ed 등)를 91% 의 경우에 산출하였으나 보청기 사용 아동은 단 1%만 사용하였다. 이러한 결과는 와우이식을 통한 청각정보가 형태소의 발달에 긍정적인 영향을 주는 것으로 해석된다.

와우이식 아동들은 보청기를 사용하는 아동보다 높은 수준의 문법과 구문 능력을 보여주었고(Spencer et al., 1998; Tomblin et al., 1999), 와우이식 후 기간이 경과함에 따라 문법과 구문 능력이 상승을 보였다. 이것은 청각장애 아동의 구문 능력의 특징이었던 낮은 발달률과 발달의 한계를 극복하는 긍정적인 결과이나 와우이식 아동 집단 안에는 문법과 구문 능력에서 많은 개인차가 있었다(Tomblin et al., 1999).

5) 와우이식 아동의 말과 언어에 영향을 주는 요인

와우이식 시의 나이는 와우이식 아동의 말과 언어에 영향을 주는 가장 큰 요인이다(윤미선 등, 2005; Tye-Murray et al., 1995). Tye-Murray et al. (1995)에 의하면 5세 이전에 수술을 받은 아동 집단의 말명료도와 5세 이후에 수술을 받은 집단의 말명료도가 유의한 차이가 있었다. 윤미선 등(2005)의 연구에서도 와우이식 시의 나이는 말명료도, 조음정확도, 음성과 같은 말산출 능력 평가 지표를 예측하는 가장 큰 요인으로, 와우이식 시의 나이가 어릴수록 말산출 능력은 좋은 것으로 나타났다.

와우이식 후 경과기간, 즉 와우이식기의 사용기간은 말과 언어에 영향을 주는 또 다른 주요변인으로(Mondain et al., 1997; Tye-Murray et al., 1995) 와우이식기를 사용한 기간이 긴 아동의 성취도가 더 높은 것으로 나타났다.

아동이 주로 사용하는 의사소통 방법도 아동의 말산출능력에 영향을 주는 요인이다. Geers et al. (2000)은 생활연령이 8-9세로 와우이식기를 사용한 기간이 4-6년 사이인 총 43명의 아동을 연구대상으로 하였다. 43명의 아동들을 교육환경에 따라 구어 사용 집단과 총체적 의사소통 사용 집단으로 나누었다. 두 집단의 아동들은 지능, 청각장애의 발생시기, 가족의 생활수준에서 유의한 차이가 없었다. 연구결과, 구어를 사용하는 아동들의 말명료도 평균은 81 %인 반면, 총체적 의사소통을 사용하는 아동들의 평균은 51 %로 두 집단 간에 유의한 차이를 보였다. 이상의 결과를 통해 연구자들은 와우이식수술 후 구어를 주요의사소통 수단으로 사용하는 아동의 말산출 능력이 구어와 수화를 동시에 사용하는 아동보다 유의하게 높다고 결론지었다. 이와 같은 결과는 구어만을 사용하는 아동이 구어와 수화를 동시에 사용하는 아동보다 많은 구어 자극과 연습의 기회를 갖게 되어 말산출 능력을 더욱 발전시키기 때문으로 추정된다(Geers et al., 2000).

와우이식 후 아동의 말과 언어 능력에 영향을 주는 또다른 요인은 아동이 갖고 있는 인지능력, 학습능력 등 개인적인 요인이다(Pisoni, 2000). Ertmer & Mellon (2001)은 20개월에 수술을 받은 아동의 와우이식 전과 이식 후 1년의 과정을 연구하여, 이 아동이 음운발달과 언어 산출 등에서 정상발달과 같은 형태를 보이는 결과를 제시하였다. 그러나 그들은 논의를 통해, 이 아동의 경우가 모든 와우이식 아동의 예가 될 수 없으며, 실제로 자신들이 관찰하고 있는 또 다른 아동의 경우 그와 같은 형태를 보이지 못한다고 보고하였다. Pisoni (2000)

는 와우이식 수술 후 나타나는 수행력의 개인차를 설명하기 위해서는 보다 다양한 접근이 필요하다고 주장하고, 인간의 말인지력과 말산출력에 관여하는 내재된 신경학적, 심리학적, 언어적 과정의 연구를 통해 개인차를 설명할 수 있을 것으로 예측하였다.

2. 청각장애 아동의 말과 언어 평가

1) 청각장애 아동의 말과 언어평가의 원칙

청각장애 아동의 말과 언어 평가를 위한 도구의 선택은 크게 두 가지 방향이 있다. 첫째는 청각장애 아동을 대상으로 신뢰도와 타당도를 검증한 도구를 사용하는 방법이며, 둘째는 정상적인 발달 과정에 있는 건청 아동을 대상으로 말과 언어능력을 평가한 도구를 사용하는 방법이다. 청각장애 아동을 위한 도구를 사용할 경우 청각장애 아동의 특성에 맞게 제작하였고 청각장애 아동 가운데서 어떤 위치에 있는가를 평가할 수 있는 장점이 있다. 반면 건청 아동을 대상으로 표준화한 검사를 사용할 때는 전체 또래 집단의 말과 언어 수준에 비추어 청각장애 아동의 수준을 평가한다는 장점이 있다. 두 가지 방법은 각기 장단점을 갖고 있으나 청각장애 아동의 언어중재 목표가 점차 정상발달을 기준으로 하고, 분리교육보다 통합교육이 강조되는 현 시점에서는 후자의 방법, 즉 건청 아동을 대상으로 한 검사를 사용하는 것이 더 일반적이다. 이러한 검사를 사용할 때 주의할 점은 청각장애 아동의 특성, 즉 이들은 소리를 듣는 능력이 제한적이란 점을 잊지 말아야 한다. 검사 대상인 청각장애 아동이 지시를 이해하지 못했다거나 자극을 듣지 못해서 검사를 제대로 수행하지 못하는 경우를 피해야 한다는 의미이다. 예를 들어 아동의 언어이해력을 평가하는 대표적인 검사인 그림어휘력검사를 시행할 때, 독화나 수화에 의존하는 아동이라면 단순히 말소리만으로 자극을 제시하지 말고 독화나 수화를 병행하여 아동에게 목표 낱말을 제시하여야 한다. 그렇지 않은 경우 언어이해력을 평가하는 검사가 아니라 말지각능력을 평가하는 검사가 되기 때문이다.

청각장애 아동의 말과 언어평가의 또 다른 원칙은 아동의 나이와 인지 및 언어능력에 적합한 검사를 선택하는 것이다. 수준에 적합하지 않은 검사를 선택할 경우 나타날 수 있는 문제는 천정효과(ceiling effect)와 바닥효과(floor effect)이다. 아동의 능력에 비해 지나치게 낮은 수준의 평가 도구를 사용하면 아동은 만점을 받을 것이고, 지나치게 어려운 평가도구를 사용하면 아동은 바닥 점수에 머물기 때문에 결국 두 경우 모두 아동의 능력을 변별하지 못한다.

청각장애 아동의 언어재활 프로그램에서는 계속적인 평가(on going evaluation)를 추천하고 있다(Ling, 1989). 이것은 청각장애 아동의 언어재활은 일회성 평가에 의해 결정되는 것이 아니고 재활 과정을 통해 지속적인 평가를 하면서 평가결과를 바로 재활 과정에 반영해야 평가로서 의미가 있기 때문이다. 그러므로 언어치료사는 청각장애 아동의 말과 언어평가 과정이 치료와 분리된 과정으로 생각하지 말고, 평가와 치료는 지속적으로 이루어지며 서로 피드백을 주는 연속적인 과정으로 받아들여야 한다.

2) 청각장애 아동의 말 평가

(1) 말명료도

말명료도의 측정은 일반적으로 다음의 두 가지 방법 중 하나를 사용한다. 청자가 화자의 말을 받아 적는 받아적기검사(write down method)와, 청자가 화자의 말에 대한 자신의 평가를 척도에 나타내는 척도검사(rating scale)가 그것이다. 낱말확인 검사는 청자의 반응과 화자가 말하고자 했던 것이 일치하는 정도를 계산하여 말명료도를 산출한다. 이 때 일치하는 정도를 측정하는 단위는 음절, 낱말, 문장 전체가 될 수 있는데, 일반적으로 가장 많이 사용하는 단위는 낱말이다. 청각장애인의 경우는 말명료도가 낮아서 낱말 수준의 분석이 어려운 경우가 많으므로 음절을 평가 단위로 사용하기도 한다. 척도검사는 청자의 주관적 판단에 의해, 화자 말의 명료한 정도를 5점이나 7점 척도 등으로 나누어, 점수를 주거나 척도에 대한 서술로 표시하는 방법이다(Schiavetti, 1992).

말명료도의 측정대상은 낱말에서 문장까지 다양하다. 일반적으로 독립된 낱말을 청자에게 들려주었을 때보다 문맥 안에서 들려주었을 때 말명료도는 높아진다. 이것은 청자가 주변의 문맥을 이용하여 부족한 정보를 보완 할 수 있기 때문으로 해석된다(Osberger, 1992). 그러나 모든 화자에서 낱말명료도보다 문장명료도가 높은 것은 아니다. 말명료도가 높은 화자는 문장명료도가 낱말명료도보다 높았으나 청각장애인과 같이 말명료도가 낮은 화자의 경우에는 문장 수준에서 오히려 명료도가 낮게 나타나기도 한다(Sitler et al., 1983). 이것은 화자의 말 명료도가 전반적으로 낮을 경우, 청자가 화자의 연결된 말의 문맥을 통해 얻을 수 있는 정보가 극히 제한적이기 때문이다.

(2) 조음

조음능력, 즉 분절음의 산출 능력을 평가하는 방법으로는 조음정확도와 음운변동 분석이 사용되며, 분석 자료는 공식적인 검사로 얻은 결과와 자발화를 통해 수집한 자료를 모두 사용할 수 있다.

조음정확도는 목표모음과 목표자음을 얼마나 정확히 산출했는가를 평가하는 방법으로, 특히 자음정확도는 조음장애의 정도를 나타내는 지표이다. Shriberg & Kwiatkowski (1982)는 바르게 발음된 자음의 수를 전체 자음 수로 나누고 100을 곱하여 자음정확도를 산출했다. 잘못된 발음은 (1) 목표자음이 탈락한 경우, (2) 다른 말소리가 목표자음을 대치한 경우, (3) 목표자음이 왜곡된 경우, 및 (4) 목표자음에 다른 말소리가 첨가된 경우 등이다. 일반적으로 조음장애 아동의 평가 시 조음검사는 자음검사를 의미한다. 그것은 건청 아동의 경우 모음에 오류를 보이는 경우가 드물기 때문이다. 그러나 청각장애인의 말 특성에서 나타나는 것처럼 청각장애 아동은 모음산출에서도 오류가 빈번하기 때문에 모음에 대한 평가도 필요하다.

음운변동은 특정 언어에서 일어나는 일반적인 현상으로 모든 음운변동 현상이 문제가 되는 것은 아니다. 음운변동이 문제가 되는 것은 발달 연령과 비교하여 어린 나이에 사라졌어야 할 음운변동 현상이 아동의 말소리에 존재하고 있을 때이다. 그 외에 발달과정과 관계없는, 즉 일반적인 조음발달과정에서 나타나지 않는 음운변동은 시기와 관계없이 비정상적인 음운변동으로 볼 수 있다. 아동의 경우 음운변동의 분석 방법은 아동의 말소리에 나타나는 음운현상을 분석하여 적합하지 않은 음운변동이 일어나는 빈도와 유형을 분석하는 것이다.

한국어의 조음능력을 평가하는 검사의 예로 다음과 같은 검사들이 있다.

- 한국어발음검사(이현복, 김선희, 1991)
- 우리말 조음음운평가(신문자, 김영태, 2004)
- 아동용 한국어 조음 검사(김민정, 2005)
- 한국어 표준 그림 조음음운 검사(석동일 외, 2006)

(3) 음성

음성을 평가하는 방법은 청지각적인 평가방법과 기기를 이용하여 수량화하는 두 가지 방법이 있다. 청지각적인 평가는 평가자간 신뢰도와 평가자 내 신뢰도가 높지 않고 측정의 민감도가 낮다는 등의 단점이 있다. 그러나 음성은 여러 기관에서 복합적인 활동의 결과 산출되는 것으로, 기기를 사용하여 특정한 부분이나 특정한 자질만을 측정하는 것은 음성 평가로 타당하지 않다는 주장도 있다. 연구자에 따라서는 청지각적인 평가를 내용타당도가 더 높고 음성의 이상 여부와 정도를 평가할 수 있는 궁극적인 방법으로 보기도 한다(Lowit-Leuschel & Docherty, 2000). 청각장애 아동의 음성평가는 청지각적평가에 의존하는 것이 일반적이다. 그것은 청각장애 아동의 언어평가를 하는 현장에 음성분석기기가 갖추어져 있지 않은 경우가 대부분인 것이 하나의 원인이기는 하나, 청각장애 아동의 음성 특성이 복합적이기 때문에 기기에 의한 특정 수치보다 청지각적인 판단이 더 많은 정보를 줄 수 있기 때문이기도 하다.

음성의 지각적 평가를 위해 많이 사용되는 방법은 GRBAS와 같은 척도검사나 분포도(profile)를 보고 평가하는 방법이다(Lowit-Leuschel & Docherty, 2000). GRBAS(grade, roughness, breathiness, asthenia, strain)척도는 음성의 질을 평가하는 대표적 방법이나, 청각장애인의 음성을 평가하기에는 적절하지 못하여 윤미선(2003)은 Schriberg et al. (1992)의 PVSP(The Prosody-Voice Screening Profile)를 토대로 청각장애 아동의 음성평가 프로파일을 고안하였다<부록 1><부록 2>.

3) 청각장애 아동의 언어평가

청각장애의 진단이 점차 조기에 이루어지고 있고, 교육과정도 유치부와 유아부가 활성화되는 것이 현실이므로 평가 대상도 언어가 발달하지 않은 어린 아동의 비중이 점차 커지고 있다. 이렇게 공식검사를 사용하기 어려운 어린 아동의 경우에는 비공식적인 검사나 관찰을 통해 평가를 한다. 그러므로 청각장애 아동의 연령과 언어수준에 적합한 검사도구가 없다면 관찰이나 다른 방법으로 평가 한 주관적인 언어능력에 대한 평가결과를 보고서에 기술하도록 한다.

(1) 검사도구를 통한 평가

가장 보편적으로 언어발달능력을 평가하는 방법은 표준화과정을 거친 검사도구로 측정한 아동의 수행력을 정상 발달 단계의 아동을 대상으로 한 결과와 비교하는 것이다. 검사도구를 사용한 검사의 장점은 비교적 빠른 시간에 평가를 할 수 있고, 정상 아동의 결과와 비교하여 발달 지체의 정도를 측정할 수 있다는 점이다. 김영태(2002)는 우리나라에서 사용할 수 있는 아동 언어의 검사도구들을 다음과 같이 정리하였다.

- 그림어휘력검사
- 구문의미이해력검사
- 영・유아 언어발달 선별검사(SELSI)
- 취학전 아동의 수용언어 및 표현언어 척도(PRES)
- 언어문제해결력검사
- MCDI-K

(2) 자발화 수집을 통한 분석

아동이 자발적으로 말하는 표현언어를 수집하여 분석하는 과정을 통해 표준화된 검사도구를 통하여 얻을 수 없는 많은 정보를 수집하고 아동의 언어능력을 평가할 수 있다. 자발화 수집을 통하여 평가할 수 있는 영역은 다음과 같다.

- 아동이 습득하고 있는 음소목록
- 음운발달과 음운과정
- 의미유형 및 의미관계의 분석
- 어휘다양도
- 문법형태소 사용의 빈도와 정확성
- 발화의 길이
- 문장구조의 복잡성
- 낱말구조나 기능에 따른 사용 빈도

(3) 화용 능력의 평가

Yoshinaga-Itano & Stredler-Brown(1992)은 화용 능력이 초기 언어 발달의 핵심이라는 가정에서 출발하여, 의사소통 의도는 측정 가능한 가장 중요한 초기 언어발달능력이라고 보았다. 청각장애의 조기진단과 조기중재에 따라 언어평가를 받는 청각장애 아동의 연령이 낮아져서 어휘나 구문 위주의 언어검사만으로 언어능력을 평가하는 것은 적절하지 못하다. 따라서 이 시기의 중요한 언어발달 요인인 의사소통의도에 대한 평가가 중요하며, 의사소통 능력의 평가가 진단 도구로 의미를 갖는다. 의사소통 의도의 평가 틀은 김영태(2002)에 소개되어 있는 것을 이용할 수 있다.

4) 청각장애 아동의 언어평가서

청각장애 아동의 언어평가 결과를 보고하는 언어평가서의 틀은 다른 의사소통 장애 아동의 언어평가서와 기본적으로 다르지 않다. 그러나 청각장애 아동의 특성에 맞추어 약간의 변형이 필요하다. <부록 3>은 청각장애 아동에 대한 언어평가서의 예이다.

(1) 배경정보

배경정보에는 언어평가를 받고자 하는 이유가 기술되어야 할 것이며, 발달상태, 청각장애 진단에 관련된 정보, 사용하고 있는 보장구, 교육과 관련한 정보들이 필요하다. 배경정보에서 다루어야 할 것은 기본적으로 청각장애 아동의 언어발달에 영향을 줄 수 있는 요인에 관련한 정보들이다.

(2) 검사 시 태도

어린 아동일수록 검사 시 아동과 부모의 태도는 검사 결과를 해석하는 데에 중요한 자료가 된다.

(3) 실시한 검사

각 영역별로 어떤 검사를 실시했는가를 기술한다. 청각장애 아동에게는 최소한 세 가지 영역, 즉 말지각(speech perception), 말산출(speech production), 언어(language) 능력에 대한 검사를 실시한다. 공식적인 검사가 적합하지 않은 경우는 비공식적인 검사를 실시했음을 기술한다.

(4) 검사결과

검사 결과는 말지각, 말산출, 언어 능력에 대해 각기 기술한다. 말지각 영역에서는 청력검사실에서 실시한 검사 결과들을 기술하는 것이 아니고 치료실에서 치료사의 목소리를 듣고 아동이 반응한 수준을 기술한다(말지각 검사는 본 장의 영역이 아니어서 다루지 않았다). 말산출 영역에서는 앞에서 살펴본 바와 같이 조음, 음성, 운율 등에 대한 결과를 기술한다. 언어 영역에서는 기본적으로 수용언어와 표현언어에 대한 검사 결과를 기술한다. 검사 결과의 기술에서 아동에게 비공식검사를 실시하였다면 그 방법과 결과를 기술하고, 비공식검사를 실시하기도 어려운 상황이었다면 평가 시간 중 아동의 듣기, 말, 언어와 관련하여 치료사가 관찰한 내용을 기술한다.

(5) 결론 및 제언

결론 및 제언에서는 검사결과를 간단히 요약하고 통합적으로 해석한 내용을 담는다. 예를 들어 말산출 영역에서 여러 개의 검사를 실시하였다면 검사 결과들을 통합하여 의미를 부여하여야 한다. 또한 검사 결과에서 부족하게 나타난 부분에 대해 중재를 할 것인지, 또는 중재가 필요하지 않은 지에 대한 판단을 내리고 향후 계획을 제시한다.

3. 청각장애 아동의 언어치료

청각장애 아동의 재활에서 가장 중요한 부분은 언어를 통한 의사소통 능력의 발달이다. 1970년대 이전의 언어치료의 방향은 아동이 구문이나 낱말의 형태에 대한 지식을 갖고 이용하도록 하는 것이었다. 치료자는 어휘의 확장과 다양한 구문 구조의 사용을 위하여 구조화된 반복연습 등의 방법을 주로 이용하였다(Seyfried & Kricos, 1996)

그 후 1970년대와 1980년대에는 내용(의미론)과 대화의 기술(화용)의 중요성이 대두되고 언어재활에서도 의미론과 화용론적인 접근을 시작하였다. 그러나 그 이후에도 전반적인 의사소통 능력을 향상시키고 대화 기술을 발달시키기 보다는 어휘와 구문에 중점을 두는 언어재활 프로그램이 많이 사용되고 있다(Kretschmer & Kretschmer, 1990). 이러한 어휘와 구문과 같은 언어의 특정 영역을 중심으로 하는 언어재활은 정상아동의 언어발달 과정에 비추어 볼 때 많은 비판을 받는다(Schirmer, 1994). 언어란 단순히 어휘의 나열이나 다양한 구문의 사용만으로 설명할 수 없는 기능적 의사소통 수단이기 때문이다. 따라서 기능과 화용을 중심으로 하는 접근이 가장 효율적인 방법으로 받아들여지고 있다. 이러한 경향은 청각장애 아동의 진단과 중재 시기가 점차 낮아지고, 와우이식 등을 통해 청각장애 아동의 듣기 능력이 향상되는 것과 더불어 부각되고 있다. 청각장애 아동의 듣기 능력의 향상과 청각적 자극을 못 받는 기간의 단축은 청각장애 아동의 언어발달이 건청 아동의 언어발달 과정을 따라갈 가능성이 커지는 것을 의미하므로, 언어치료 또한 건청 아동의 언어발달 과정에 근거하여 기능적이고 화용적인 접근에 중점을 둔다.

1) 언어치료의 기본 방향

(1) 교수방법

언어 치료의 실제적인 두 흐름은 구조적 접근방법과 자연스런 접근방법이다. Ling(1989)은 아동의 개인 특성에 따라 방법을 선택할 것을 제안하였다. 즉 교사 중심의 고도로 조직화된 방법인 구조적교수법(formal teaching)과, 아동 중심의 구조화되지 않은 비구조적교수법(informal teaching), 두 극단의 중간에 있는 반구조적교수법(semiformal teaching)의 세 가지 방법을 제안하고, 선택은 아동의 나이, 잔존청력의 정도, 교육 경험 등을 고려하여 결정하도록 하였다<그림 6.1>. 아동의 나이가 어릴수록, 잔존청력이 많을수록 비구조적교수법에 따라 아동의 일상생활 속에서 아동의 의도에 따라 자연스러운 언어지도가 이루어지도록 한다. Moeller et al.(1986)은 구조적 방법의 제한점을 보고하였다. 지나치게 구조적인 반복 연습 등을 통해 언어재활을 할 경우 아동은 사회적 상호작용을 하거나 대화를 할 시간을 갖지 못하며, 결국 어휘 확장이나 이름대기, 간단한 문장 외우기와 같은 반복 연습을 통해서는 대화를 유지하고 발전시키는 방법을 배울 수 없었다. 그러므로 구조적 교수법을 사용할 때도 언어치료 과정에서는 가능한 한 일반화를 위한 과정을 지속적으로 제공하여야 한다.

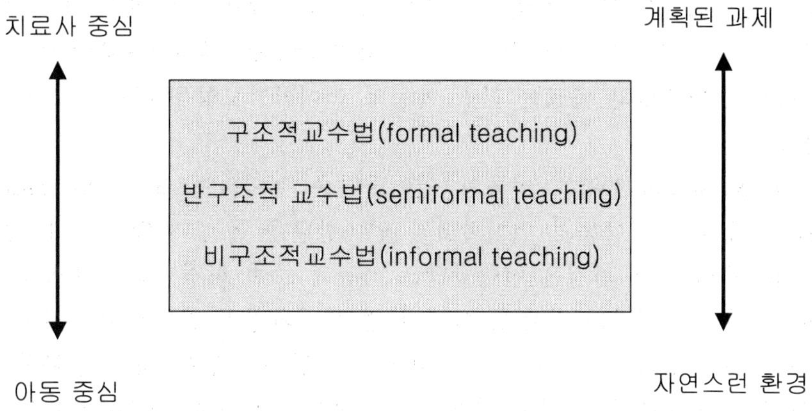

[그림 6.1] 청각장애 아동의 언어 교수방법(Ling, 1989)

(2) 언어발달 과정에 따른 접근

건청 아동의 언어습득과 발달 과정을 설명하는 이론적 모형은 매우 다양하다. 이 중 대표적인 언어발달 모형은 행동주의적 언어습득 모형, 선천적 언어능력 모형, 인지적 기초에 의한 의미론적 모형, 사회적 기초를 강조한 화용론적 모형 등이다. 각 모형은 언어 습득과 발달 과정을 설명하기 위해 서로 다른 관점에서 설명을 하고 있으나 모든 모형에 공통적으로 적용되는 원칙은 언어발달 과정이 자신을 둘러싸고 있는 사람들이 사용하는 언어를 듣고 반응하는 과정에서 이루어진다는 것이다. Aram & Nation(1982)의 아동언어처리모형(CLPM, Child Language Processing Model)에 따르면, 아동의 언어습득과 언어처리 과정은 소리자극을 듣는 것에서부터 시작하기 때문에, 첫 단계의 소리 자극이 제한적이라면 아동이 말을 산출하는 이후의 전 과정은 방해를 받는다. 그러므로 청각적 자극이 제한적이거나 전혀 없는 청각장애 아동의 경우 다음 단계인 말과 언어발달이 어렵고 지체되는 것이다. 청력손실이라는 일차적인 문제로 인해 발생한 이차적 문제인 언어발달 장애를 방지하는 가장 좋은 방법은 청력손실로 인한 청각적 자극의 제한을 해결하는 것이다. 따라서 조기진단과 조기중재를 통해 청각장애 아동이 소리를 못 듣는 기간을 최소화하고 언어발달에 필요한 말소리를 듣도록 하는 것이 청각장애 아동의 언어 발달을 위한 출발점이다. 이런 관점에서 와우이식 아동은 다른 청각장애 아동에 비해 정상적인 언어발달의 과정을 따라가기에 보다 유리한 위치에 있다. 청력 손실이 심한 청각장애 아동도 와우이식을 통해 더 많은 청각적 피드백을 받을 수 있기 때문에 와우이식을 받은 아동, 특히 어린 나이에 와우이식을 받아 청각적 피드백의 제한을 상대적으로 적게 받은 아동의 경우 언어재활의 목표는 건청 아동의 언어발달모형을 따르는 것을 원칙으로 한다.

Nelson & Welsh(1998)은 아동의 언어발달을 설명하는 교류모델(Transactional Theory)로 청각장애 아동의 언어발달과 언어발달을 돕는 재활에 대해 논의하였다. 교류모델의 기본 가정은 언어발달은 아동과 주변 환경과의 양방향적인 상호작용에 의해 촉진된다는 것이다. 아동의 변화는 환경의 변화를 촉발하고 환경의 변화는 다시 아동에게 영향을 주어 아동과 환경은 시간에 따라 변화하며 다음 발달의 길을 닦아준다. 이러한 이론에 근거하여 Nelson & Welsh(1998)는 청각장애 아동의 언어발달을 돕는 방법으로 다양한 상호작용이 이루어지는 언어영역에서 학습의 기회를 제공할 것을 제안하였다. 구체적으로 청각장애 아동의 개인차를 고려하여 개인화된 치료 계획을 수립하고, 각 학습 시 여러 개의 목표를 준비하여 아동의 요구와 관심의 변화에 대응하도록 하였다. 또한 프로그램의 내용은 아동이 스스로 언어구조를 사용하고 대화를 하도록 하며, 이미 언어발달의 지체를 보이는 3-12 세의 청각장애 아동에게는 최적의 효과를 보기위해 환경을 재구성하였다. 특히 청각장애 아동의 경우 발달이 순차적이지 않을 수 있으므로 여러 개의 계획을 갖고 접근하도록 하였다.

(3) 부모와 가족의 중요성

건청 아동에서 부모와 아동의 상호작용은 초기 의사소통 기능의 발달 단계와 구어로의 전환 시기에 매우 중요한 역할을 하고 부모가 사용하는 언어는 아동의 언어모델로 작용한다. 따라서 청각장애 아동의 경우에도 언어발달을 위한 모델과 촉진자로서 부모의 역할이 중요시되는 것이다. 청각장애 아동의 언어재활이 가족과의 상호작용 아래 자연스런 일상생활 안에서 이루어지도록 하는 접근은 건청 아동의 언어발달 과정에 근거하여 이루어진다.

청각장애 아동의 부모가 보이는 아동과의 상호작용과 언어행동에 대해서는 여러 연구가 발표되었다. 청각장애 아동의 건청인 어머니는 건청 아동의 어머니보다 표현 방법에 관계없이 언어를 적게 산출하였다(Everhart & Lederberg, 1988). Spencer & Gutfreund(1990)는 청각장애 아동의 어머니가 건청 아동의 어머니에 비해 발화수가 많았지만, 청각장애 아동은 어머니와의 대화 시 주제를 먼저 시작하는 경우가 건청 아동에 비해 적었다. 이것은 청각장애 아동의 건청 어머니가 대화에서 주도적 역할을 하고 아동이 주도할 기회를 주지 않았던 결과로 보여진다. 또 다른 연구에서는 청각장애 아동의 어머니가 산출하는 발화의 대부분은 아동의 주의나 언급과 관계없는 발화였다(Kentworthy, 1986). 이러한 결과는 청각장애 아동의 어머니가 자신을 대화 상대자가 아닌 교사의 역할을 하게 하여 결과적으로 대화 시 아동의 관심과 주도에 따르기보다 어머니가 주도하는 지시적인 의사소통 패턴이 더 많이 나타나게 되는 것으로 보인다.

청각장애 아동의 초기 언어발달을 촉진하기 위해 이러한 부모의 언어행동은 언어중재를 통해 긍정적인 방향으로 유도해야 한다. Spencer(1993)는 조기중재를 받은 청각장애 아동과 어머니의 상호작용 행동과, 상호작용 시 어머니의 언어산출 패턴을 연구하여, 조기중재가 주는 영향을 보았다. 연구 결과 건청 아동과 청각장애 아동 어머니의 언어산출 빈도는 차이가 없었고, 청각장애 아동의 어머니는 조기중재 후, 비구어적 방법과 함께 구어적 방법으로도 계속 자녀와 의사소통 시도를 하였다. 또한 조기교육을 받은 청각장애 아동들은 의사소통 의도면에서 전혀 '수동적'이지 않았고, 건청 아동과 마찬가지로 의도적인 의사소통을 하였으며, 몸짓이나 소리내기의 시작 시기가 지체되지 않았다.

(4) 의사소통방법의 선택

언어 재활과 관련된 또 다른 논란은 의사소통방법의 선택이다. 청각적인 통로가 제한되어있는 청각장애 아동의 언어발달을 위해 시각적인 통로를 어느정도 유지할 것인가가 논란의 초점이다. 논란의 양 극단에 있는 가장 시각적인 방법은 수화이며 가장 청각적인 방법은 청각구어(auditory-verbal)방법이다. 총체적 의사소통(total communication)은 양 극단의 가운데에서 청각적 방법과 시각적 방법을 함께 사용한다(Ling, 1989). 이러한 접근법 중 어느 것이 청각장애 아동의 언어재활에 가장 도움이 되는 가는 오래 전부터 논란이 계속되는 주제이다(Robbins, 2000).

어떤 의사소통 방법을 선택하는가는 전적으로 아동 중심으로 결정되어야 한다. 청각장애 아동의 부모는 아동의 잔존청력 수준, 보장구의 종류, 주변의 도움, 아동의 신체상태 등을 고려하여 적당한 의사소통 방법을 선택한다. 이 과정에서 자신이 건청인인 청각장애 아동 부모의 대부분은 자녀가 음성언어를 사용하기를 원하고, 음성언어를 발달시키는 가장 좋은 방법인 청각적 의사소통 방법을 선택하는 것이 일반적이다. 청각적 자극의 수준이 보청기로 충분하지 못한 아이에게 와우이식을 결정하는 것도 이러한 이유에서이며, 따라서 와우이식을 받은 아동의 경우 언어재활의 방향은 청각적인 통로의 정보를 극대화하는 방법을 추천한다. 그러나 청각적피드백의 개선이 없고 다른 조건들도 여의치 않은 상황이라면 청각적방법에 의한 의사소통만을 고집하지 말고 아동의 의사소통능력을 극대화할 수 있는 방법을 찾아야 할 것이다.

2) 청각장애 아동의 음성

말산출 능력을 나타내는 지표인 말명료도, 조음능력, 음성 중 음성은 생리적인 영향, 즉 청각적 피드백의 영향을 가장 많이 받는 지표이다. 우리는 자신의 음성을 듣고 스스로 모니터하며 음도, 음량, 음질이 적절하도록 조절하고, 이러한 과정을 통해 음성산출에 필요한 근육의 긴장도와 움직임 등이 생리적으로 고정된다. 따라서 좋은 음성을 갖고 유지하기 위해서는 자신의 음성을 지속적으로 모니터하고 조정하는 자극이 필요한데, 건청인은 이를 위해 청각적 자극을 사용한다.

와우이식 아동을 대상으로한 연구에서 보면 말명료도와 조음능력은 아동의 언어능력과 청각적피드백을 받지 못한 기간의 영향을 받았으나 음성은 청각적 피드백의 제한 기간만으로 예측이 가능하였다(윤미선 등, 2005). 또한 5세 이후에 와우이식 수술을 받은 아동 중에서는 건청인의 음성 특성과 같다고 평가를 받은 아동이 한 명도 없었고, 심하게 왜곡된 음성을 갖고 있는 것으로 평가받은 아동들은 모두 10세 이후에 와우이식을 받은 아동이었다. 그러므로 청각장애 아동이 정상 음성 특성을 갖는 최선의 치료 방법은 조기진단과 조기중재를 통해 가능한 한 어린 나이에 소리를 잘 듣도록 하는 것이며, 조기중재를 받지 못한 아동이라도 청각적 피드백의 개선 여지가 있다면 이를 바로 실행하는 것이 최선이다.

그러나 일부 청각장애 아동은 이미 왜곡된 음성을 갖고 있고 청각적피드백의 개선도 불가능한 경우가 있다. 즉 보청기를 통해서 소리를 잘 듣지 못하는 상태이나 와우이식이 불가능한 경우도 있으며, 와우이식을 받았으나 소리를 잘 듣지 못하는 경우도 있다. 이런 청각장애 아동을 위해서는 시각과 촉각, 근육감각 등을 통해 자신의 음성을 모니터하고 조정하도록 한다.

전통적으로 청각장애인의 음도치료에서는 대상의 특성상 촉각과 시각을 주로 사용해왔다. 촉진기법들 중 청각장애인의 음도를 변경하는 데 유용한 방법은 시각적 피드백의 제공, 혀 위치 변경과 저작하기, 손가락 조작, 새로운 음도의 확립하기, 구강 개방, 긴장 이완, 호흡, 하품-한숨 접근법으로 알려져 있으며(Boone & McFarlane, 2000), 이 중 시각을 사용한 음도치료 방법이 청각장애인의 기본주파수 조절에 유용한 것으로 보고되었다(어수지·윤미선, 2005; Boone, 1966; Ryalls et al., 1995).

어수지·윤미선(2005)은 보청기를 통해 소리를 잘 듣지 못하며 청각적피드백의 개선이 없는 상태의 선천성청각장애인을 대상으로 시각적 기기를 활용한 음도하강 훈련을 실시하고, 치료 결과를 단일피험자분석의 방법으로 분석하였다. 음도하강 훈련을 한 결과 대상자 모두 기본주파수와 발화기본주파수가 하강하여 음도가 낮아지는 효과가 나타나, 시각적 피드백을 이용한 음도치료의 효과가 확인되었다. 그러나 세 명의 연구대상자 중 잔존청력이 가장 좋았던 한 명의 연구대상자에게서만 지속적인 음도하강 효과가 나타났고, 다른 대상자들은 음도가 일정 수준 이하로 낮아지지 않았다. 이러한 결과는 청각적피드백 없이 시각적피드백 만으로는 청각장애인의 음도 하강에 한계가 있음을 의미한다.

3) 청각장애 아동의 조음/음운

청각장애 아동의 조음과 음운치료의 기본 방향은 일반적인 조음/음운 장애 아동에 대한 접근 방법과 원칙적으로 다르지 않다. 그러므로 조음장애의 일반적인 접근 방법인 석동일(2001)등이 좋은 자료가 될 수 있다. 다만 청각적 자극의 입력이 제한되어있다는 사실을 고려하여 치료방법을 선택하고 개발하여야 한다.

Ling(1989)은 청각장애 아동의 구조화된 조음치료 과정을 음소수준과 음운수준으로 나누고, 음소수준은 소리의 유도와 발전, 음운수준은 일반화와 유지로 나누어 설명하였다. Ling 은 말소리의 습득과 명료한 말산출을 위해 음소별로 엄격한 순서를 정하고 반복연습을 통해 음소와 음운의 자동화를 이끌었다. 이러한 Ling의 접근은 오랜 기간 동안 청각장애 아동의 말산출 능력을 증진시키는 가장 좋은 접근방법으로 받아들여져 왔다. 그러나 와우이식을 받은 아동들의 수가 증가하며 청각장애 아동의 조음발달도 구조화된 접근법보다는 건청 아동의 조음 발달을 중심으로 하는 정상 발달에 근거를 둔 기능적 접근이 호응을 받고 있다(Chute & Nevins, 2006).

청각장애 아동의 조음/음운 치료의 원칙은 다음과 같다.

(1) 감각조정

조음치료의 출발은 가능한 한 소리를 잘 듣게 하는 것이다. 독화와 같은 시각적 자극은 조음방법과 조음위치에 대한 정보를 완전히 주지 못한다. 그러므로 조음지도의 첫 단계는 말소리를 조금이라도 더 듣게 하고, 그 상태를 유지하면서 자신의 말소리를 모니터하게 하는 것이다.

(2) 환경조정

청력손실 정도가 심해서 소리를 잘 못 듣고 스스로 소리를 내는 기회가 적은 아동이라면 인위적으로 소리를 낼 기회를 주고, 말과 관련된 활동 시간을 늘려서, 말을 산출하는 데에 필요한 조음기관의 운동 기술을 익힐 기회를 증가시키도록 한다. 환경조정의 원칙은 다양한 감각자극에 더 많이 노출(exposure)시키고, 감각자극과 운동기능을 연합(association)하여 조음기관의 운동 기회를 증가시키며, 조음기관의 운동 패턴이 음성언어에서 의미(meaning)를 갖는다는 것을 알게 하고, 음성언어를 의사소통의 수단으로 사용(utility)하는 네 가지이다(Gatty, 1992). 이러한 원칙은 음향, 말, 언어, 의사소통 환경을 향상시키는 데에 적용된다.

(3) 개인차에 따른 개별치료

청각장애 아동의 듣기 능력과 조음능력은 개인차가 매우 크다. 따라서 청각장애 아동의 조음치료는 개인 별 특성에 맞추어 개별 치료 프로그램을 진행하는 것이 바람직하다.

먼저 말소리를 듣고 발음을 조정하는 데에 필요한 청각적 피드백이 절대적으로 부족한 아동은 부가적인 기기나 감각의 도움을 받도록 한다. 보청기만으로 소리를 적절히 못 듣는 아동은 FM 보청기를 추가로 사용하거나 증폭능력이 큰 훈련기기를 사용하며 연습을 하도록 한다. 촉각을 이용하는 방법은 말을 할 때 자연스럽게 성대나 입 주위를 만지게 하여 공기의 흐름, 비음의 진동, 성대의 진동을 느끼게 한다. 또는 시각을 이용하여 깃털, 촛불, 탁구공 등이 파열음을 산출할 때 움직이는 모습을 보여주기도 하는데, 최근에는 Speech Viewer 와 같은 컴퓨터 프로그램으로 소리의 높낮이, 강도, 스펙트럼, 비음의 진동, 타이밍 등 많은 시각정보를 제공하여 조음훈련에 이용한다. 그러나 이러한 시각적 피드백을 이용한 기기의 단점은 말소리 산출을 유도하는 초기 단계에만 유용하다는 것이다.

또한 아동의 연령, 청력, 인지발달 수준, 표현언어능력에 따라 적절한 활동을 선택해야 한다. 모든 활동은 <탐색-모방-재연-일반화>의 과정을 통해 말산출을 위한 조음기관의 운동기술 발달을 돕도록 한다. 건청아동은 옹알이를 통해 말운동을 탐색하고 통제하는 것을 배우고, 모방하기와 반복적인 연습을 통해 정확성과 자동성을 익히며, 간단한 것에서 복잡한 것으로 일반화를 시킨다. 이와 마찬가지로 청각장애 아동의 말소리 산출도 초기발성단계-음소-낱말-조합을 통한 의사소통단계를 거치도록 유도한다. 이 과정에서 아동의 수준에 맞는 활동과 과제를 선택하는 것이 중요하다.

(4) 조음기술 습득 순서

청각장애 아동이 조음기술을 습득하는 데에는 다음과 같은 순서가 필요하다.

첫째, 아동의 현 발달단계에서 일찍 습득할 수 있는 것부터 시작한다, 둘째, 할 수 있는 것과 할 수 없는 것을 구별하고 아동에게 지나치게 낮은 수준의 것을 요구하지 않는다. 셋째, 집중적으로 짧게 자주 치료하는 것이 한 번에 긴 시간을 치료하는 것보다 효과적이다. 넷째, 초분절적 요소에 관심을 기울인다. 리듬이나 멜로디 등은 자연스런 억양과 쉼 등과 연결되며 어린 시절 습득하므로 청각장애 아동의 말산출을 유도하는 과정에서 분절음의 산출 유도보다 초기에 이루어져야 한다. 다섯째, 모음의 발달을 먼저 고려한다. 모음은 자음보다 발달적으로 일찍 습득되는 분절음이고, 청지각적으로 뚜렷한 음향 특성을 갖고 있기 때문에 자음보다 지각하기 쉽고 발음하기 쉽기 때문이다. 모음 중에서는 이중모음보다 단모음을 먼저, 단모음 중에서는 모음삼각도의 극에 위치하는 /a/, /u/, /i/를 먼저 습득하도록 유도한다. 여섯째, 자음의 발달을 고려한다. 자음은 조음방법과 조음위치 등으로 그룹을 지은 후, 쉬운 소리부터 어려운 소리의 순서로 제시한다. 쉬운 소리란 일반적으로 건청 아동이 발달적으로 일찍 습득하는 소리이면서 산출 시 시각적인 단서가 많은 말소리를 의미한다(Ling, 1989).

(5) 주의사항

청각장애 아동의 조음 치료는 단기간에 종결되지 않고 장기간 지속된다. 이 과정에서 언어치료의 최종 목표인 건청 아동과 같은 자연스런 말소리 산출을 유도하기 위해 언어치료사가 잊지 말아야 할 내용을 <표 6.1>에 정리하였다(Gatty, 1992).

〈표 6.1〉 청각장애 아동의 조음치료 시 주의사항

긴장을 피한다	말을 할 때는 여러 개의 근육이 동시에 민첩하게 움직인다. 이 때 지나친 긴장이 가해지면 자연스런 말소리의 산출이 어려워진다.
부적절한 자세를 피한다.	명료한 말을 산출하기 위해 화자는 적절한 자세와 긴장도를 유지해야한다. 예를 들어 후두나 인두가 부적절한 위치에 있을 때 말을 하면 비성이나 고음이 산출될 수 있고, 턱이나 혀의 위치가 부적절하면 정확한 발음을 산출할 수없다.
분절적 요인과 초분절적 요인을 적절히 조절한다.	명료한 말은 분절음을 정확히 발음하는 것만으로 이루어지지 않는다. 그러므로 지나치게 분절음의 조음정확도에 치중한 치료를 진행하는 것은 바람직하지 않으며 자연스런 리듬, 억양, 음도, 빠르기 등의 초분절적인 요인을 고려한 치료가 필요하다.

말의 운동적인 면과 의사소통적인 면을 조절한다.	말은 의사소통 기능을 갖을 때에 의미가 있으며 아동에게 보상으로 작용한다. 조음 연습 시에도 단순히 의미없는 말소리 만을 산출하기보다 의사소통 기능을 갖도록 하는 것이 좋다.
개별 지도와 다른 프로그램 간의 조화를 이룬다.	3세 이전의 아동이라면 부모가 함께 참여한 상태에서 개별 지도를 통해 듣기 능력의 향상과 말산출 간의 연결에 초점을 맞춘다. 3세 이후는 개별지도를 통해 유치원에서 아동이 배울 수 없는 특정한 말산출 기술을 익히도록 한다.
개인의 요구에 맞춘다.	말산출 능력에 있어서 청각장애 아동 개인의 강점과 약점을 파악하고 적절한 계획을 수립하여 실행하며 정기적인 평가를 통해 방향을 점검한다.
아동에게 맞는 목표를 설정한다.	어떤 청각장애 아동은 정확하고 명료한 발음을 하는 것이 치료목표가 될 수 있으나, 경우에 따라서는 의사소통이 가능한 수준의 발음을 갖도록 하는 것이 치료목표가 될 수도 있다. 비현실적인 치료목표는 아동과 부모에게 좌절감을 주므로 아동이 실현 가능한 목표를 세워야 한다.

4) 청각장애 아동의 언어

(1) 무발화단계 아동

조기진단으로 어린 시기에 언어치료실을 찾은 청각장애 아동은 첫 낱말도 시작하지 않은 무발화단계에 있다. 또는 발견이 늦었거나 진단은 일찍 받고 중재를 받지 못한 청각장애 아동도 생활연령과 관계없이 의미있는 음성언어를 사용하지 못하는 무발화단계에 있을 수 있다. 이 단계 언어중재의 목표는 가능한 한 조기에 중재를 시작하여 언어발달 상 나타나는 격차를 줄여주는 것과 언어전단계 행동을 발달시키는 것이다. 말을 하기까지 아동이 갖추어야 할 언어전단계 행동은 <표 6.2>와 같으며 언어 평가에서 아동이 이와 같은 행동을 보이지 않는다면 이를 중재목표로 하고 아동의 나이와 흥미에 맞는 활동을 계획하도록 한다.

〈표 6.2〉 언어전단계 행동

소리에 집중하기	소리가 들리면 아동이 소리가 나는 쪽을 바라보는 등의 행동
이름에 반응하기	자기의 이름을 들으면 쳐다보고 눈을 마주치는 등의 반응
사물에 주의 기울이기	지시에 따라 사물이나 사진을 바라보는 행동으로 집중시간이 보다 길어져야 함
동작따라하기	아동은 말을 따라하거나 구두 지시에 따르기 이전에 행동따라하기를 먼저 배움
표본 맞추기	아동이 구두 지시나 시각적 지시에 따라, 눈으로 보고 사진이나 사물에 주의를 집중하여 같은 것을 찾는 행동

(2) 발화단계로의 연결

Muma(1978)은 무발화단계에서 발화단계로 유도하는 언어중재를 화용적 기능에 맞추어 <그림 6.2>와 같이 제시하였다. 청각장애 아동의 의사소통 의도의 확립은 그것이 음성언어일 수도 있고 몸짓이나 표정과 같은 비음성언어일 수도 있다. 중요한 것은 언어중재의 출발은 의사소통 의도가 확립되어야 한다는 것이다. 다음 단계는 소리내기의 확인과 증가이며 소리내기를 기능과 연결시키고 발화가 목적을 가진 행동을 유발하도록 언어중재의 목표를 설정하고 실시한다.

<표 6.3>은 언어중재 프로그램을 언어전단계에서 문장표현기까지 단계별로 정리한 또 다른 프로그램의 예이다(Cole & Cole, 1989).

의사소통의도의 확립

⇩

소리내기(vocalization)의 확인과 증가

⇩

소리내기를 다양하게 하며 소리내기와 기능 간의 관계 형성

⇩

한 낱말 또는 낱말 발화를 이용하여 목적을 가진 행동 유발

[그림 6.2] 화용적 언어중재

〈표 6.3〉 Cole & Cole 의 언어중재프로그램의 단계

언어전단계행동	소리에 집중하기 이름에 반응하기 사물에 집중하기 동작따라하기 시각적 자극에 따라 짝 맞추기 청각적 자극에 따라 짝 맞추기
이해	간단한 지시의 이해 명사의 이해 동사의 이해 목적어의 이해 위치어의 이해
표현	한가지 소리내기 자음+모음의 음절 소리내기 한 낱말 발화 산출하기 두 낱말 조합 산출하기 세 낱말 조합 산출하기 간단한 서술문 산출하기

(3) 복잡한 문장

아동이 문장을 만들기 시작하면 아동의 문장은 점차 문법적으로 복잡하고 정교한 수준이 되어야 한다. 문장을 처음 만들기 시작하는 아동은 한 가지 상황만을 표현하는 간단한 문장을 만든다. 즉 “누가 어디서 무엇을 한다”는 식의 문장이 아동들이 처음 쓰는 문장이다. 언어가 점차 발달하면 아동들은 보다 복잡한 문장을 만들게 되는데 Nelson(1988)은 <표 6.4>와 같이 연결되는 문장을 분류하였다. 언어중재의 목표를 다양한 문장만들기에 두고 청각장애 아동이 이러한 문장을 사용하도록 유도한다.

〈표 6.4〉 문장의 분류(Nelson, 1988)

원인	왜냐하면/그래서/그러므로
동시성	하는 동안에/하면서
비교	만큼/처럼/보다
조건	한다면/하니까
결과	때문에/그러므로
이접	그러나/그럼에도/또는
시간	할 때/전에/다음에

(4) 대화기술

발화단계의 청각장애 아동에게는 기본적인 어휘 수준이나 문장 구성 능력 뿐 아니라 대화 기술을 가르치는 언어중재가 필요하다. 우리가 사용하는 음성언어의 최종 용도는 그림을 보고 이름대기나 가능하면 길게 문장을 만드는 것이 아니고 다른 사람과 대화를 통해 의사소통을 하는 것이다. 그러므로 청각장애 아동의 언어중재에서도 대화기술을 가르치는 것은 매우 중요하다.

① 요구하기

청각장애 아동은 스스로 말을 시작하지 않거나 수동적으로 물어보면 대답하기만을 하는 경우가 많다. 이들은 누구에게 자신의 의견을 말로 나타내거나 자신의 요구를 표현하는 횟수가 적고, 요구를 하더라도 효과적으로 전달하지 못한다. 요구하기를 효과적으로 하기까지는 여러 단계의 전략이 필요하다.

2세에서 8세의 아동이 사용하는 요구하기의 발달 과정을 보면 먼저 상대방의 주의를 모으고, 내용을 분명히 한 다음, 사회적인 상황을 고려하여 어휘를 선택하고, 설득한 후, 마지막으로 정정을 하는 과정을 거친다. 이 과정은 아동의 발달에 따라 변화하는 데, 예를 들어 주의를 모으는 단계를 보면 처음에 어린 아동은 요구하기를 하기 위해 상대방의 주의를 모아야 한다는 것을 의식하지 못한다. 3세 정도가 되면 주의를 모으려는 시도를 하기는 하나 특정한 대화 상대를 부르지 않는다. 4세 정도가 되면 특정한 대화 상대를 한정지어 불러서 주의를 끈 후 요구하기의 다음 단계를 진행한다. 사회적인 상황을 고려하는 능력은 2세 정도가 되면 벌써 나타나기 시작한다. 아동들은 자신의 대화 상대방의 나이와 친숙도, 역할 등에 따라 어휘를 선택하고 3세가 되면 경어의 사용을 시작한다. 설득의 단계에서 2-3 세의 아동이 자발적으로 설명을 하는 일은 드물지만, 4-5 세가 되면 자신의 요구에 대한 이유와 정당성을 설명한다(Nelson, 1993). 이러한 단계와 전략을 고려하여 청각장애 아동이 요구하기를 잘 못할 때, 단계별로 적절한 도움을 주도록 한다.

② 차례 지키기

적절한 대화를 나누는데 필요한 필수 조건 중 하나는 대화를 이루어 가기 위해서 참여자들이 차례를 지켜 말을 한다는 것이다. 자신의 차례에서 말을 하고, 다른 사람의 차례일 때는 상대방의 이야기를 들으며 기다리는 것이 기본적으로 지켜져야 할 대화의 규칙이다. 이런 규칙은 언어에 문제가 없는 아동의 경우 특별한 교육 과정을 거치지 않아도 자연스럽게 익힌다. 그러나 언어발달 장애 아동, 특히 청각장애 아동 중에는 이런 과정을 자연스럽게 익히지 못하고 특별한 연습을 필요로 하는 경우들이 많이 나타난다. 보청기나 와우이식기를 통해 소리를 듣는 청각장애 아동은 여러 사람이 있는 상황에서 말소리를 듣기가 더욱 어렵기 때문에 쉽게 포기하고 들으려하지 않는 경향도 이러한 특성에 기여한다.

차례지키기의 연습은 아주 어린 나이에서부터 시작한다. 처음에는 대화에서 시작하지 않고 놀이 상황에서 두 사람이 번갈아가며 하거나, 몇 사람이 돌아가며 자기 차례를 기다리는 상황을 연출한다. 말로하는 놀이에서는 수수께끼 맞추기나 스무고개 등의 놀이 형식을 가져와 상대방의 말을 듣고 반응하도록 하고, 반대로 자신이 말을 한 후에는 상대방의 반응을 기다리는 것을 배운다. 이런 과정을 통해 아동은 대화에서도 자신의 차례에 말하는 것과 상대방이 말을 할 때는 듣고 있어야 한다는 것을 익히게 된다.

③ 주제 유지하기

주제 유지하기는 대화를 진행하면서 자신이 표현하고 싶은 주제를 잘 유지시키고, 대화의 진행에 필요한 새로운 주제를 대화의 흐름을 방해하지 않고 유연하게 도입하는 기술이다. 주제의 유지와 도입이 능숙하지 못한 아동에게는 대화과정에서 어른이 적절히 개입하여 아동의 대화 방향을 원래의 주제로 돌리거나 적절한 순간에 다른 주제로 넘어가도록 유도하는 것이 필요하다. 와우이식을 받은 청각장애 아동 중에는 이러한 수준의 언어활동이 충분히 가능한 경우가 많이 있다.

④ 수정하기

수정하기는 자신의 말이 정확하게 대화 상대방에게 전달이 되지 않았을 때, 다시 시도를 하는 것이다. 수정의 방법은 단순히 먼저 한 말을 그대로 반복하는 것, 같은 문장에 표현을 첨가하는 것, 다른 문장으로 표현하는 것 등의 방법이 있는데 청각장애 아동의 경우는 이런 전략을 잘 사용하지 못하는 것으로 나타난다. 상대방이 이해를 못하는 원인이 자신의 말 오류가 심하기 때문이라고 생각하고 수정을 하여 계속 자신의 생각을 나타내려하기 보다는 쉽게 포기를 한다. 그러므로 청각장애 아동에게 건청인들도 말을 할 때 수정하기 전략을 사용하고 있으며 이것은 대화 중 자연스럽게 사용하는 전략이라는 것을 이해시키고 구체적인 방법을 연습하도록 한다.

(5) 와우이식 아동을 위한 언어중재의 원칙

원칙적으로 와우이식 아동의 언어중재는 청각장애 아동의 언어중재와 같은 방법론을 따르나 와우이식의 특성을 고려한 중재가 필요하기도 하다. 이 과정에서 특정 프로그램의 단계와 접근법이 모든 아동에게 동일하게 적용되고 좋은 효과를 보이기는 어렵다. 그것은 와우이식 아동의 언어능력에 영향을 미치는 요인은 매우 다양하여 한 아동에게 효과적인 중재 프로그램이 모든 아동에게 적용되리라는 보장이 어렵기 때문이다. 그러므로 특정 프로그램을 익히는 것 보다는 언어중재의 원칙을 익히고 각 아동에게 적합한 방법을 찾는 것이 타당하다. 다음은 Robinson(2000)이 제안한 와우이식 아동 언어중재의 원칙이다:

- 와우이식을 한 후 가능한 한 일찍 일반화와 우연학습의 기회를 제공한다.
- 와우이식 아동은 가능한 한 시각적인 단서보다 청각적인 단서를 이용해 언어발달을 하도록 한다.
- 언어목표는 자연스러운 것과 구조적인 것을 동시에 제시한다.
- 어른의 말을 인위적으로 직접 따라말하게 하는 방법은 피한다.
- 아동에게 계속 질문만 하지 말고 상황이나 물체에 대한 설명을 해준다.
- 듣기와 언어활동이 분리되지 않고 함께 작동하여 '들으며 생각하게' 한다.
- 언어능력의 변화를 주시한다.

참고문헌

김민정. (2005). **「아동용 한국어 조음 검사」의 개발**. 미간행 박사학위 청구논문. 연세대학교 대학원.

김선미. (1996). 청각장애아의 말소리에 관한 음성학적연구. **음성학과 언어학** (이현복엮음). 서울대학교 출판부.

김영태. (2002). **아동언어장애의 진단 및 치료**. 서울 : 학지사.

석동일. (2001). **조음 및 음운장애 치료**. 대구 : 대구대학교 출판부.

신문자, 김영태. (2004). **우리말 조음음운평가(U-TAP)**. 서울 : 학지사.

어수지, 윤미선. (2005). 선천성 청각장애 성인의 시각적 피드백 이용 음도치료 효과. **음성과학, 12**(4), 215-226.

오영자. (1999). 청각장애 아동과 건청아동의 모음 및 파열음 산출의 음향음성학적 특성 비교. 미간행 석사학위 청구논문. 이화여자대학교 대학원.

윤미선. (2004a). 청력 수준에 따른 초등학교 아동의 기본주파수 비교. **말소리, 52**, 49-60.

윤미선. (2004b). 청각장애인과 건청인의 말속도와 쉼 특성 비교. **언어청각장애연구, 9**(1), 15-29.

윤미선. (2003). 선천성 심도청각장애아동의 와우이식 후 말산출 능력의 예측변인 및 말산출 특성. 미간행 석사학위 청구논문. 이화여자대학교 대학원.

윤미선. (1994). **난청 아동의 말소리, 언어, 심리 및 행동 특징. 언어치료 전문인을 위한 청각학**. 서울: 군자출판사

윤미선, 심현섭, 장선오, 김종선. (2005). 선천성 심도 청각장애 아동의 와우이식 후 말명료도 예측변인. **언어청각장애연구, 10**(3), 57-70.

이소현. (2003). **유아특수교육**. 서울: 학지사.

이지영. (2000). 심도 감각신경성 청각장애 아동의 자음지각 및 자음산출 연구. 미간행 석사학위 청구논문. 이화여자대학교 대학원.

이현복, 김선희. (1991). **한국어 발음 검사**. 서울: 서울국제출판사.

허명진, 정옥란. (1997). 언어습득 전 난청자의 음향학적 특성. **언어치료연구, 6**(1), 61-77.

Aram, D. & Nation, J.(1982). *Child language disorders.* St. Louis: The C. V. Mosby Company.

Boone, D. R.(1966). Modification of the voice of deaf children. *Volta Review, 68,* 686-692.

Boone, D. R. & McFarlane, S. C.(2000). *Voice and voice therapy.* Boston: Allyn and Bacon.

Carney, A. E.(1986). Understanding speech intelligibility in the hearing impaired. *Topics in Language Development, 6*(3), 47-59.

Chute, P. & Nevins, M.(2006). *School professionals working with children with cochlear implants.* San Diego: Plural Publishing.

Clark, B. & Rogers, W.(1981). Correlates of syntactic abilities in hearing impaired students. *Journal of Speech and Hearing Research, 24,* 48-54.

Cole, M. L. & Cole, J. T.(1989). *Effective intervention with the language impaired child.* Rockville: An Aspen Publication.

Colton, R. & Cooker, H.(1968). Perceived nasality in the speech of the deaf. *Journal of Speech and Hearing Research, 11,* 553-559.

Cooper, R.(1967). The ability of deaf and hearing children to apply morphological rules. *Journal of Speech and Hearing Research, 10, 77-86.*

David, J. E. (2001). Emergence of a vowel system in a young cochlear implant recipient. *Journal of Speech, Language, and Hearing Research, 44,* 803-813.

Davis, J. & Hardick, E.(1981). *Rehabilitative Audiology for Children and Adults.* NY: John Wiley & Sons

Dawsons, P., Blamey P., Dettman, S., Barker, E. & Clark, G.(1995). A clinical report on receptive vocabulary skills in cochlear implant users. *Ear and Hearing, 16,* 287-291.

Day, P. S.(1986). Deaf childrens expression of communicative intentions. *Journal of Communication Disorders, 19, 367-385.*

Ertmer, D. & Mellon, J. A. (2001). Beginning to talk at 20 months: Early vocal development in a young cochlear implant recipient. *Journal of Speech, Language, and Hearing Research, 44,* 192-206.

Everhart, V. & Lederberg, A.(1988). Total Communication. *Poster presented at Southwestern Society for research in Human Development,* LA.

Gatty, J. (1992). Teaching speech to hearing impaired children, *The Volta Review, 94,* 49-61.

Geers, A. E., Nicholas, J., Tye-Murray, N., Uchanski, R., Brenner, B., Davison, L. S., Toretta, G. & Tobey, E. A. (2000). Effects of communication mode on skills of long-term cochlear implant users. *Annals of Otology, Rhinology, & Laryngology, 185*(s), 89-92.

Griswold, L. & Commings, J.(1974). The expressive vocabulary of preschool deaf children. *American Annals of Deaf, 119, 16-28.*

Kentworthy, O.(1986). Caregiver-child interaction and language acquisition of hearing impaired children. *Topics in Language Disorders, 6*(3), 1-11.

Kretschmer, R. & Kretschmer, L.(1990). Language. *Volta Review, 92*(4), 56-71.

Langere, M. , Bosman, M. & Van Olphen, A.(1998). Effect of cochlear implantation on voice fundamental frequency in post-lingually deafened adults. *Audiology, 37*(4), 219-230.

Ling, D. (1989) *Foundation of spoken language for hearing impaired Children.* Washington: A. G. Bell Association for the Deaf.

Lowit-Leuschel, A. & Docherty, G. (2000). Dysprosody. In Kent, R. & Ball, M.(Eds.), *Voice Quality Measurement.* San Diego: Singular Publishing Group.

Mahshie, J. & Contour, E. (1983). Deaf speakers laryngeal behavior. *Journal of Speech and Hearring Research, 26,* 550-559.

McGarr, N. (1983). The intelligibility of deaf speech to experienced and inexperienced listeners. *Journal of Speech and Hearing Research, 26,* 451-458.

McGarr, N. & Whitehead, R. (1992). Contemporary issues in phoneme production by impaired persons: Physiological and acoustic aspects. *Volta Review, 94*(5), 33-48.

Metz, D. E. , Samsar, V. J., Sciavetti, N. & Sitler, R. W. (1985). Acoustic dimension of heaing impaired speaker's intelligibility. *Journal of Speech and Hearing Research, 28,* 345-355.

Moeller, M., Osberger M. & Eccarius, M.(1986). Receptive language skills. Language and Learning Skills of hearing impaired students. *ASHA monographs,* 41-54.

Mondain, M., Sillon, M., Vieu, A., Lanvin, M., Reuillard-Artieres, F., Tobey, E. & Uzeil, A. (1997). Speech perception skills and speech production intelligibility in French children with prelingual deafness and cochlear implants. *Archive Otolaryngology, Head & Neck Surgery, 123*, 181-184.

Muma, R.(1978). *Language handbook: Concepts, assessment, intervention.* Englewood Cliffs: Prentice-Hall.

Nelson, N. (1993). *Childhood language disorders in context: Infancy through adolescence.* NY: Macmillian Publishing Company.

Nelson, N. (1988). *Planning individualized speech and language intervention program.* Tuscon: Communication Skill Builders.

Nelson, K. & Welsh, J. (1998). Progress in multiple language domains by deaf children and hearing children: Discussions within a rare event transactional model of language dealy. In Paul, R.(Ed.) *Exploring the Speech Language Connection.* Baltimore: Paul Brookes Publishing Co.

Nicholas, J. & Geers, A.(1997). Communication of oral deaf and normally hearing children at 36 months of age. *Journal of Speech, Language and Hearing Research, 4, 1314-1327.*

Nober, E. (1967). Articulation of the deaf. *Exceptional Children, 33,* 611-621.

Osberger, M. (1992). Speech intelligibility in the hearing impaired: Research and clinical implications. In Kent R. (Ed.), *Intelligibility in Speech Disorders.* Philadelphia: John Benjamins.

Osberger, M., Robins, A. M., Todd, S. L., Riely, A. I. & Miyamoto, R. T. (1994). Speech production skills of children with multichannel cochlear implants. In Hochmair, I. & Hochmair, E.(Eds.). *Advances in Cochlear Implants.* Vienna: Manz.

Osberger, M., Moeller, M. & Eccarius, M.(1986). Expressive language skills. language and learning skills of hearing impaired students. *ASHA monographs,* 41-54.

Parkhust, B. G. & Levitt, H. (1978). The effect of selected prosodic errors on the intelligibility of deaf speech. *Journal of Communication Disorders, 11,* 249-256.

Pisoni, D. (2000). Cognitive factors and cochlear implants: Some thoughts on perception, learning, and memory in speech perception. *Ear and Hearing, 21,* 70-78.

Robbins, A. (2000). Language development. In: Waltzman S, Cohen N.(Eds.) *Cochlear Implants.* NY: Thieme,

Robins, A., Osberger, M., Miyamoto, R. & Kessler, R. (1995). Language development in children with cochlear implants. *Adv. otorhinolaryngology., 50,* 160-166.

Ryalls, J., Le Dorze, G. Boulanger H. & Laroche, B.(1995). Speech therapy for lowering vocal fundamental frequency in two adolescents with hearing impairments: A comparison with and without speech viewer. *The Volta Review, 97,* 243-250.

Schiavetti, N. (1992). Scaling procedures for the measurement of speech intelligibility. In Kent, R. (Ed.), *Intelligibility in Speech Disorders.* Philadelphia: John Benjamins.

Seaver, E. G., Andrews, J. R. & Granata, J. J. (1980). A radiografic investigation of velar positions in hearing impaired young adults. *Journal of Communication Disorders, 3,* 239-247.

Seifert, E., Oswald, M., Bruns, U., Vischer, M., Kompis, M. & Haeusler, R. (2002). Changes of voice and articulation in children with cochlear implants. *International Journal of Pediatric Otorhinolaryngology, 66(2),* 115-123.

Serry, T. & Blamey, P. (1999). A 4-year investigation into phonetic inventory development in young cochlear implant users, *Journal of Speech, Language, and Hearing Research, 42,* 141-154.

Seyfried, D. & Kricos, P.(1996). Language and speech of the deaf and hard of hearing. In Show, R. & Nerbonne, M.(Eds). *Introduction to Audiological Rehabilitation.* Boston: Allyn and Bacon.

Shirmer, B. R. (2001). *Psychological, social and educational dimension of deafness.* Boston: Allyn & Bacon.

Schirmer, B.(1994). *Language and Literacy Development in Children Who are Deaf.* NY: Macmillian International.

Shriberg, L. D., Kwiatkowski, J., Rasmussen, C., Lof, G. & Miller, J. (1992). The Prosody-voice screening profile (PVSP): *Psychometric data and reference information for children. Phonology project technical report No.1.* Madison: University of Wisconsin-Madison.

Shriberg, L. D. & Kwiatkowski, J. (1982). Phonological disorders III: A procedure for assessing severity of involvement. *Journal of Speech, and Hearing Disorders, 47,* 242-256.

Sitler, R., Schiavetti, N. & Metz, D. (1983). Contextual effects in the measurement of hearing impaired speakers' intelligibility. *Journal of Speech, and Hearing Disorders, 26,* 30-35.

Smith, C. (1975). Residual hearing and speech production in deaf children. *Journal of Speech and Hearing Research, 18,* 795-811.

Spencer, P.(1993). Communication behaviors of infants with hearing loss and their hearing mother. *Journal of Speech and Hearing Research, 36,* 311-321.

Spencer, L., Tye-Murray, N. & Tomblin, B. (1998). The production of English inflectional morphology: speech production and listening performance in children with cochlear implants. *Ear and Hearing, 19,* 310-318.

Spencer, P. & Gutfreund, M.(1990). Characteristics of dialogue between mothers and prelinguistic hearing impaired and normally hearing infants. *Volta Review, 92,* 351-360.

Stark, R. E. & Levitt, H. (1974). Prosodic feature reception and production in deaf children. *Journal of the Acoustic Society of America, 55,* 563.

Tomblin, J., Spencer, L., Flock, S., Tyler, R. & Gantz, B.(1999). A comparison of language achievement in children with cochlear implants and children using hearing aids. *Journal of Speech and Hearing Research, 42,* 497-511.

Tye-Murray, N.(2004). *Foundation of oral rehabilitation.* NY: Thomson.

Tye-Murray, N., Spencer, L. & Woodworth, G.(1995). Acquisition of speech by children who have prolonged cochlear implant experience. *Journal of Speech and Hearing Research, 38,* 327-37.

Whitehead, R. L. (1983). Some respiratory and aerodynamic patterns in speech of the hearing impaired. In Hochberg, I., Levitt, H., & Osberger, M.(Eds.), *Speech of the Hearing Impaired.* Baltimore: University Park Press.

Wirz, S. (1991). The voice of the deaf. In Fawcus, M.(Ed.). *Voice Disorders and Their Management.* London: Chapman & Hall.

Yoshinaga-Itano, C. (2003). From screening to early identification and intervention: Discovering predictors to successful outcoms for children with significant hearing loss. *Journal of Deaf Studies and Deaf Education, 8(1),* 11-30.

Yoshinaga-Itano, C. & Stredler-Brow, A. (1992). Learning to communiate: Babies with hearing impairments make their needs known. *The Volta Review, 95,* 107-129.

부 록 1 청각장애 아동의 음성 profile 검사를 위한 자극 문장(윤미선, 2003)

번호	목표음소군	문장
1	비음	노란 양말이다.
2	유음	노래를 불러요.
3	양순파열음	피리를 뿌 분다.
4	치조파열음	타조가 달린다.
5	연구개파열음	코끼리는 크다.
6	경구개파찰음	자동차 운전해요.
7	치조마찰음	사슴이 숨어요.
8	성문마찰음	호랑이가 어흥해요
9	모음	아기가 울어요.

부록 2 청각장애 아동의 음성 profile 검사지

음성 profile 검사지

		문장번호	1	2	3	4	5	6	7	8	9	총
강도		appropriate	0	0	0	0	0	0	0	0	0	
		soft	1	1	1	1	1	1	1	1	1	
		loud	1	1	1	1	1	1	1	1	1	
음도		appropriate	0	0	0	0	0	0	0	0	0	
		glottal fry	1	1	1	1	1	1	1	1	1	
		low pitch	1	1	1	1	1	1	1	1	1	
		falsetto	1	1	1	1	1	1	1	1	1	
		high pitch	1	1	1	1	1	1	1	1	1	
음질	후두	appropriate	0	0	0	0	0	0	0	0	0	
		breathy	1	1	1	1	1	1	1	1	1	
		rough	1	1	1	1	1	1	1	1	1	
		strained	1	1	1	1	1	1	1	1	1	
		break/shift/tremulous	1	1	1	1	1	1	1	1	1	
		diplophonia	1	1	1	1	1	1	1	1	1	
	공명	appropriate	0	0	0	0	0	0	0	0	0	
		nasal	1	1	1	1	1	1	1	1	1	
		denasal	1	1	1	1	1	1	1	1	1	
		cul-de-sac	1	1	1	1	1	1	1	1	1	
총												

부 록 3 아동 언어평가서의 예

언어-청각 평가 보고서

○○○대학교 언어치료학과

이 름	박 ○ ○	성 별	여
평가 · 진단일	2006년 04월	장애유형	청각장애로 인한 언어발달지체
생년월일	2004년 10월 (18개월)	정보제공자	어머니
진 단 자	장미희, 한지은	감독자	윤미선

1. 배경 정보

○○ 는 18개월된 여자 아동으로, 와우이식 수술을 받은 후 청능재활 및 언어치료를 위해서 본 치료실을 찾았다. 어머니의 보고에 의하면, ○○ 는 제왕절개로 태어났고(3.0kg), 3개월경에 옹알이를 하였으며 13개월경에 걷기 시작하였다고 한다. 생후 5개월경에 큰 소리에도 놀라거나 울지 않고 반응이 없어 청각장애를 의심하였는데, 생후 8개월경에 ○○병원에서 청각장애의 진단을 받았다고 한다. 청성유발반응검사(ABR) 결과 반응이 없는 것으로 나타났고 생후 10개월부터 보청기를 사용하기 시작하였으나 아이가 보청기 착용을 거부하고 부모는 보청기의 효과를 못 느껴서 실제로 보청기를 착용한 시간은 많지 않았다고 한다. 생후 15개월에 호주 Nucleus 사의 제품(3G)으로 와우이식 수술을 받았고 16개월에 첫 mapping을 시작하여 현재 mapping이 끝난 상태이며 병원에서 최근 실시한 청력검사 결과 교정청력은 30dB-40dB 수준이라고 한다. ○○의 가족 중 청각장애인은 없으며, ○○ 는 외동딸이고 주양육자는 어머니이다. 현재까지 언어치료를 받은 경험은 없다.

2. 검사시 행동 및 태도

ㅇㅇ는 와우이식기를 착용하고 엄마와 함께 치료실에 들어왔다. 집에서 아침에 일어나면 와우이식기를 가지고 와서 엄마에게 끼워달라고 하다고 하며 검사실에서도 와우이식기를 빼려하는 등의 행동을 보이지 않았다. 치료사와 엄마가 말을 주고 받으면 하던 행동을 멈추고 입이나 표정을 살피는 모습이 관찰되었고, 밖에서 전화벨 소리가 들리자 문 쪽을 쳐다보기도 하였다. 놀이 중에는 매우 즐거워하며 자신의 차례를 기다리고 치료사의 반응을 살폈으며 적극적으로 활동에 임했다.

3. 실시한 검사

(1) Ling 6 sound test
(2) 영유아의 청각통합능력 검사(Infant-Toddler Meaningful Auditory Integration Scale)
(3) MUSS(Meaningful Use of Speech Scale)
(4) 영·유아 언어발달 선별검사(SELSI)
(5) MCDI - K (MacArthur Communicative Development Inventory-Korean)
(6) 자유놀이(비누방울 놀이, 자동차 놀이, 인형놀이)
(7) 부모-아동의 상호작용 평가

4. 검사 결과

(1) 듣기능력의 평가

① Ling 6 sound test

와우이식기를 착용한 상태로 1m 거리에서 보통 크기의 목소리로 입을 가린 채 소리를 들려주고 블록끼우기를 하게 하여 반응을 살펴보았다. 검사 결과 아동은 /a/, /i/, /u/, /m/, /ʃ/, /s/의 모든 소리를 감지하고 반응할 수 있었다.

② 영유아의 청각통합능력 검사(IT-MAIS)

부모보고를 통한 간접관찰 및 검사자의 직접관찰 결과 40점 만점 중 25점으로 나타났다. 와우이식후 일음절 조합의 발성을 하며 상대방이 들려주는 소리와 비슷하게 흉내내어 산출하려고 노력하는 것이 관찰 및 보고되었다. 자신의 이름을 부르면 항상 반응하며 소음이 있는 상황에서도 대부분으로 반응한다고 한다. 또 새로운 환경음에 거의 대부분 반응하고 적극적으로 탐색하려는 모습을 보인다고 보고하였다. 전화벨이나 문 소리와 같이 친숙한 비언어적인 소리를 변별 및 확인할 수 있으며, 아버지와 어머니의 목소리를 변별할 수 있는 것으로 관찰 및 보고되었다.

(2) 구강(조음)기관의 구조 및 기능

입술, 혀, 턱, 경구개, 연구개, 인두, 호흡의 구조적인 부분만 간단하게 관찰하였는데 특별한 문제점은 관찰되지 않았다.

(3) 말 · 언어능력 평가

시각적인 자극과 청각적인 자극을 모두 제공한 상태에서 부모 보고 및 관찰에 의한 검사를 실시하였다.

① 수용언어검사

'영 · 유아 언어발달 선별검사(SELSI')를 통해 수용언어 검사를 실시한 결과, 자신의 연령 범위의 -2SD 이하에 속하며 등가연령은 9개월로 나타났다. 아동은 제스처를 포함한 동사를 3~5개 정도 이해하는 것으로 나타났으나 제스처 없이 말로만 지시하면 적절하게 행동하지 못하였다.

'MCDI-K'를 통해 아동이 이해하고 있는 어휘목록을 확인해 본 결과, 제스처 없이 이해하는 어휘는 신체부위, 사람, 음식의 극히 일부였다.

② 표현언어

'영 · 유아 언어발달 선별검사(SELSI)'를 통해 표현언어 검사를 실시한 결과, 자신의 연령범위의 -2SD 이하에 속하며 등가연령은 7개월로 나타났다. 아동은 억양이나 소리 크기를 다르게 낼 수 있었고, 제스처를 동반한 소리를 내어 원하는 물건을 얻으려고 하였다. 그리고 자신의 이름을 불렀을 때 쳐다보는 것과 같은 반응은 일관적이었으나 대답하는 것과 같은 소리를 내는 반응은 일관적이지 않았다.

'MCDI-K'를 통해 아동이 표현하고 있는 어휘목록을 확인해 본 결과, 완전한 낱말을 산출하는 경우는 없었다.

자유놀이를 통해서 표현언어를 관찰한 결과 '후기옹알이(variegated babbling stage)' 수준의 발성을 하는 것으로 보여졌다. 또 낱말을 모방하거나 자발적으로 산출할 때 정확한 낱말을 산출하는 것이 아니라 '(음)머'(멍멍), '(음)에'음매, '무-'(물), '(음)마'(엄마)와 같이 비슷한 소리를 내는 수준이었다. 자음은 양순비음을 산출하였고, 모음은 다양하게 나타났으나 주로 /아, 어/를 많이 산출하는 편이었다.

'MUSS'에서는 현재 아동은 거의 대부분 주의를 끌기 위해 음성을 사용하고, 의사소통 상황이나 감정상태에 따라서 음성을 다르게 하는 정도 만이 관찰되었다.

③ 의사소통 및 상징놀이

자유놀이를 통해서 아동의 언어전단계 기술, 의사소통과 상호작용 기술 및 상징놀이를 평가하였다. 아동은 '눈맞춤'이나 '차례지키기'를 할 수 있었고, 치료사가 제시하는 물체나 활동에 주의를 기울이고 자신도 시도하려고 하였다. 또 배경소리와 엄마 말소리를 구분해서 주의를 기울이거나 다른 사람의 행동을 모방하는 것이 관찰되었으며, 검사자가 들려주는 말소리에 주의를 기울이고 모방하는 듯이 발성을 하기도 하였다. 그러나 간혹 상대방이 자신에게 말하는지 다른 사람에게 말하는지를 잘 구분하지 못하고 소리가 나면 무조건 쳐다보는 경우도 있었다. 아동은 화자의 말투로 화자의 기분이나 감정을 이해하는 것으로 나타났고, 손을 흔들거나 고개를 끄덕이며 '인사하기', '가리키기', '고개 젓기'와 같은 '관습적 몸짓' 몇 가지를 사용할 수 있었다. 그리고 몸짓과 발성을 동반한 '요구하기', '부정하기', '부르기'가 나타났다. 인형 놀이를 통해 상징행동은 주로 '자동적인 상징행동'이 나타났고 단순상징행동 모방이 가능하였다. 그러나 인형에 역할을 부여하지 못하였고, 인형을 통한 대행자 놀이는 하지 않았다.

(4) 부모-아동의 상호작용

아동의 어머니에게 자유놀이 시 참여하여 아동과 같이 놀게 하고 관찰하였다. 아동의 어머니는 자기가 말을 할 때 아동의 얼굴을 돌려서 자기를 쳐다보게 하는 등 시각적인 단서를 주려는 노력과 동시에 입을 과장되게 가리는 등 비 일관적인 모습을 보였다. 또 아동에게 별다른 의미가 없는 환경음을 계속해서 들려주려고 하거나 아동의 언어발달 수준에 맞지 않는 어려운 단어나 긴 언어자극을 들려주는 것이 관찰되었다. 그리고 아동의 관심사를 따라가기보다는 가르쳐 주고 싶은 낱말에 해당하는 장난감을 보도록 요구하기도 하였다.

5. 결론 및 제언

○○ 는 18개월의 와우이식을 받은 여자 아동으로, 선천성 청각장애로 인한 언어발달 지체로 평가된다.

아동은 Ling 6 sound의 소리를 듣고 변별 및 확인할 수 있었고, 대부분의 환경음은 감지할 수 있어, 와우이식기를 통해 소리의 감지는 가능한 것으로 평가되었다. 소리의 확인은 시작 단계로 보이며 환경음과 말소리를 확인할 수 있는 것으로 보인다. 말산출 면에서 '후기옹알이(variegated babbling stage)' 수준의 발성을 하는 것으로 보이고, 산출 가능한 자음 목록으로는 양순비음과 간혹 양순파열음이 있었고, 모음은 다양하게 나타났다. 음성언어에 대한 이해와 표현은 아주 제한적이었다. 아동은 언어전단계의 기술들을 습득하고 있었고, 자유놀이 중 관찰한 결과 다양한 의사소통 의도를 보여주었으며, 상징놀이도 가능하였다.

○○ 는 현재 음성언어를 이용한 의사소통 보다는 몸짓 및 제스처를 통해 주

로 의사소통을 하고 있고, 음성언어의 이해와 표현은 매우 제한적인 상태이다. 그러나 선천성청각장애 아동으로 와우수술을 하고 이제 소리를 듣기 시작한 상태로 말소리를 모두 감지할 수 있고 의사소통 의도나 언어전단계의 기술에서 별다른 문제를 보이고 있지 않으므로 언어발달에 대한 예후는 매우 좋을 것으로 추정된다. 따라서 ㅇㅇ 의 언어중재의 최종목표는 정상언어발달 수준에 도달하는 것이 가능할 것으로 보여진다. 그러나 이러한 목표의 달성을 위해서는 가정 및 다양한 환경에서 아동의 청능재활 및 언어발달을 지속적으로 촉진하고, 무엇보다 아동의 어머니가 아동의 좋은 의사소통상대자가 될 수 있도록 부모교육도 병행해야 될 것으로 사료된다. 따라서 ㅇㅇ 에게는 주 1회 부모교육에 중점을 둔 청능재활 및 언어치료를 실시할 것을 제언한다.

제7장

독화지도

청각장애는 청각정보의 불완전한 수용으로 언어 획득 및 의사소통 기능 습득에 문제가 발생한다. 따라서 청각적 언어수용의 부족을 시각적 방법에 의해 보상하는 방법이 요구된다. 이와 같은 요구에 의하여 이 장에서는 독화지도에 대한 기본 이론 및 실제를 소개하고자 한다.

1. 독화지도의 개념

1) 독화의 정의

말을 통한 정상적인 의사소통은 혀, 입술, 입천장 등의 조음기관이 공기의 흐름을 조절하여 음을 만들어 내고, 생성된 음은 자음과 모음의 형태로 청취자의 귀에 받아들여져서 고도로 발달된 뇌로 전달되어 해석되고 이해된다. 그러나 청각의 전음기관이나 감음신경 부위 또는 뇌에 장애가 발생하면 말소리를 대뇌로 전달하는 청각이 기능을 다하지 못한다. 따라서 다른 감각통로인 시각을 통하여 말하는 사람의 조음기관의 모양이나 움직임을 시 감각접수체에 받아들여 대뇌로 전달해 청각기능과 협력하여 말을 이해한다. 또한 청각장애의 정도가 극히 심한 경우에는 시각을 통하여 접수된 감각정보만을 이용하여 말을 이해할 수밖에 없다. 이와 같이 시각을 통하여 말을 이해하는 의사소통 양식을 독화(speechreading)라고 한다.

시각적 의사소통 양식을 지칭하기 위하여 사용하고 있는 용어는 다양하게 사용되고 있다.

(1) Speechreading : 시각(얼굴 전체, 제스처, 상황, 심리상태)을 통하여 말을 이해하는 의사소통 양식

(2) Lipreading : 시각(입술움직임)을 통하여 말을 이해하는 의사소통 양식(독순)

(3) Visual Hearing 과 Visual Listening : 우리나라에서는 잘 사용하지 않고 있지만, 외국에서는 시각적 청취라는 용어로 사용하고 있다.

결과적으로 독순이라는 말은 시각의 초점을 주로 입술운동에 두어 정보를 이해한다는 점을 중요시하는 용어인 반면에 독화와 시각적 청취라는 말은 상대방의 말을 읽을 때, 입술운동만 보고 이해하는 것이 아니라, 말소리와 더불어 얼굴 표정, 몸동작, 주어진 상황, 심리 상태 등을 종합적으로 고려하여 이해하는 것으로 볼 수 있다.

이상의 정의에서 시각적 단서를 입모양, 입운동, 얼굴 표정으로 한정하여 제시하였는데, 이것을 좀 더 구체적으로 열거하면 혀, 이, 턱, 입술, 뺨, 목 등의 모양과 움직임, 시선, 몸동작, 안색, 표정, 속도 등도 포함된다.

2) 독화지도의 의의

가능한 모든 수단과 방법을 동원하여도 청각을 통해 말을 이해하는 수준에 도달하지 못한다면 다른 감각 경로인 시각을 통해 화자(speaker)의 입모양이나 조음기관의 움직임을 시각적으로 받아들여 대뇌로 전달함으로써 말을 이해하는 대체 기능으로서의 독화 기능을 개발해야 할 것이다.

그런데 지난 70년대와 80년대를 거쳐 오면서 전자공학이 급속도로 발달함에 따라 성능이 매우 우수한 보청기가 세계 각국에서 경쟁적으로 개발되어 나왔다. 특히 최근에 인공와우 이식수술의 확대로 청각장애인과 그 가족은 물론 청각장애교육계에 신선한 충격을 불어 넣었다. 이와 함께 청각활용을 통한 구화지도의 가능성이 보다 커지게 되어, 청각법에 의한 조기교육의 성공률이 높아져서 일반 유치원이나 초등학교에 진학하는 학생의 수가 늘어나고 있는 추세이다. 그러나 현실적으로 볼 때, 보청기를 착용하고 청각장애 학교에 다니는 유치, 초, 중, 고등부 학생 가운데 독화의 도움 없이 완전히 청각만을 통하여 대화를 주고받을 수 있는 학생의 수는 그렇게 많지 않다. 그리고 조기교육에 성공하여 일반학교에 통합된 학생들이나, 수화를 전혀 사용하지 않고 대화를 나눌 수 있는 특수학교 학생들에게도 입을 가리고 말을 하면 거의 대부분의 학생들이 매우 당황하거나

대화를 곧 중단하게 되는 것을 흔히 목격할 수 있다. 따라서 대부분의 청각장애 학생들은 여전히 독화를 중요한 의사소통 수단으로 사용하고 있을 뿐만 아니라, 독화 기능의 발달을 도모할 수 있는 체계적인 지도를 필요로 하고 있다. 심지어 청능훈련을 상당 기간 동안 받았음에도 불구하고 인공와우 이식수술을 받은 사람들도 순수 청각에 의한 언어이해도는 여전히 낮아 많은 부분 독화에 의존해야 하는 실정이다.

청각장애의 정도와는 관계없이 어떠한 청각적 도움이 제공된다 하더라도 청각만을 통해서는 말을 한 마디도 알아들을 수 없는 사람의 경우에는 시각을 통해 접수된 감각 정보를 이용하여 말을 이해할 수밖에 없다. 그러므로 청각을 통하여 말을 알아들을 수 없는 사람이 구화(oral speech)를 통해 말을 이해할 수 있는 기능을 가지기 위해 시각적인 의사소통 기능, 즉 독화 기능의 습득이 매우 중요하다고 할 수 있다.

독화지도의 의의를 요약하면 다음과 같다.

(1) 모든 청각장애아동이 순수 구화법에 의한 언어치료가 가능한 것은 아니다.
(2) 청각장애 학생의 대부분이 독화를 중요한 의사소통 수단으로 선택하고 있다.
(3) 구화기능에서 독화기능의 중요성이 인식되고 있다.

3) 독화기능의 구성요소

(1) 독화기능 구성요소의 의미

독화능력은 개인에 따라 차이가 있는데 그 개인차는 다른 행동 특성이나 심리적 특성에 존재하는 차이와 같은 맥락으로 생각할 수 있다. 그런데 독화능력이 타고난 능력이라는 것은 분명한 사실이지만, 훈련에 의하여 발달될 수 있다는 것도 경험을 통하여 알 수 있는 바이다. 우리가 여기서 고찰해 보고자 하는 것은 '독화를 잘하는 사람과 잘하지 못하는 사람의 차이는 무엇일까?'하는 것이다. 그 차이는 독화기능을 구성하는 요인을 분석해 보면 명백히 드러날 것이다. 만약 그 요인을 분석하고 그 요인에 대한 개인의 능력이 확인되면, 훈련을 통하여 개인의 능력을 신장시킬 수 있는 정도를 알 수 있을 뿐 아니라 효과적인 지도 방법도 개발할 수 있을 것이다.

독화기능 구성요소의 의미를 요약하면 다음과 같다.

① 독화능력을 예언할 수 있다. - 독화기능 구성요소 측정
② 독화훈련에 의한 성취정도를 알 수 있다. - 효과 측정
③ 독화훈련의 효과적인 지도방법을 모색할 수 있다. - 기능요소별 체계적 지도

(2) 독화기능 구성요소

Jeffers와 Barley(1971)는 독화기능의 구성요소에 대한 이론적 모델을 표 7.1과 같이 제시하였다. 그들은 그 요인을 일차 요인과 이차 요인으로 나누었다. 일차 요인에는 3개의 주요 하위 요인인 시각 기능(visual proficiency)과 종합 능력 및 융통성이 포함되었다. 독화를 하기 위해서는 무엇보다도 시각 기능이 가장 중요하다는 것이다. 왜냐하면 독화자는 말운동(speech movement)을 정확하고 신속하게 보고 인지하여야 하기 때문이다. 둘째로 중요한 것은 종합 능력과 연상 능력이라고 하였다. 이것은 독화자가 수용된 낱낱의 정보를 의미있는 내용으로 결합하는 능력이다. 그런데 동일한 지각 정보가 여러 가지 의미와 결합될 수 있기 때문에 셋째로 요구되는 것이 융통성이라고 하였다. 융통성(flexibility)은 전달된 내용에 대한 처음의 해석으로는 의미가 통하지 않아 적절하지 못할 경우에 지각적으로나 인지적으로 연상된 의미를 신속하게 바꾸어 의미가 통하도록 다시 결합시키는 능력이라고 할 수 있다.

독화기능 구성요소를 요약하면 다음과 같다.

① 시각 기능(지각능력) : 독화능력에서 제일 중요한 변인
- 정상시력
- 시각적 주의집중 - 작고 세부적인 것, 신속하게 보는 것
- 집중의 지속
- 시각 기억력

② 종합능력 : 추측이나 사고에 의한 보충
- 지각종결(부분) - 관찰하지 못해 누락된 음성을 정신적인 추측으로 보충
- 개념종결(전체) - 전달내용을 전체적으로 인식

③ 융통성 : 지각종결과 개념종결의 수정

〈표 7.1〉 독화기능의 구성요인

구 성 요 인	하 위 요 소
A. 지각 능력	
1. 시지각 : 말이나 말소리의 인식 능력	1. 시력, 시각적 주의 집중
2. 지각의 속도 : 말요소의 지각 속도	2. 시각적 주의 집중, 주의 집중 속도
3. 주변지각 : 입에 초점을 두면서 얼굴이나 환경으로부터 정보를 얻는 능력	3. 주변 시력
B. 종합능력	
1. 지각종결 : 단어나 어구의 일부분으로 전체적인 형태를 인식하는 능력	1. 추상적 귀납적 추리력, 리듬
a. 요소와 조직의 분류	
b. 추측에 의한 조직 : 사고를 통해 누락된 요소 보충	
c. 전체적인 형태의 잠정적인 인식	
2. 개념종결 : 전달 내용을 인식하는 능력	2. 언어적 귀납적 추리력, 리듬
a. 개념의 연상	
b. 추측종결 : 사고에 의한 보충	
c. 전달 내용의 인식(잠정적, 최종적)	
C. 융통성	
1. 지각 종결의 수정	1. 시각기억, 추상적 귀납적 추리, 리듬
2. 개념 종결의 수정	

자료 : J. Jeffers and M. Barley, Speechreading(Springfield, Illinois: Charles C Thomas Publisher, 1971), pp.22~23.

2. 시각소

'음소란 밀접한 관련이 있는 하나의 말소리 집합(a group of speech sounds)으로써 다소의 차이는 있으나, 청각적 변별 자질이 동일하며, 어떤 언어에서 그 언어가 지니고 있는 여타의 음성들과 구별하여 인식할 수 있는 음성의 가장 작은 자의적 단위(arbitrary unit)'로 볼 수 있다. 따라서 음소란 동일한 언어학적 단위로 인식되는 하나의 음성군(a family of sounds)으로 여러 개의 변이음을 묶어서 하나의 음소로 나타낸다는 것을 가리키는 것이다.

이와 같은 논리를 말의 시각적 지각에 적용해 보면, 어떤 언어의 말소리 가운데 시각적 특성이 동일하게 또는 유사하게 나타나서 하나의 단위로 묶을 수 있는 것이 많이 있을 것이라는 유추가 가능하다. 여기서 하나의 단위로 묶여진 음성들의 시각적 자질을 엄밀히 따지면 동일하지 않더라도 동일한 것으로 간주할 수 있다. 이와 같은 하나의 시각적 자질 즉 더 이상 쪼갤 수 없는 대립적인 시각적 지각 단위를 시각소(visemes; visual phoneme)로 본다. 따라서 시각소는 말소리의 시각적 특성에 있어서 다소의 차이는 있으나, 시각적으로 유사한 음소들을 하나로 묶어 동일한 시각적 변별 자질로 보는 음성의 가장 작은 시각적 단위라 할 수 있다. 음소에는 여러 가지 변이음이 있듯이 시각소에도 한 음성 이상이 포함되며, 하나의 시각소에 포함되는 음성들의 대립 정도는 음소의 변이음 간에 나타나는 것보다 훨씬 크다고 할 수 있다. 그러나 한 시각소에 포함되는 음성들은 운동 형태가 모두 시각적으로 유사하며, 우리의 지각이 대개 하나의 대립적인 형태로 인식하게 된다.

1) 자 · 모음 시각소

화자에 따라 시각소에 차이가 있고, 아직 한국어 음소에 대한 시각소에 대한 연구의 부족으로 인하여 한국어의 시각소를 정확히 제시할 수는 없으나 조명, 방향, 거리, 1:1상황 등이 바람직한 경우 다음과 같은 시각소를 제시할 수 있다.

(1) 초성자음

- /ㅂ, ㅃ, ㅍ, ㅁ/ : 대다수의 화자로부터 관찰이 가능(양입술 접촉)
- /ㅅ, ㅆ, ㅈ, ㅉ, ㅊ/ : 일부 화자로부터 관찰이 가능(윗니와 아랫니 접근)
- /ㄷ, ㄸ, ㅌ, ㄴ, ㄹ/ : 간혹 관찰이 가능(반구개 상태에서 혀 상하 운동)
- /ㄱ, ㄲ, ㅋ/ : 거의 관찰이 불가능(반구개 상태에서 혀 후방 운동)
- /ㅎ/ : 거의 관찰이 불가능(반구개 상태에서 혀 운동 없음)

(2) 종성자음

- /ㅂ, ㅍ, ㅁ/
- /ㄷ, ㅌ, ㄴ, ㅅ, ㅆ, ㅈ, ㅊ, ㅎ/
- /ㄹ/
- /ㄱ, ㄲ, ㅋ, ㅇ/

(3) 모음(단모음) 시각소

· /오, 우, 외, 위/ : 양 입술을 앞으로 오므리고 입을 조금 여는 시각소
· /이, 으. 어/ : 양 입술을 뒤로 오므리고 입을 조금 여는 시각소
· /에, 애/ : 양 입술을 약간 뒤로 움직이면서 입을 반쯤 여는 시각소
· /아/ : 턱의 하향운동이 크고 입을 반 이상 여는 시각소

2) 독화와 화자의 말

화자의 말은 독화에 많은 영향을 미친다. 따라서 독화를 용이하게 하기 위해 특별히 관심을 가지고 청자를 배려한 말을 특수 말하기(special speech)라고 한다.

(1) 목소리 사용의 중요성

독화지도의 목적은 독화 활동 그 자체가 아니라 말을 이해하는 능력의 신장에 있으므로, 소리를 내지 않는 말을 독화할 수 있도록 지도하는 일은 무의미하다. 왜냐하면 그러한 독화 기회는 거의 없거나 그러한 기술은 거의 필요가 없으며, 또 지도의 양에 관계없이 소리를 전혀 내지 않으면 그 말을 잘 이해할 수 없기 때문이다. 독화는 청각을 대신하는 것이 아니라 보충하는 것이다. 우리는 소리 없는 세계에 살고 있는 것이 아니므로 청각장애자는 청각 정보와 시각 정보를 무의식적으로 통합하는 것이다. 지도의 관점에서 볼 때 이 말은 목소리를 통하여 듣기를 지도하는 것과 같은 방법으로 독화를 지도한다는 것을 의미한다. 우리가 기대하는 것은 소리를 내지 않는 말을 이해하도록 하자는 것이 아니며 실생활에 사용할 수 있도록 훈련시키고자 하는 것이다. 실제로 소리 없는 말을 독화하도록 훈련을 받은 사람은 목소리가 있으면 산만해져서 독화가 가장 필요한 경우에 자신들의 독화능력을 활용할 수 없게 된다. 목소리를 사용하는 또 한 가지 이유는 소리를 내지 않고 입모양만 나타내는 말을 독화하도록 지도하면, 신체적으로나 심리적으로 심한 긴장을 초래하게 된다는 것이다. 부자연스럽게 주의를 기울이고 눈의 초점을 집중시키면 눈이 긴장되어 피로해지거나 졸음이 와서 눈을 더이상 뜨고 있을 수 없게 되는 경우가 많이 있다. 이러한 결과가 만약 눈의 긴장으로 인한 것이 아니라면 정서적 긴장 때문일 수도 있다. 이렇게 되면 너무 많은 부분을 놓쳐버리고 간간이 한 단어씩 포착하게 되므로 무슨 말인지 충분히 이해할

수 없게 된다. 이것은 언어에 대한 불충분한 지식을 가지고 외국어 기호(sign)를 읽으려는 사람과 같은 불만과 좌절을 맛보게 된다. 서너 단어를 말할 때마다 한 단어씩 알아보기는 하지만, 낱개를 짜 맞추어 말 전체가 나타내는 의미를 포착하기에는 충분하지 못하다. 또 목소리는 교사가 정상적인 조음과 강세 유형을 유지하기 위해서도 권장할 만하다. 말을 할 때 소리를 내지 않으면 과장된 입모양과 입술 운동을 독화하는 데 익숙해져서, 실제의 독화 장면에서 말을 이해하는 데 많은 어려움을 갖게 된다. 따라서 독화지도에 있어서 목소리를 사용하는 것은 매우 중요하다.

(2) 목소리의 양

독화기능을 증진시키기 위해서는 청각을 이용하는 정도와 조화를 이루어야 한다. 물론 청각만을 통하여 말을 완전히 이해할 수 있다면 독화훈련이 특별히 요구되지 않겠지만, 그렇지 못한 학생들에게는 독화와 청각 기능의 통합이 필수적으로 요구된다. 독화 수업을 받는 학생들의 청각을 활용하는 정도가 각기 다를 수도 있지만, 대개 청각을 통하여 비교적 많은 이득을 얻을 수 있는 30~90dB의 난청자들에게는 낮은 목소리를 사용하거나 보청기의 볼륨을 줄이고, 90dB이상의 농 아동들에게는 큰 목소리를 사용하거나 보청기의 볼륨을 충분한 이득을 얻게 함으로써 적정 수준을 유지할 수 있다. 그런데 위에서 제시한 순음청력의 절대수치를 참고로 하되, 실제 적용에 있어서는 말을 이해하는 능력을 목소리 크기 조절의 준거 자료로 삼아야 한다.

오해를 피하기 위하여 덧붙여야 할 점은 독화기능 증진을 위하여 의도적으로 계획된 수업에서는 난청인들에게 목소리를 작게 하거나 보청기의 볼륨을 낮출 필요가 있지만, 그 외의 모든 수업이나 생활 장면에서는 청각을 최대한으로 이용할 수 있는 상태가 유지되도록 해주어야 한다는 점이다.

치료사는 자신의 목소리를 조절하기 위하여 아동이 말을 이해하는 능력을 알아보아야 한다. 이를 위해서 아동에게 눈을 감도록 하거나 시선을 다른 곳으로 돌리도록 한 후에 낮은 목소리로 몇 마디의 말을 들려주고 알아듣는 능력을 확인할 수 있다. 이때 "밥 먹었니?", "몇 살이니?"와 같이 일상생활에서 많이 들을 수 있는 말은 피하여야 한다. 즉 아동이 한 두 단어만 듣고서는 이해할 수 없는 말이 좋다. 예를 들면, "우리 개가 어제 밤에 강아지를 낳았다. 삼촌이 나에게 선물을 사 주었다."와 같이 쉽사리 예측이 되지 않는 말이 좋다.

독화를 함에 있어서 말의 속도가 느리면 느릴수록 더 많은 정보를 얻을 수 있다. 그러므로 일반적인 원리는 지도의 초기에는 말의 속도를 느리게 시작하여 아동의 기능이 숙달됨에 따라 속도를 점점 증가시켜 나가는 것이다. 그런데 이것도 아동의 청력과 말을 이해하는 능력에 따라 기준을 다르게 설정해야 한다. 농 아동은 정보의 80~100%를 눈을 통하여 받아들여야 하므로 아주 느린 속도로 말을 제시해 주어야 한다. 고도 난청 아동도 정보의 약 1/2을 독화를 통하여 받아들이므로 역시 말을 느린 속도로 해 주어야 하지만, 농 아동에게 하는 말의 속도보다는 좀 더 빠르게 한다. 이들은 독화와 청능훈련을 3~4년간 집중적으로 실시하여 효과를 보게 되면, 독화의 필요성이 줄어들어서 독화에 30%정도, 청각에 70%정도 의존하는 수준에 도달하게 되는데, 이 수준은 보통 중등도 난청 아동이 초기에 정보를 받아들일 때의 비율과 같다. 또 아동이 언어에 대한 지식을 점점 많이 획득해 나감에 따라, 독화와 청각을 통하여 받아들이지 못하고 빠뜨린 부분을 보충하는 능력이 숙달되게 되면, 독화에 대한 요구가 더 줄어들게 되어 결국 청취 조건이 좋지 못하거나 새로운 어휘를 습득하는 경우에만 독화를 필요로 하게 될 것이다.

난청인에게 독화지도를 할 때 치료사는 말의 속도를 점차적으로 증가시키는 것이 한 가지 목표임을 명심하여야 한다. 교사가 말의 속도를 증가시켜 나가되, 초기부터 상황에 따라 속도를 달리하여야 한다. 즉 말이 쉽고, 가시도가 높고, 완전히 학습된 내용은 아주 빠른 속도로 제시하고, 아동들이 그 말을 이해하기 위해서는 눈에 더 많이 의존해야 하고, 정신 능력에는 덜 의존할 경우에는 속도를 늦추어야 한다. 왜냐하면 말의 속도가 빠르면 빠를수록 전달되는 시각 정보가 줄어들고, 받아들이지 못하고 빠뜨리는 정보가 많아지기 때문이다. 빠른 속도로 제시하는 말을 다 받아들이지 못하고 빠뜨리게 되는 것은 그 음성들의 가시도가 낮아서가 아니라 눈이 그 정보를 수용할 정도로 빠르게 초점을 맞출 수 없기 때문이다.

(3) 치료사의 말의 특성

청각장애아동을 치료하는 치료사는 자기의 말하는 습관에 관심을 기울여 좋지 않은 습관이 발견되면 꾸준히 고쳐나가는 자발적인 노력이 있어야 한다. 치료사가 지녀야 할 바람직한 말하기 습관은 첫째, 입술과 턱을 많이 움직여야 한다. 말을 할 때 입술과 턱을 많이 움직이지 않으면 가시도가 낮아져서 말의 시각적 요소를 통하여 의미를 연상하는 데 어려움을 겪게 된다. 둘째, 정상적인 속도와 관용적인 방법으로 조음해야 한다. 말을 할 때 입모양이나 조음기관의 움직임을 과장하여 지도하면 독화자가 실제 접하게 되는 회화장면에서 그것이 도움이 되는 것이 아니라 오히려 지장을 초래하게 된다. 셋째, 말에 내포된 감정과 뉘앙스를 잘 전달하기 위하여 얼굴 표정을 풍부하게 지어야 한다. 넷째, 정상적인 리듬과 강세를 유지하여야 한다. 치료사는 이상과 같은 관점을 염두에 두고 거울 앞에서 자기가 하는 말을 분석하여 고쳐야 할 점이 있으면 즉시 고쳐 나가야 한다. 독화자에게 말의 시각적 요소를 이상적으로 제시하려고 입술과 턱을 더 많이 움직이고 의도적으로 표정을 많이 짓는 것이 화자의 입장에서는 어색하게 느껴질 수 있으나 독화자의 입장에서는 전혀 어색하게 느껴지지 않으며, 오히려 말의 이해에 도움이 되므로 더 열심히 주목하게 된다는 사실을 잘 명심해 두어야 한다.

이상에서 논의된 화자의 특수 말하기를 요약하면 다음과 같다.

첫째, 목소리 사용을 반드시 수반해야 한다. 목소리를 수반하지 않으면 조음동작이 불명확하게 된다.

둘째, 목소리의 크기를 적절히 하여야 한다.

셋째, 말의 속도를 적절히 하여야 한다. 말의 속도가 느릴수록 가시도가 높다.

넷째, 표준적이고 보편적인 말을 사용하여야 한다.

다섯째, 입술과 턱의 움직임을 명확히 하여야 한다.

여섯째, 우호적 얼굴표정을 풍부하게, 정상적인 리듬과 강세로, 마주 볼 때 말을 하여야 한다.

일곱째, 움직이지 말고, 필요한 경우에 반복하고, 흥미가 있고 쉬운 내용으로 말을 하여야 한다.

여덟째, 너무 긴 시간동안 말을 하는 것은 피하여야 한다.

3) 독화의 제한성

독화는 듣기에 종속되는 것으로서 듣기를 보충할 수는 있으나 대신할 수는 없다. 만일 말을 보고 이해하는 것이 일반적인 방법이라면 농 특수학급이나 농학교가 전혀 필요하지 않을 것이며, 독화지도는 필요 없을 것이다. 더 나아가서는 청각장애아동들의 언어가 정상적으로 발달할 것이므로, 성인이 되면 청력 손실이 있다고 하더라도 말을 이해하는 데 아무런 어려움이 없을 뿐 아니라 그들은 청력 손실 자체도 인식하지 못할 것이다. 그러나 언어는 청각적인 현상(auditory phenomenon)으로서, 듣도록 구성된 것이지 보도록 구성된 것이 아니다. 따라서 시각적인 의사소통의 수단으로서는 제한점이 아주 많다. 이와 같은 제한점들은 다음 여섯 가지로 요약할 수 있다.

(1) 말소리의 가시도가 낮다.

말소리는 공기의 흐름을 조절하거나 변화시킴으로써 만들어진다. 이러한 변화는 주로 혀가 자리잡은 위치와 혀의 하향 운동에 의한 구강 크기의 변화를 통하여 나타나게 된다. 그런데 음 형성에 관련된 대부분의 근육 운동은 입 안에서 발생하므로 눈으로 볼 수가 없다. 입술 운동은 음성을 만드는 데 비교적 적은 역할을 한다. 그러나 독화자는 입술과 턱운동 및 때에 따라서는 혀 운동의 특징을 익혀 두는 것이 고작이며, 많은 말소리가 그것을 내는 특징적인 운동으로 독화자에게 나타나는 것은 아니다(ㅌ, ㄷ, ㄴ, ㄹ, ㅋ, ㄱ, ㅇ, ㅎ).

(2) 입모양이 같게 보이는 말이 많다(homophonous sounds).

/밤, 밥, 맘/, /보리, 모기, 포기/, /엄지, 검지, 염치/ 등은 소리와 철자가 다르지만 입의 움직이는 모양은 비슷하게 보이므로, 독화만으로 의미를 파악하기에는 많은 어려움이 뒤따른다. 특히 평상적인 관찰 조건에서는 더욱 어렵다.

(3) 정상적인 말은 속도가 빠르다.

Nitchie(1917)는 말의 평균 속도가 1초당 약 13개의 어음을 구사하는 것인데 비해 사람의 눈이 의식적으로 볼 수 있는 말소리의 수는 8~10개에 불과하다고 하였다. 그러나 독화는 의식적인 과정이 아니다. 그런데 의식적으로 볼 수 있는 것을 최대한으로 받아들인다고 하더라도 독화자는 일반적으로 자기에게 필요한 정보를 빠짐없이 눈으로 받아들일 수는 없다. 따라서 청각장애아동과 대화를 하기 위해서는 보통 말하는 속도보다 약간 늦추되 입모양의 과장이 없이 정상적으로 말해야 한다. 말의 속도를 늦추지 않으면 모음 변별 운동과 자음 변별 운동을 놓쳐 버리게 된다.

(4) 전이효과가 많이 작용한다.

음성이 만들어지는 방법과 그 겉모양은 앞이나 뒤에 있는 음성에 따라 달라진다. 예를 들면 '밭'과 '언덕'을 한 단어씩 발음하면 그 음가가 그대로 발음되지만 '밭언덕'으로 붙여서 발음하면 /바던덕/이 되어 조음하는 방법과 입모양이 바뀌게 된다.

(5) 조음운동에는 개인차가 있다.

조음운동은 사람마다 차이가 있으며, 동일한 사람이 동일한 말을 하더라도 조음운동은 다소 차이가 있을 수 있다. /아/라는 음운이 이론상으로는 모든 사람에게 동일하게 이해될 수 있을지 모르지만 이것을 발음할 때 입을 벌리는 정도, 혀의 위치 등 조음기관의 운동과 입모양은 사람에 따라 모두 다르다. 어떤 사람은 입을 많이 벌려서 /아/음성을 내고, 또 어떤 사람은 입을 약간 벌려서도 /아/음성을 낼 수 있지만 듣는 사람은 거의 모두가 그 음성을 정확히 알아들을 수 있다. 그러나 독화를 할 경우에는 입을 많이 벌리면 분명하게 알아 볼 수 있지만, 입을 적게 벌리면 무슨 음성인지 애매하여 알아보기가 어려워진다.

(6) 환경에서 오는 제약이 많다.

위와 같은 이유로 독화자에게 제공되는 감각 정보는 매우 불충분하다. 그런데 이와 같이 제한적으로 제공되는 정보마저도 환경적인 장애로 인하여 완전하게 이용될 수 없는 경우가 종종 발생한다. 두 사람이 대화를 나누거나 한 사람이 이야기를 할 경우에, 그 말을 보거나 듣는 사람이 화자의 얼굴이나 입을 시종일관 주목할 수 없는 것이다. 특히 독화자가 잠시 등을 돌리거나, 한눈을 팔거나 다른 생각을 한다면 정보를 부분적으로 놓치게 된다. 또한 조명 상태가 좋지 않거나, 화자가 자기도 모르게 얼굴을 다른 쪽으로 돌려 입이 보이지 않거나 물체에 가려져도 마찬가지 현상이 나타난다.

3. 독화지도 방법

1) 시각기능 신장을 위한 지도

(1) 목적

① 초기 단계 : 인지하지 못한 시각소를 인지한다.
② 후기 단계 : 인지한 시각소를 신속하게 인지한다.

(2) 방법

시각소가 다른 대조쌍에 의한 지도

(3) 자료의 구성 기준

① 가시도 : 높은 것-낮은 것, 높은 것-높은 것, 낮은 것-낮은 것
② 위치 : 어두-어두, 어말-어말
③ 음절 수 : 1음절-1음절, 2음절-2음절

(4) 지도의 절차

① 훈련단어의 시·청각적 제시 → 시각적 인식
② 치료사와 아동이 같이 말하기 → 시각적 인식 구체화
③ 훈련단어의 시각적 제시 → 시각적 인식
④ 시각적 제시 만에 의한 독화하기
· 순서를 임의로 변경
· 속도 변경
· 단어 수 늘리기
· 화자 바꾸기

2) 종합능력과 융통성

지각종결과 개념종결 및 융통성은 시간적으로 분리되지 않고 거의 동시에 발생하는 것으로서 상호 밀접한 관계에 놓여 있으며 상호 의존적인 과정이다. 융통성을 발휘하는데 있어서 시각 기억이 중요하다는 것은 앞에서 설명하였다. 그 외에 융통성의 가장 중심이 되는 요소는 문맥(context)과 상황(setting)이다. 이 세 가지 요소를 하나의 과정으로 분리하여 독립적으로 가르칠 수는 없으며, 한 가지 자료가 세 영역의 효과적인 훈련을 위하여 공통적으로 사용된다. 이런 훈련을 단순히 연상 훈련(training in association)이라고도 한다. 여기에서 제시하는 자료와 점진적인 방법, 즉 초급단계에서 고급단계에 이르기까지 등급에 따라 쉬운 것에서부터 차츰 어려운 것으로 지도하도록 구성한 저변에는 다음과 같은 가정 내지는 원칙이 적용되어 있다.

① 친숙한 내용일수록 더 쉽게 변별된다.
② 가시도가 높을수록 더 쉽게 변별된다.
③ 언어 구조에 대한 단서를 제공하면 아주 쉽게 변별된다.
④ 문맥을 통하여 단서를 제공하면 아주 쉽게 변별된다.
⑤ 알고 있는 화제나 사회적 상황은 예견이 가능하여 아주 쉽게 변별된다.

(1) 지도 내용과 지도절차

생활용어 독화

<건강>
① 너 어디 아프니?
② 얼굴 빛이 좋지 않다.
③ 몸이 안 좋아 보인다.
④ 나는 몸이 좋지 않다.
⑤ 오늘은 몸이 좋지 않구나.
⑥ 난 지난 밤에 아팠어.
⑦ 감기가 들 것 같아요(감기에 걸릴 것 같아요).
⑧ 난 감기가 들었어요(난 감기에 걸렸어요).

⑨ 이가 아파요(치통이 났어요).
⑩ 배가 아파요(복통이 났어요).

<시키는 말>
① 세수해라(세수하고 오너라).
② 손 씻어라(손 씻고 오너라).
③ 언제 목욕했니?
④ 밥먹기 전에 손 씻었어?
⑤ 책상 아래로 손을 내려요.
⑥ 칼을 만지지 마세요.
⑦ 엄마가 말할 때 가로막지 말아요(말을 가로채지 마).
⑧ 많이 먹어(배가 잔뜩 불러요).
⑨ 너무 적게 먹었다(많이 먹지 그래).
⑩ 밥을 남기지 말고 다 먹어라.

(2) 지도 절차

① 치료사가 독화할 내용을 큰 소리로 제시한다.
"너의 몸이 아플 때 네가 하는 말이나 다른 사람이 너에게 하는 말에는 어떤 것이 있니?"
② 흔히 쓰는 말을 몇 가지 유도해 낸 후, 다음과 같이 말한다.
"몇 가지 말이 더 있어. 내가 무슨 말을 하고 있는지 아는 사람은 손을 들어요."
③ 치료사의 말 독화하기
한 번에 한 문장씩 낮은 소리로 제시한다. 각 문장을 제시한 후 학생을 호명하여 치료사가 지시하는 방법으로 대답하도록 한다. 학생들이 다른 사람의 말을 분명하게 볼 수 있도록 반원 형태로 좌석이 배치되어 있지 않으면, 앞으로 나와서 학생들을 향해 얼굴을 돌리고 대답한다. 대답하는 방법은 다음과 같이 여러 가지가 있다.
a. 치료사가 말한 내용을 그대로 따라하기
이 방법은 처음 몇 시간 동안 치료사가 어린 아동, 나이가 좀 많은 아동 및 성인들로부터 대답을 이끌어내는 방법이다. 반드시 치료사의 말과 똑같아야 하는 것은 아니지만 요점은 분명히 드러나야 한다.

b. 치료사가 한 말을 그대로 사용하여 질문에 대답하기

치료사가 “어디 아프니?”하고 물으면 “어디가 아픈지 모르겠어요. 그저 몸이 좋지 않아요.”하고 대답한다. 이와 같이 학생이 질문에 포함되어 있는 말을 될 수 있는 대로 많이 사용하도록 함으로써 질문내용을 잘 이해하였다는 것을 치료사가 확인할 수 있도록 해야 하며, 항상 큰 소리로 대답하는 훈련이 이루어져야 한다.

c. 치료사가 한 말에 대한 해석을 붙이면서 질문에 답하기

학생들은 두 사람이 상호간에 대화를 하는 것처럼 대답한다. 예를 들어 치료사가 “너 몸이 좋지 않아 보이는 구나.” 하고 말하면, 이에 대하여 “그런데 나는 몸이 좋지 않다고 하여도 놀랍지 않아요. 왜냐하면 몸이 좋지 않은 게 분명하니까요” 하고 대답하는 것이다.

d. 말과 행동으로 표현하기

이런 식의 대답은 아동들뿐만 아니라 어른들도 좋아한다. “너 이가 아프니?” 하고 물으면 학생이 턱을 움켜쥐고 신음하면서 “예, 몹시 아파요.” 하고 대답한다.

e. 시험(quiz): 글을 써서 대답하기

치료사의 말이 한 마디씩 끝날 때마다 학생들은 그것이 무슨 말인지 적는다. 단어의 수나 생각을 정확하게 표현한 문장의 수를 기록하여 점수를 매기는데, 어법이 반드시 정확해야 되는 것은 아니다.

f. 간단한 경쟁(두 팀으로 나눈다)

처음에 한 학생이 답을 알아맞히지 못하면 그 기회가 상대팀의 학생에게 넘어 가게 되는데 정답을 알아맞힌 팀이 1점을 얻게 된다.

④ 학생의 말 독화하기

카드에 문장을 하나씩 적어서 섞어 놓는다. 학생들이 돌아가면서 카드를 한 번에 한 장씩 읽어 주고 다른 학생을 호명하여 앞에서 제시한 방법 가운데 어느 한 방법으로 대답하도록 한다. 경쟁적으로 연습시키기 위하여 치료사가 정확하게 대답한 학생에게 그 카드를 준다. 놀이가 끝난 후에 카드를 가장 많이 가지고 있는 사람이 이기게 된다.

간단한 이야기

다음 단계에서는 상호 연관된 문장이나 간단한 문장을 독화하는 일이다. 이러한 형식의 이야기 속에는 많은 수의 등장인물이 나타난다. 제시되는 어휘와 이야기는 매우 알기 쉬운 것이며, 상식에 속하는 기초적인 어휘와 개념을 주로 다루되, 학생들이 이미 알고 있는 것만 인지(독화)하도록 요구한다. 가능하면 단어의 친숙도 뿐만 아니라 가시도를 고려하여 선택하고, 이야기 내용은 논리적으로 연결되므로 다음에 올 내용을 예상할 수가 있다. 뒤따라 나오는 내용은 앞에 나온 내용을 재 언급하거나 범위가 좀 더 넓혀지는 내용은 앞에 나온 내용에 암시되어 있는 것이다. 초급단계의 학생들은 한 문장씩 대답한다. 이와 같이 하여 문장이 모두 제시되고 나면 이야기를 처음부터 끝까지 다시 한 번 제시해 준다. 문장을 제시하기 전에 화제를 미리 제시한다.

<나의 개>

① 나는 개를 한 마리 가지고 있다.
② 그 개의 이름은 바둑이이다.
③ 바둑이는 매우 큰 개이며, 몸에 점이 있으며, 털이 길고 많다.
④ 바둑이는 언제나 벼룩을 찾다가 마구 긁는다.
⑤ 바둑이를 보고만 있어도 가려워진다.
⑥ 바둑이는 목욕을 싫어한다.
⑦ 바둑이는 내가 목욕시키려고 하는 것을 미리 안다.
⑧ 내가 다가가면 바둑이는 미친 듯이 달아난다.
⑨ 내가 바둑이를 찾아보면 마루 밑 벽에 기대고 누워 있다.
⑩ 바둑이는 매우 무거워서 끌어내기가 힘들다.

위에 제시한 이야기를 잘 살펴보면 앞에 나오는 문장에서 암시되는 내용이 한 가지씩 첨가되어 나가며, 문장의 구조는 대부분 주어, 목적어, 서술어의 순서로 되어 있고, 회화체 언어를 사용하였다.

학생들을 반원으로 앉히고 치료사가 낮은 목소리를 사용하여, 왼쪽에 앉아 있는 학생으로부터 시작하여 한 번에 한 문장씩 제시한다. 한 학생이 대답을 하지 못하면 다른 학생에게 기회를 주고, 정답을 말하면 다음 단계로 넘어 가기 전에 치료사가 그 문장을 한 번 더 말해 준다.

회 화

일상적인 회화에서는 화자들이 이야기의 주제를 바꾸게 되면 주제를 어느 정도 자세히 정하지 않은 채 이야기하거나 질문을 하고 대답을 요구한다. 독화자는 이러한 상황에서 훈련을 받을 필요가 있다. 제시되는 내용을 보면 문장마다 화제가 바뀌는데, 독화자는 이야기가 진행됨에 따라 그에 알맞은 말이나 질문에 대답을 하여야 한다. 학생이 이해하지 못하는 경우에는 큰 소리로 단서가 되는 단어(cue word)를 말해주고 그 문장을 다시 한번 말해 준다. 단서로 사용되는 단어는 화제나 문장의 의미에 대한 단서의 기능을 충분히 발휘하는 것이어야 하며, 단순히 그 문장에 포함된 단어 가운데 하나를 택하여서 사용한다면 별로 도움이 되지 못한다. 경우에 따라 그 문장에 사용되지 않은 단어나 어구를 이용할 수도 있다.

회화체 문장은 반복 학습 문장과 다른 점이 한 가지 있는데 그것은 매우 중요하다. 회화체 문장에서는 상황을 통하여 내용을 쉽사리 예상할 수가 없다. 즉, 그 내용이 주어진 상황에 사용되는 말임에는 틀림없으나 그 상황에서는 반드시 그 말만 사용할 것이라고 기대할 수는 없는 것이다.

나이 든 아동과 성인들의 초보 단계에 적절한 자료로서 논리적으로 상관이 없는 문장을 몇 가지 예시하기로 한다.

① 나는 내일 큰 바다까지 타고 나가려고 한다.

여기에서 단서 단어로 '타고'를 사용하거나, '타고'와 '큰 바다'를 사용할 수는 있으나 '내일'이나 '나가려고'를 사용해서는 안 된다. 위 문장에서는 '타고' 대신에 '자전거'가 단서로 사용될 수 있다.

② 너는 어제 밤에 잠자기 전에 숙제를 끝냈니?

단서 단어는 '숙제'이고, '잠', '어제 밤', '끝내다'는 단서가 아니다.

③ 내일 나와 같이 항해 하겠니?

단서 단어는 '항해'이다.

또 어려운 어휘나 개념은 정교화와 일련의 단서 문장을 사용함으로써 획득될 수 있다. 예를 들면, 치료사가 다음과 같은 말을 한다.

a. 너는 틀림없이 배가 고플거야.

b. 너는 햄버거를 몇 개 먹을 수 있니?

c. 너는 햄버거를 먹으면서 무엇을 마시고 싶니?

d. 너는 햄버거를 먹으면서 언제나 콜라를 마시니?

상호 관련 없는 문장으로 구성되어 있고, 단서 단어에 의하여 실마리를 제공하는 이와 같은 자료는 이질 집단을 지도하는 데 매우 효과적이다. 독화가 더 서투른 학생에게는 문장을 제시하기 전에 단서 단어를 미리 제공해 줄 수도 있으며, 독화능력이 더 우수한 학생에게는 그들이 정보를 놓쳤을 경우에만 단서 단어를 제공해 준다. 또는 문장 독화를 시도하기 전에 학생이 단서 단어를 제시해 주기 바라는지 어떤지 미리 확인해 보아도 된다. 모든 치료사들이 "너는 단서가 필요하니?"하고 물어 보아야 한다.

게임과 퀴즈

경쟁을 시키기 위하여 모든 독화 자료를 게임이 가능하도록 구성할 수 있다. 게임은 아동과 성인 모두에게 인기가 있으므로 독화지도를 할 때 자주 이용할 만하다. 그와 반대로 퀴즈는 학생들이 자기의 지식이나 상상력을 과시하는 데서 재미를 느끼도록 하기 위하여 주어지는 간단한 시험이다. 퀴즈는 독화 수업에 변화를 주며, 학생의 주의가 답을 구하는 데 집중하도록 하고, 자기 자신과 자기의 독화능력에 관한 관심으로부터 벗어날 수 있도록 하는 이점이 있다. 질문은 독화하는 것만으로 충분하지 않고 답을 알거나 추측해야 하므로 학급의 모든 학생들에게 공평한 점이 있다고 할 수 있다.

다음의 예는 초보 단계의 독화 자료에는 기본적인 어휘와 간단한 문법 구조만 사용되었고 단어와 어구 또는 문장이 친숙도와 가시도에 따라 선택되었다. 여기에서도 단어나 어구를 하나씩 추가하는 방법을 사용하며, 독화자가 처음에 나오는 묻는 말의 의미를 분명히 알게 된다.

<지도 내용>

세 글자 이내로 된 단어 퀴즈

다음과 같은 뜻을 가진 세 글자 이내로 된 단어는 무엇입니까?

① 집을 잘 지키고 사람과 아주 친한 동물은 무엇입니까? 개

② 야구 공을 칠 때 사용되는 물건은 무엇입니까? 배트

③ 아이들이 바닥에 돌리면서 노는 장난감은 무엇입니까? 팽이

④ 머리에 쓰고 다니는 것은 무엇입니까? 모자

⑤ 빵에 발라서 먹는 것은 무엇입니까? 잼
⑥ 논이나 밭에서 일을 잘 하는 동물은 무엇입니까? 소
⑦ 우리가 바다에서 타고 다니는 것은 무엇입니까? 배(보우트)
⑧ 아이들이 크리스마스 때 무엇을 받습니까? 선물(장난감)
⑨ 우리가 밥 먹을 때 사용되는 물건은 무엇입니까? 숟가락(젓가락)
⑩ 쥐를 잘 잡는 동물은 무엇입니까? 고양이

<지도 절차>

① 퀴즈를 치료사가 제시하는 경우

치료사가 칠판에 '세 글자 이내로 된 단어 퀴즈'라고 쓴 뒤, 학생들을 보고 "지금부터 퀴즈 문제를 내겠습니다. 묻는 말의 답을 아는 사람은 손을 들어요. 대답은 세 글자 이내로 해야 합니다."하고 큰 소리로 말한다.

치료사가 문제를 내기 전에 학생들에게 대답하는 방법을 정확히 이해시켜야 한다.

a. 학생이 대답을 할 때 질문의 내용을 반복한다. 즉 '집을 잘 지키고 사람과 아주 친한 글자로 된 동물의 이름은 개이다.'와 같은 방식으로 대답한다.

b. 학생이 a와 같이 대답하고 나서 한 글자로 된 그 단어를 넣은 문장을 학급 학생들에게 발표한다. 예를 들면, "개입니다."와 같이 말하면 된다.

c. 학급 학생들을 두 팀으로 나누어 퀴즈를 통하여 집단 간에 경쟁을 시킨다.

d. 학생들로 하여금 답을 쓰도록 하여 학생들 간에 개인적인 경쟁을 시킨다. 답지를 거두어서 점수를 매기고, 점수가 가장 높은 학생에게 상을 준다.

e. 퀴즈 문제를 제시하기 전에 교사가 정답을 뒤섞어서 칠판에 기록해둔다. 질문에 대답하기 전에 학생이 정답을 지적하고 정답에 ×표를 하거나 지운다.

이 방법은 아주 대답하기 쉬운 방법으로서 학생들이 답을 예상할 수 있으며, 무슨 질문이 나올 것인지에 대해 어느 정도 단서를 주는 결과가 된다.

단어를 하나 하나 지워나감에 따라 질문과 답의 범위가 점점 더 좁아지게 된다.

② 퀴즈를 학생이 제시하는 경우

퀴즈를 제시할 학급 학생들에게 문제가 적힌 종이를 나누어 준다. 학생들이 퀴즈를 제시할 때 다른 학생들이 잘 알아 볼 수 있도록 말하는 방법을 평소에 훈련시켜야 한다. 입술과 턱을 적당하게 움직이고 낮은 목소리로 자연스럽게 말하는 것을 강조해 둔다.

3) 독화 시 유의 사항

(1) 독화자(아동)

① 치료사의 얼굴을 잘 볼 것.
② 치료사의 입은 물론 뺨이나 턱, 목 등의 전체적인 움직임에 주의할 것.
③ 표정의 변화, 동작에도 주의할 것.
④ 긴장하지 않을 것. 즉 즐거운 상태에서 볼 것.
⑤ 이야기의 내용을 한 덩어리로 보도록 하고, 단어 하나 하나에 신경 쓰지 않도록 할 것.
⑥ 독화하기 쉬운 위치를 정할 것.
  a. 치료사의 얼굴이 밝은 쪽이 되도록 자신의 위치를 정할 것.
  b. 너무 멀리서 독화하지 않을 것. 보통 2m정도가 적당하다.
  c. 정면에서 보는 것보다 약간 기울어진 쪽이 좋다.
⑦ 이용 가능한 도구를 되도록 많이 사용할 것. 특히 보청기를 사용하면 독화가 즐겁게 된다.
⑧ 독화는 무엇보다 눈이 중요하므로 장애를 입지 않도록 할 것.
⑨ 몸이 피로하면 독화하기가 힘들며, 충분히 수면을 취하여 안정시킬 것.

이와 같은 주의사항을 아동에게 요구하는 것은 무리이지만, 고학년 아동에게는 큰 효과를 볼 수 있으며, 부모교육에 있어서는 이것을 잘 이해시킬 필요가 있다.

(2) 화자(치료사)

① 아동에게 치료사의 얼굴을 잘 보는 습관을 기를 것. 예를 들어, 아동의 시선이 치료사의 시선과 마주칠 때 말을 하고, 다른 곳을 보면 말하지 않아야 한다.
② 초기 훈련단계에서는 말할 때 움직이지 않을 것.
③ 항상 밝은 쪽을 향하여 말하고 가능한 한 아동으로부터 구형이 잘 보이도록 위치를 고려할 것.
④ 자연스런 모양으로 말할 것. 구형을 과장하여 말하면 독화하기가 어렵게 된다.
⑤ 독화하지 못한 경우에는 같은 것을 반복하여 말하여 줄 것.
⑥ 아동이 어느 일정한 방향에서만 독화하는 것이 습관화되어 있으면, 여러 방향으로 변화시켜 줄 것.

⑦ 독화를 잘하면 칭찬해 줄 것.

⑧ 단어에서 문장으로 독화시켜 가며, 교재를 변화시켜 줄 것.

⑨ 이용 가능한 기구(보청기나 거울)는 되도록 많이 사용할 것.

⑩ 훈련기간은 한 번에 너무 오래하지 말고, 매일 30분씩 집중적으로 행할 것.

⑪ 훈련의 과정은 보통 청능훈련과 같이 독화하기 쉬운 것부터 어려운 것으로 단계를 밟아 지도할 것.

참고문헌

김종현 (1991). **말 읽기(독화) 기능의 구인 분석**. 대구대학교 대학원 박사학위논문.

이규식 · 김종현 (1991). 말 읽기 기능의 일차적 요소에 대한 고찰. **대한특수교육학회지**, 12, 23-49.

이규식 · 원영조 · 김종현 (1990). **구화교육(1) : 독화 지도의 이론과 실제**. 대구 : 배영출판사.

Costello, M. R. (1964). Individual difference in speechreading. *Report of the proceedings of the International Congress on Education of the Deaf and the forty-first Meeting of the convention of American Instructors of Deaf*(Document No, 107, 317-321), Washington, D. C.: United States Government Printing Office.

Craig, W. N .(1964). Effects of preschool training on the development of reading and lipreading skills of deaf children. *Amer Ann Deaf, 108,* 280-296.

Erber N. P. (1975). Speech Perception by Profoundly Hearing-Impaired children, *Journal of Speech and Hearing Research, XL IV*, 212-223.

Evans L. (1978). Visual communication in the deaf: Lipreading, fingerspelling and signing, Unpublished doctoral dissertation, *University of Newcastle upon Tyne.*

Lowell, E. L .(1960). Research in speechreading: Some relationships to language development and implications for the classroom teacher. P*roceedings of the 39th Meeting of the Convention of American Instructors of the Deaf,* 68-75. Washington, D. C.: United States Government Printing Office.

Mc Daniel E. D.(1980). Visual Memory in the Deaf, *American Annals off the Deaf,* February, 17-22.

Motgomery, Walden, Prosek R. A.(1987). Effects of consonantal Contet on Vowel Lipreading, *Journal of Speech and Hearing Research,* 30, 50-59.

Owens, Blazek B. (1985). Visemes Observed by Hearing-Impaired and Normal Hearing Adlt Viewers, *Journal of Speech and Hearing Research,* 28, 381-393.

Truax R. R. (1984). Language - An Overview, In R. R. Kretschmer, L. W. Kretschmer&R. R. Truax(Eds.), *Language Development and Intervention with*

Hearing Impaired(pp.1-8), Baltimore: University Park Press.
Walden, Prosek Worthington D. W. (1975). Auditory and Audio-visual Feature Transmission in Hearing-Impaired Adult. *Journal of Speech and Hearing Research*, 18, 272-278.

제 8 장

수화지도

1. 개념

1) 수화지도의 의의

오늘날 지식이 급진적으로 발전하는 사회에서 청각장애인들은 많은 정보수용을 필요로 하고 있으며, 현대 문화생활의 향유를 갈망하고 있다. 청각장애교육에서 지금까지의 구화일변도 교육은 이들의 이와 같은 욕구를 충족시켜 주는 데는 다소 부족했다. 더욱이 교육의 경제성 추구는 구화교육의 투입에 대한 생산성을 비판하게 되었으며, 교육에서의 인간학적 접근은 청각장애인을 일방적으로 건청인에 접근시키려는 정상화론에서 탈피하여 청각장애인들의 특성과 세계를 인정하는 입장을 강조하게 되었다. 이와 같은 배경은 청각장애인 사회(deaf community)를 인정하고 그들의 제 1 언어(native language)인 수화를 긍정적으로 수용하는 데 기여했다. 특히 소련의 신구화주의(neo oralism) 및 미국의 토털커뮤니케이션(total communication) 접근의 대두로 청각장애교육 현장에서 수화를 재조명하여 언어지도의 방법적 변화를 시도함으로써 많은 효과를 거두고 있다.

Meadow(1972)와 Vernon(1969) 등은 사회언어학적 측면에서 사회적 언어로서 수화의 위치를 주장하고 있다. 즉, 이들은 청각장애인에 의해서 형성된 언어학적 공동체(linguistic community)를 인정하여 수화를 언어학적으로 분석하고 있다. 이들은 음성언어와 수화는 음성과 수지의 양식적 차이 이외에도 사회적인 언어로서의 독특한 위치를 가지고 있다고 지적하고 있다. 그리고 미국에서 소수민족이 각기 모국어를 중시하는 것은 청각장애인의 사회에서 그들의 제 1 언어인 수화를 중시하는 것과 맥을 같이 한다고 보고 있다.

Lambert 와 Peal(1962), Ervin-Tripp(1966) 및 Schlesinger(1970) 등은 이중 언어(bilingualism) 입장에서 수화를 긍정적으로 평가하고 이중 언어 사용자에 있어서 모국어는 제 2 언어인 영어 학습을 방해하지 않음을 지적하고 있다.

Meadow(1972)는 신경생리학적 측면에서 구어의 발음기관 기전과 수화의 운동기전 즉, 대뇌피질에서 이들 영역 간에 밀접한 대뇌합류(proximity)가 있다고 주장함으로써 수화는 구화 발달을 저해하지 않는다고 보고하고 있다. 그리고 Vernon과 Koh(1970) 등은 발달심리학적 측면에서 수화 사용이 청각장애아동의 발달과업을 성취하는데 도움을 주며, 구화의 강요는 심리적 압박감과 구화에 대한 부담감으로 커뮤니케이션에 부정적인 영향을 줄 수 있다고 하였다. Caccamise와 Johnson(1978) 등 여러 연구자들은 동시법이나 수화(ASL 또는 MCE)가 구화 기능 개발에 도움을 주며, 결코 유해한 영향을 주지는 않는다고 보고하고 있다. 또한 Vernon과 Koh(1970) 등은 청각장애부모의 청각장애아동이 건청부모의 청각장애아동보다 학력, 사회성숙도, 사교성, 감정표현, 또래 및 성인과의 적응 등 대부분의 발달 영역에서 우수하다고 보고하여 조기부터 수화 사용의 긍정적 의미를 인정하고 있다.

한편, 미국의 농교육사에 있어 하드포드(Hartford)농학교의 설립(1817년)부터 클라크(clarke)농학교 설립(1869년)까지의 약 50년간은 수화법에 의한 교육의 시대이고, 그 후 100년간은 수화법이 주류를 차지하면서 1960년대 말에 이르러 토탈커뮤니케이션 이념의 도입으로 청각장애교육에 획기적인 변화가 일어났다. 이 이념은 다음과 같은 몇 가지 원칙을 강조하고 있다.

첫째, 커뮤니케이션 방법에서 청각장애인의 커뮤니케이션을 우선해야 한다. 즉, 조기부터 그들이 이용할 수 있는 수단 즉, 청능, 발어, 수화, 지문자, 몸짓, 그림, 읽기 및 쓰기 등을 배우도록 한다.

둘째, 커뮤니케이션에 있어서 아동의 요구, 능력에 따른 최적한 이해, 표현을 보장하는 것은 청각장애아동에 대한 도덕적 권리를 보장하는 것이며, 극단적인 구화주의는 청각장애를 부정하는 것이다.

셋째, 커뮤니케이션은 인간관계의 과정에서 발달한다. 토털커뮤니케이션은 부모와 자녀간의 의사소통을 보다 용이하게 하고 또한 기쁨이 있게 한다. 건청아동과 같이 조기부터 수용-표현의 상징체제를 도입·확립하는 것을 가능하게 한다.

넷째, 구화법에서는 모든 청각장애아동을 정상사회에 통합시켜가는 것 즉, 정상화론을 목표로 하고 강조하나 토털커뮤니케이션은 청각장애인의 사회도 인정한 청각장애인의 자기실현을 목표로 한다.

다섯째, 종래의 구화-수화논쟁이란 점에서 토털커뮤니케이션을 생각할 것이 아니라 청능-구화법과 수화법의 종합으로서 파악해야 한다는 것이다.

따라서 청각장애아동의 생존권과 발달권 보장을 위한 인간적인 성장을 위하여 그들에게 가장 적합한 커뮤니케이션법에 의하여 정서적으로 안정된 상태에서 학습하도록 해야 한다. 그렇게 하기 위하여 구화, 수화 등 모든 커뮤니케이션 방법을 개방적으로 사용하는 것이 바람직하다는 점 등이다.

이 외에도 Furtey(1974), Chasen과 Zuckerman(1976), Nix(1975) 등은 수화가 청각장애아동의 언어능력, 인지, 사고능력, 성격의 발달, 학력의 향상, 부모와 아동간의 심리적 결합, 자아개념 확립 및 인간관계의 개선 등 여러 가지 측면에서 긍정적인 효과를 준다는 연구결과들을 제시함으로써 수화를 재조명할 필요성을 시사하고 있다.

이와 같은 배경에서 수화의 언어학적 연구는 Stokoe(1976)에 의해서 본격적으로 시작되었다. 그의 연구 내용은 수화 단어를 구성하는 요소를 추출하여 그것을 기술하고 있다. 음성언어의 용어로 말하면, 음운론(Phonology)을 대부분 다루었고, 형태론(morphology)은 극히 적은 부분만 언급하였다. 그리고 구문론(syntax)은 전혀 접근하지 못했다. 그는 "phonology" 대신에 "cherology", "음소 (phoneme)" 대신에 "chereme", "변이음(allophone)" 대신에 "allocher"라는 술어를 사용하였다. 그리고 "chereme"는 3개의 상(aspect), 즉 tab(수위), dez(수형), sig(수동)로 나타내었다. 이렇게 해서 처음으로 수화가 음운론적으로 분석되었다.

70년대 후반에는 수화에 대한 언어학적 연구가 양적, 질적 측면에서 비약적으로 늘어나서 향상을 보인 시기로 이 시기의 연구 논문에서 수화의 기호적 특성이 분명하게 되었고, 음성언어의 자의성(arbitrariness)에 대한 수화의 사상성(iconicity)을 주로 논의하였다. 아울러 구문론적 연구도 본격적으로 시작되었고, 그 외 형태론적인 면의 연구도 있었다. 이와 같이 미국에서 수화 연구는 음운론적 수준부터 구문론적 수준까지 발전했음을 알 수 있고, 음운론적 수준은 꽤 많은 연구가 정밀하게 되어 있지만 구문론과 의미론은 아직 미흡한 실정이다.

방법론을 보면, 이전의 음성언어학의 방법을 답습해서 하고 있다. 구성 요소 및 발화가 선조적인 음성언어의 방법론을 동시적인 수화언어에 어디까지 응용할 수 있는가가 문제점으로 지적된다. 연구의 내용범위도 사회언어학, 심리언어학, 유아 언어학, 신경언어학 등 광범위하게 행해지며, 아울러 미국 전역의 방언에서 세계적인 수화 연구까지 확대해 가고 있는 실정이다.

한편, 일본도 수화 연구의 대부분이 수화의 언어학적 연구이며, 구문론 수준의 연구까지 발전해 왔다. 그리고 이들 연구가 청각장애학교 교사나 그 경험자가 주류를 이루고 있는 것이 특징이다.

2) 수화언어의 기본속성

여기서는 수화에 대한 잘못된 인식을 밝혀서 수화가 가지고 있는 기본속성을 찾고자 한다.

수화에 대한 잘못된 인식을 제시한 Frishberg(1975), Fischer(1975), Bellugi와 Klima(1972) 및 Peng과 사또우노 부마사(1981) 등의 견해를 종합해 보면, <표 8.1>과 같다.

<표 8.1>에서 네 편의 연구가 모두 지적하는 항목은 "보편적"이고, 세편이 공통으로 한 항목은 "음성언어의 파생형", 두 편이 공통인 것은 "판토마임", "추상적 표현 불가능", 한편만 지적하는 항목은 "전문용어 부족", "문법 부족", "청각장애인만의 것" 등이다.

먼저 수화는 "보편적이다"라는 인식은 제스처나 판토마임처럼 생각하고 있는 것에 기인하고, 제스처라면 어느 나라에서도 통한다는 것이다. 그러나 한 예로 엄지와 집게손가락으로 만든 원형 제스처는 "OK", "목구멍", "O", "위협", "돈"의 의미로 지역에 따라 달리 사용하고 있다.

〈표 8.1〉 수화에 대한 인식

논문 / 인식오류	Frishberg	Fischer	Bellugi와 Klima	Peng과 사또우노 부마사
① 보편적	+	+	+	+
② 음성언어의 파생형	+	+	+	-
③ 판토마임	+	+	-	-
④ 추상적표현 불가능	-	+	+	-
⑤ 전문용어 부족	-	-	+	-
⑥ 문법 부족	-	-	-	+
⑦ 청각장애인만의 것	-	-	-	+

"OK"는 유럽 전 지역과 일본 및 한국에서, "O"는 벨기에와 프랑스에서, "구멍"은 터키와 그리이스 및 말타에서, "위협"은 튜니지아에서, "돈"은 한국과 일본에서 사용되고 있다. 따라서 제스처의 의미가 다른 나라에서는 이해되지 않을 뿐만

아니라 전체의 의미가 바뀌어 버리는 것이다. 남자; 엄지 세움, 여자; 새끼손가락 세움은 한국사람, 일본사람은 누구나 알지만 필리핀, 인도네시아, 말레이지아, 버마, 싱가폴, 중국, 멕시코, 네덜란드, 사우디 아라비아 등의 나라에서는 90%의 사람이 "엄지 세움"을 "좋다"의 의미로 사용하고, 새끼 손가락 세우는 것은 멕시코, 버마, 프랑스, 네덜란드에서는 볼 수 없고, 싱가폴에서는 "제일 뒤"의 의미로, 홍콩과 인도네시아, 중국에서는 "좋지 않다"의 의미로 사용하고 있다. 수화언어를 보편적이라고 하는 이유의 또 다른 하나는 사상성에 있다. 수화는 사물의 흉내이기 때문에 어디서라도 같고 누구라도 알 수 있다고 오해한다. 하지만 실제는 그렇지 않다. "소"란 수화는 한국수화와 ASL(American Sign Language)이 다르고 또 JSL(Japan Sign Language)의 "계란"과 ASL의 "계란"은 손의 형태가 다르다. 중국의 농아인은 ASL을 이해하지 못하고 미국 농아인은 CSL(Chinese Sign Language) 즉, 중국의 수화를 이해하지 못한다.

ASL과 프랑스의 수화언어는 처음에는 공통이었지만, 오늘날에는 서로 이해할 수 없을 정도로 변화되었다. 더욱이 영국과 미국은 공통의 음성언어를 가지고 있음에도 불구하고 양국의 수화언어는 서로 이해할 수 없는 것으로 되어버렸다. 또 프랑스, 독일, 홍콩, 일본, 영국의 수화는 어떤 개념에 대해서 각각 다른 수화를 가지고 있을 뿐만 아니라 각기 다른 형태소의 구성 제한을 가지고 있다.

다음으로 수화는 "음성언어의 파생형" 즉, 음성언어에 기초를 둔 언어라는 인식이 있으나 ASL에는 영어와 일치하지 않는 어휘가 있다. 한국수화도 국어의 어휘 체계와 다른 점이 있다. 예를 들면, "비가 내리다"와 "비"는 동일 형태이고, "눈이 내리다"와 "눈"도 동일 형태이다. 더욱이 한국수화에는 "내리다"라는 수화가 없는 점도 크게 다르다. 그러나 "그치다"라는 수화가 있는 점은 국어와 똑같다. 문법에서도 전통적 수화는 음성언어에 기초를 두지 않는 점이 있다. 능동형인 "꾸짖다"와 수동형인 "꾸짖음을 당하다"도 수화는 한 개이고 다만 방향만 다르다. 즉, 능동형은 자신에게서 떨어지는 방향으로, 수동형은 자신에 접근하는 방향으로 표현된다. 그리고 어순에 있어서도 반드시 일치하는 것은 아니다.

다음에 수화는 "판토마임이다"라는 오해에 대해 보면, 수화에 음성언어의 음운론적 수준에 상당하는 것이 없다든지 구조가 없다는 것은 잘못된 것이다. ASL이 단지 판토마임이 아니라는 것은 Battison(1977)에 의해서 증명되고 있다. 판토마임은 순수한 모방 행동이고, 임시적인 데 비해서 수화언어는 부호 제스처이고 일정한 규칙이 있다. 예를 들면, "어제 국어 공부를 했다"라는 문장을 수화로 하면, <어제>+<국어>+<공부>+<하다>로 각각의 수화가 정해져 있다. 그러나 판토마임은 부호 제스처가 아니다.

다음으로 수화는 “추상적인 것을 표현할 수 없다”는 인식에 대한 반증으로 수화에는 종교, 정치, 윤리, 정신적, 추상적 개념과 사상의 영역을 다루는 어휘가 있다. 또 어떤 수화는 기원적으로는 구상적이었지만 현재 점차 자의적이 되어가고, 사상적 기반을 조금도 가지고 있지 않다. 즉, 수화의 형에 제약을 받지 않고 자유롭게 추상적인 개념도 표현할 수 있다.

그리고 수화에 “전문 용어가 부족하다”는 점에 대해서는 사실 음성언어에 비해 전문용어가 부족하나, 이것은 역사적, 사회적 배경이 있기 때문이다. 수화의 역사는 얼마 안 되고 더욱이 학교 교육으로는 수화의 사용이 금지되었기 때문에 언어로서의 발전이 지연된 것, 그리고 청각장애인이 고등교육을 받게 된 역사가 그렇게 오래되지 않아 전문용어가 불필요했던 점이 주요 원인이라고 보여 진다. 다만 수화의 조어를 위해 지문자의 사용이 활발해지고 있다.

또 수화에 “문법이 부족하다”는 인식에 대해서, 문법은 형태론과 구문론으로 크게 나뉘어 지고 전자는 단어를 구성하는 규칙, 후자는 문장을 구성하는 규칙을 대상으로 하는 분야로 수화에 문법이 없다고 한다면 말의 규칙이 없다는 것이므로 그 내용이 제 삼자에게 이해될 수 없다. 그러나 수화는 일정한 규칙을 가지고 있다.

끝으로 수화는 “청각장애인만의 것이다”라는 인식에 대해서, 최근에는 중증의 자폐아동의 언어치료에도 수화언어를 사용하고 있다.

이상에서 보는 것처럼 수화는 하나의 독자적인 언어로서의 성격과 규칙을 가지고 있음을 알 수 있다. 이와 같은 기본 속성이 농아인 사회에서 사용되어 온 전통적인 수화에서 현저하게 나타난다.

3) 수화 기능의 발달

먼저 청각장애아동에 있어서 언어습득의 일반적 경향을 보면, 언어의 시작은 청각장애인과 건청인 양쪽 다 비슷한 시기에 일어난다. 옹알이(babbling)는 정상인 경우 6개월 경에 나타나며, 청각장애아동도 동일한 시기에 수화적으로 옹알이가 시작된다(Siple, 1973). 첫 수화단어가 시작하는 시기는 약 12개월부터이다. 비록 좀더 많은 증거가 요청되지만 첫 수화는 첫 구어 보다 빨리 생성된다는 것을 일부 연구들이 제시하고 있다. McIntire(1974)의 연구에서 청각장애 대상자는 9개월에 수화를 하기 시작했고, 10개월에 두 수화의 결합이 나타났다고 하였다. Wilbur(1976)는 이렇게 빨리 나타나서 수화가 성장하는 것은 조음기관의 근육보다 손의 근육통제가 훨씬 잘 되는 것에 기인한다고 하였다.

한편, Siple(1973)은 청각장애아동의 발화의 길이(MLU; mean length of utterence) 증가 속도는 정상아와 유사하다고 했다. 1차 언어로써 수화를 습득한 청각장애아동의 수화습득 과정을 음운론적, 형태론적, 구문론적 수준에서 분석, 규명해 보면 상당히 많은 유사과정이 발견된다.

이상의 연구 결과들이 가지고 있는 결론은 다음과 같다. 일반적으로 1차 언어로써 시각-수화 유형에서 언어의 습득은 구어-청취유형의 언어습득 과정과 유사하다.

(1) 일반적으로 1차 언어로써 시각-수화 유형에서 언어의 습득은 구어-청취 유형의 언어습득 과정과 유사하다.

(2) 수화커뮤니케이션 기능의 발달은 생리학적, 언어학적 변인에 관련한다.

(3) 어린이들의 다양한 언어적 배경을 고려해야 한다. 수화언어와 구화언어 사이의 유사성과 상이성이 두 언어를 촉진하기 위해 상보적으로 논의되어져야 한다.

4) 수화의 수용과 표현

청력 손실은 정서적, 사회적 행동, 교육적 진전 및 직업 선택에 곤란을 가져오게 한다. 그러나 가장 핵심적인 문제는 커뮤니케이션 과정의 곤란에 있다. 그러면 청각장애아동은 정보를 수용하는 데 어떤 특성이 있는지 선행 연구결과들을 토대로 탐색해 본다.

Johnson(1976), Klopping(1972) 등은 청각장애인은 순수 구화나 수화보다도 동시법에 의해서 더 많은 정보를 얻는다고 주장하고 있다. Weiss, Mclntire, Goodwin 및 Moores(1975) 등도 말과 지문자를 사용하는 조건보다 수화, 지문자, 말의 병행에 의해서 보다 잘 정보를 수용한다고 주장하였다.

Reich와 Bick(1975)도 지문자, 독화, 듣기가 동시에 일어날 때 정보수용이 효율적이라고 하였다. 또 ASL과 수화로 기호화된 영어(Manually Coded English: MCE)를 사용하여 이야기의 수용을 비교 연구한 결과, 일부는 ASL로, 일부는 MCE로 보다 잘 수용한다고 하였다. 한편, Caccamase와 Blasdell(1976)은 지문자보다 수화를 잘 수용한다고 하였다. 또한 지문자의 수용은 어두나 어말의 문자가 어중의 문자보다 잘 구별된다고 지적하였다. 그리고 수화언어의 수용에 미치는 변인으로는 속도, 거리, 각도, 밝기를 들 수 있는데 이에 대한 주장은 다음과 같다.

(1) 능숙한 성인 수화 화자의 평균 지문자 표현 속도는 1분당 300문자이다.

(2) 비교적 느린 속도, 즉 1분간 88문자로 전달하면, 175피트 거리에서 효과적인 커뮤니케이션이 가능하다.

(3) 중간 정도의 속도(1분간 180~200자)이면, 지문자화한 단어는 단 단어는 30피트 거리에서, 문맥에서는 50피트까지 효율적인 커뮤니케이션이 이루어질 수 있다.

(4) 독립된 수화의 수용에서 0, 45, 90도 각도에서의 유의한 차는 발견되지 않았다.

(5) 시각적 영어(지문자와 말 병행)의 수용에서 손의 위치는 입 주위가 가장 좋았다.

(6) 비디오테이프를 사용하여 연구한 결과, 대상자가 30도 각도에서 표현되는 것을 좋아하지만, 보는 위치에서 0, 30, 45, 60도 각도의 동시적 커뮤니케이션의 수용에서 유의한 차는 없었다고 보고하였다.

(7) 청각장애자는 OHP나 TV모니터 보다 실제 제시 하에서 동시적 커뮤니케이션 정보를 보다 잘 수용한다.

이상의 연구 결과에서 얻어지는 결론은 다음과 같다.

① 동시법은 청각장애학생들의 바람직한 커뮤니케이션 방법이다.

② 청각장애학생의 개인차에 따라 커뮤니케이션 유형이 결정되어야 한다.

③ 속도, 거리, 각도, 밝기는 수화언어의 수용과 표현에 중요한 영향을 준다.

④ 통역자는 동시법적 통역을 해야 한다.

한편, Blasdell(1977)은 화자는 구어와 지문자를 병용하기보다는 구어와 수화를 병용하는 것이 말의 흐름에 방해를 가져오지 않는다고 보고하였다.

다음으로 수화 언어의 표현에 있어 시간의 양적 차이에 대한 연구를 보면, Bellugi와 Fischer(1972)는 ASL과 구어영어의 메시지 전달 시간은 비슷한 양을 요구하고, 수화영어는 문장 번역시 구어영어보다 2~2.5배 정도 더 긴 시간을 요구한다고 하였다.

또한 Calvert와 Silverman(1975)은 영어에서 음절이 속도와 밀접히 관련되어 있는 말의 단위로서, 초당 평균 5~5.5음절(평균 음절 속도 0.18초) 또는 회화에서 1

분당 약 270단어가 평균이라고 한다. 한 단어당 평균 5개의 철자로 고려하면, 이것은 1분간 1, 350자가 된다. 가장 널리 보고된 자료는 1분당 120~150단어는 600~750철자를 요하며, 지문자를 사용할 때 전달자가 정상적인 말의 속도를 유지하려면 생략되고 왜곡된 지문자화가 자연히 생기게 된다고 지적하였다.

이상의 연구 결과에서 얻어진 주요 내용을 요약하면 다음과 같다.

(1) 말과 수화, 지문자를 병행할 때는 정상적인 말의 흐름과 리듬을 유지하는 것이 바람직하다.

(2) 구어의 흐름과 리듬 및 정보의 흐름을 같이 할 수 있는 수화 언어와 기호의 특징이 고려되어야 한다.

(3) 정상적인 커뮤니케이션 환경에서는 지문자보다는 수화가 보다 일관된 구어 구조를 나타내게 된다.

(4) 지문자를 사용해 중요한 정보를 전달할 때, 특히 새로운 정보일 때는 명백한 전달을 위해 정상적인 속도보다 조금 느린 속도를 요한다.

2. 수화의 유형별 언어적 성격

수화의 유형은 수화의 언어를 구성하는 요소 및 수화의 구성과 표현 방법에 따라 그 유형을 전통적 수화와 문법적 수화로 나누어 볼 수 있다. 여기서 각 유형이 가지고 있는 독특한 특성을 찾아보고자 한다.

1) 수화의 요소별 유형

수화 커뮤니케이션의 기본 요소는 청각장애인의 자발적 언어 즉, 제 1 언어(native language)의 입장과 이를 구어에 접근시킨 문법적 수화에 따라 다소 다르게 된다. 이 두 입장의 종합적 견지에서 보면, 수화 어휘(sign word), 지문자(finger spelling), 몸짓(gesture)의 세 개로 볼 수 있다. 여기에 보조 수화(sign markers)를 첨가하기도 한다(Bornstein, 1977).

수화어휘는 낱말에 대한 약정의 수지적 표현으로 가능한 한 표준화 시키려는 노력을 각 나라들이 행하고 있다. 지문자는 여러 가지 종류가 있다. 즉, 영국의 양손 지문자, 미국의 한손 지문자 및 시각장애인용 지문자 등이다. 몸짓은 안면 표정, 눈의 동작, 몸의 동작 등이 포함되어 대개는 수화 어휘의 의미를 보충한다. 그리고 보조 수화는 수화 어휘의 기본형 외의 활용, 시제, 낮춤과 높임, 조사 등에 대한 수화를 말한다(석동일, 1989).

일본의 지문자는 46개 문자에 탁음, 반탁음 23개 문자가 합쳐져 모두 69개 문자로 되어 있다. 이들의 주요 특성은 (1) 대부분이 영어 알파벳 지문자에서 차용한 것이고, (2) 동형의 수형을 수향에 따라 문자를 달리 표현하는 것이 많으며, (3) 수형, 수향, 수동에 의해 변별되고 있다는 점 등이다. 한편 한국지문자는 전국립 서울 농아학교 초대 교장 윤백원 선생이 1947년에 창안한 것으로, 자음 14자, 모음 10자 모두 24자를 기본적으로 하고, 여기에 쌍자음 중모음을 합해서 총 36자(ㄲ, ㄸ, ㅃ, ㅉ는 빠져있음)로 만들어져 있다. 한국 지문자는 모두가 자형을 중심으로 만들어졌는데 기본 자·모음은 모두 수동이 없다. 이들 지문자를 구체적으로 분석해 보면 다음과 같다.

(1) 수형이 유사한 것: (ㄹ, ㅌ), (ㅁ, ㅍ)

(2) 수형이 같으나 수향이 다른 것: (ㅏ, ㅓ, ㅗ, ㅜ, ㅡ), (ㅑ, ㅕ, ㅛ, ㅠ), (ㄱ, ㄴ)

(3) 영어 지문자와 동형 및 동향인 것: (ㅂ=b), (ㅁ=n), (ㅍ=e), (ㅇ=f), (ㅎ=a), (ㅣ= i)

(4) 영어 지문자와 동형이나 방향이 다른 것: (ㄷ=v), (ㄹ=w), (ㅑ, ㅕ, ㅛ, ㅠ = h, v)

이상의 분석에서 나타난 한국 지문자의 특성은 다음과 같다.

(1) 한국 지문자는 모두 자형에 기초해서 만들었다.

(2) 한국 지문자는 수형에서 영어 지문자와 동일하거나 비슷한 것이 있기는 하나 도입했다고 볼 수는 없다. 왜냐하면 자형에 근거했기 때문이다.

(3) 자형이 시화자와 지화자의 위치가 획일화 되어 창안되지 아니했다.

이를 다시 구체적으로 분석해 보면 다음과 같다.

① 시화자 위치의 지문자: ㄴ, ㄷ, ㄹ, ㅁ, ㅂ, ㅅ, ㅇ, ㅍ, ㅎ

② 지화자 위치의 지문자: ㄱ, ㅈ, ㅊ, ㅋ, ㅏ, ㅑ

③ 중립적 위치의 지문자: ㅓ, ㅕ

다음으로 지문자의 표현과 수용에 있어서 나타나는 주요 특성을 보면, 지문자의 정보화 과정의 모델에는 3가지가 있다. 즉, 암호 모델(cipher model)과 음운학적 모델(phonological model) 및 구문적 모델(syntactic model)이 있지만 한국의 지문자는 일대일로 일치하는 암호 모델에 의해서 지문자화 한다. 그리고 어두나 어

말은 어중에서보다 지문자화 하는 데 더 많은 시간이 걸린다. 한편 지문자의 수용은 화자로부터의 거리에 반비례 한다.

이상에서 보면, 수화언어를 구성하는 요소 중에서 핵심적인 것은 수화 낱말과 지문자이다. 그리고 이 두 요소의 기능을 돕는 것으로 몸짓 요소와 보조수화가 있다. 또한 각국의 지문자는 상당히 유사한 모양을 가지고 있다. 이것은 손의 모양이 어느 정도 제한되어 있기 때문인 것으로 해석된다.

2) 수화의 방법적 유형

수화의 방법적 유형에는 크게 전통적 수화와 문법적 수화가 있는데 이들 유형이 가지고 있는 특성을 분석해 보면 다음과 같다.

Jacob(1977)는 자연적 수화(natural sign)와 문법적 수화(methodical sign)로 나누고, 자연적 수화는 농자의 마음에 생긴 관념의 순서에 따라서 사용된 수화로 이 수화 중에는 관습적인 것도 있고, 인위적인 것도 포함되며, 문법적 수화는 문자언어의 어순에 따라서 필요한 문법적 기호나 단어의 변화를 수반하는 수화라고 정의하고 있다.

일본은 전통적 수화와 동시법적 수화 사이에 1970년경까지는 문법적 특징에 있어서 뚜렷한 차이가 있었으나 현재는 전통적 수화가 동시법적 수화를 닮아가고 있다. 그래서 양자의 간격이 점차 좁혀져 가고 있다. 미국도 농교육 기관에서 문법적 수화를 시도하고 있다. 그리하여 이에 준하는 수화 시스템이 많이 개발되어져 있다.

한국 수화도 기본적으로는 전통적 수화와 문법적 수화로 대별할 수 있겠으나, 한국의 전통적 수화는 일본의 전통적 수화나 미국의 Ameslan과는 그 성격이 다르다. 전통적 수화는 고유의 독자적인 속성이 강하지 못하고 문법적 수화와 중간 형태적 성격을 가지고 있다고 생각된다. 그런데 성인 청각장애인사회는 대부분 전통적 수화 사용을 주장하고 있으며, 청각장애교육 현장에서는 문법적 수화 사용을 시도하고 있는 실정이다. 한국 수화에 나타난 이들 방법을 언어적 성격에 따라 비교해 보면, 다음 <표 8.2>와 같다.

<표 8.2>에서 보는 바와 같이 전통적 수화는 청각장애인 사회에서 자생한 고유한 언어로 볼 수 있으나, 한국 수화에서는 순수한 전통적 의미의 수화를 찾기도, 구분하기도 다소 어렵다. 다만 구분의 준거가 될 수 있는 것은 용언의 활용, 조

사, 시제, 존칭 및 어미의 사용과 같은 문법요소의 사용여부와 일부 수화 독자의 언어규칙을 사용하고 있는 것 등이다.

〈표 8.2〉 한국의 전통적 수화와 문법적 수화의 언어적 특징

구 분	전 통 적 수 준	문 법 적 수 화
· 국어와 일치도	· 말의 의미, 문법을 국어와 일치시키지 않고, 다소 독자적 문법을 가지고 있다.	· 말의 의미 문법이 국어와 일치되며 조사나, 용언의 활용 어미 사용이 특히 현저하다.
· 이해의 용이성	· 국어를 이해하지 못해도 직관적으로 이해하기 쉽다.	· 국어 미 습득자는 이해에 다소의 곤란을 가진다.
· 지문자 사용	· 사용은 하나 적다.	· 적극적으로 사용한다.
· 구어 병용	· 병용을 전제하지 않는다.	· 병용을 전제한다.

전통적 수화는 성인 농자들이 사용하는 수화로 한정해서 사용했다.

미국은 농교육 기관에서 문법적 수화를 많이 시도하고 있다. 그리하여 이에 준하는 시스템이 상당히 개발되어져 있다. 미국의 전통적 수화 유형에 속하는 것으로는 Ameslan이 있고, 문법적 수화 유형은 다음과 같은 다양한 것들이 있다.

[MCE ; manually coded English]

· PSE (Pidgin Sine English) : Ameslish, Sign English, Singlish, Signed English

· ME (Manual English) : Fingersplling (Rochester Method, Visible English)
SEE 1 (Seeing Essential English)
SEE 2 (Singing Exact English)
LOVE (Linguistics of Visual English)
Signed English

이상에서 보면, 우리나라는 명확히 개발된 수화 시스템이 없고 단지 기존의 수화에 문법적 접근을 조금씩 시도할 뿐이다. 그러나 미국은 문법적 수화로 개발된 많은 수화 시스템을 의도적으로 활용하고 있다. 따라서 수화의 유형은 수화 고유의 언어 규칙을 중시하는 전통적 수화와 음성언어의 언어규칙에 접근시켜 수화를 정립·체계화시켜 보려는 문법적 수화, 이 두 가지 주된 범주로 대별된다. 이 두 유형에 대한 장·단점이 활발히 연구 논의되고 있으나, 아직도 뚜렷한 결론을 얻지 못한 상태이다.

지금까지 수화에 대한 언어학적 분석 연구는 그 대상을 전통적 수화에 거의 한정해서 하고 있다. 이는 수화의 독자적인 언어학적 본질을 밝혀서 하나의 언어

로서 체계를 확립해 보려는 시도로 해석된다.

3. 수화 어휘의 구성과 표현상 특성

수화 어휘를 구성하는 기호 요소는 연구자의 관점과 국가에 따라 다소의 차이가 있다. 그러나 요소의 구성과 표현에서는 많은 공통점이 있다. 이들의 주요 내용을 분석 추출해 보면 다음과 같다.

1) 수화의 기호구성 요소

수화를 구성하는 요소에 Stokoe(1976)는 3개의 수화소(chereme)를 다음과 같이 정했다.

(1) TAB(tabulator) : 수화를 하는 위치 (수위)

(2) DEZ(designator) : 수화를 하는 손의 모양 (수형)

(3) SIG(signation) : 수화를 하는 손의 동작 (수동)

Stokoe는 11개의 수위소(TAB)와 21개의 수형소(DEZ), 그리고 26개의 수동소(SIG)를 제시했다.

석동일(1989)은 한국수화의 수화소를 수형의 소인자인 수 접촉점은 수위에 포함시키고, 양손관계는 수동에 넣어서 (1) 수위 (2) 수형 (3) 수향 (4) 수동의 4개로 제시하고 있다.

2) 수화구성과 표현상의 기본특성

수화를 구성하고 표현하는 데는 수화 특유의 독특한 특성과 음성언어와 비슷한 속성도 있다. 여기서는 "구성"이라는 용어를 음성언어의 "조음"이라는 용어와 같은 개념으로 사용하였다.

(1) 공간적 배열

음성언어가 계시적으로 음소를 배열하는 데 반해 수화는 공간적으로 수화소를 배열하는 것이다. 수화의 공간적 배열은 단어를 구성하는 측면과 문장을 구성하는 측면의 두 가지로 생각할 수 있다.

"남자가 여자에게 말한다."라는 문장에서 <남자> <여자> 동작은 좌우로 동시에 나타나서 <남자>로 부터 <여자>쪽으로 <말하다>의 수화동작을 한다.

(2) 사상성과 규약성

음성언어에서는 어떤 의미(예, 왕왕하고 짖고 있는 동물)와 <개>라는 음성은 약속된 것으로 결합되어 있다. 그리하여, 기호내용(signified)과 기호표현(signifier)의 관계는 자의적이라고 할 수 있으며, 이 양자 사이의 사상관계는 없다. 그러나 수화에서는 기호내용(수화의미)과 기호표현(수형과 수동)은 사상관계가 강하다. <개>의 수화는 수형이 <개>의 귀를 사상한다. 그러나, 수화는 사상성만으로 구성되는 것은 아니고, 규약성도 포함하고 있다(예, 형, 동생). 그리하여 사상성이 없고 규약성만 있다면 자의성으로 볼 수 있다.

수화는 사상성과 규약성에 의해서 구성되지만 어휘에 따라서 양자의 비중은 다르다. 구체적 사물은 비교적 사상성이 높고 추상적인 것은 규약성이 높다. 그러나, 수화가 발전함에 따라 사상성이 감소하고 규약성이 증가한다. 그 이유는 다음과 같다.

① 사상적 표현은 발신의 노력이 많다(경제성의 원리).

② 수화의 어휘수가 많아지고 추상적 개념이 많아진다.

③ 구화어휘의 다의미성(예, 오르다: 산에, 값이, 인기가, 막이)

또한 몸짓 모방, 전통적 수화, 문법적 수화 사이에 사상성과 규약성의 비율을 [그림 8-1]과 같이 도표로 나타낼 수 있다.

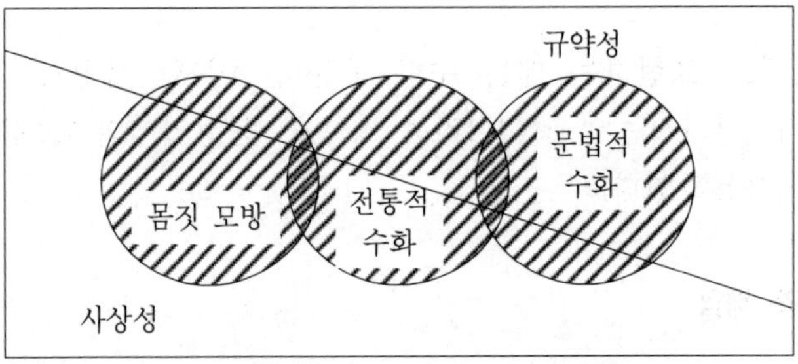

[그림 8-1] 수화의 유형별 사상성 및 규약성 의존도

[그림 8-1]에서 몸짓 모방, 전통적 수화, 문법적 수화의 사상성 의존도는 몸짓 모방, 전통적 수화, 문법적 수화 순이며, 반대로 규약성 의존도는 문법적 수화 전통적 수화, 몸짓 모방의 순이다. 그리하여 수화가 발전함에 따라 사상성보다는 규약성 의존도가 점차 높아져 가고 있음을 알 수 있다.

(3) 동시성(simultaneity)

수화 언어는 양손을 주요 운동(조음)기관으로 하고 공간과 몸을 운동하는 장소로 하는 시각적 기호이다. 음성언어가 계시적인 분절(articulation)임에 반해 수화언어는 동시적인 분절을 지닌다. 즉 3대 요소인 수형, 수위, 수동이 동시적으로 짝을 맞추어서 수화 단어를 형성한다. 이 동시성은 조어제약의 원인이 된다. 음성언어에서 음소는 선조적으로 나열되고 그 조합은 거의 무한에 가깝다. 이 동시법의 개념을 문장수준까지 확대하면, 수화 언어는 공간과 양손을 사용하여 많은 정보를 동시에 나타낼 수 있다. 즉, 수화 언어는 동시에 동작, 동작주, 피동작주, 목적 등을 표현할 수 있다. 이것은 수화 단어를 변용할 수 있기 때문이다.

(4) 가역성(reversivility)

가역성은 어떤 구어에도 존재하지 않는 수화 언어의 특성이다. 이 가역성은 반의어에서 대개 관찰할 수 있다. 예를 들면, "밝다 / 어둡다"의 반의어는 수화에서 수형은 같고 다만 수향이 반대가 된다. 그러나 구어에서 "사전 / 전사"가 조음의 견지에서 가역성이라고 해서 그 둘은 반의어가 아니다.

(5) 반복성(reduplication)

반복성은 많은 구어 언어에서도 볼 수 있는 공통적인 특성이다. 예를 들면 의성어, 의태어 및 그 외에 강조할 때 반복하게 된다. Supalla(1967)는 반복은 수형이 같을 때 동사로부터 명사를 분리하는 기능적 준거로서 사용될 수 있다고 보고하고 있다.

이 반복은 재현(repetition)의 의미와는 다르게 생각해야 한다. 이 경우, 싸인 그 자체가 재현 없이는 자유형태소로서 존재하지 않고 의미를 가지지 못한다(예, 항상, 자주 등은 재현이 수반되어 의미를 나타낸다).

(6) 발신(조음)의 운동량과 수화의 변화

음성 언어의 조음에 필요한 운동량(예, 혀의 운동량)보다는 수화의 조음에 필요한 운동량(예, 팔의 운동량)이 더 크다. 이 운동량이 커지면 발신시간도 길어진다. 따라서 수화의 발신시간의 지연을 뇌의 정보처리 용량에 맞추기 위해 정보량이 적은 말의 생략, 운동량 감소, 기능어의 생략 등으로 이 문제를 해결할 수 있다(석동일, 1989).

(7) 비수지 운동적 기능

표정, 머리의 방향, 시선, 몸의 방향 등이 비수지 운동 기능이며, 한국 수화에서 볼 수 있는 눈의 동작과 안면 동작의 기능을 보면 다음과 같다(석동일, 1989).

<눈 동작의 기능>

- 어휘의 뜻 보충 및 결정 : <찾다>는 찾는 눈의 동작을 요구한다. 화자를 바라 볼 수 없다.
- 수식 어구의 일부로서의 역할 : 무엇인가 큰 것을 볼 때 눈꺼풀이 위로 올라간다.
- 대명사적 역할 : 공간에서 어떤 방향을 주시하면 <저것>을 가리키는 것과 같은 기능을 한다.
- 직접 화법 : 말하는 화자를 보고 인용한다.

<안면 동작의 기능>

- 어휘의 표현
  ① 몸을 좌우 흔든다=싫다
  ② 입 가장가리 수축=신맛
- 수화 낱말에 안면 동작 수반 요구
  ① <늦다>의 수화에 대해 “아직 않다”의 안면 표정 수반
  ② <잘못>의 수화에 대해 “우발적” 안면 표정 수반
- 수식 어구
  ① <큰 나무>는 <나무>라는 수화에 대해 “크다”라는 안면 표정 수반

· 부정

① 눈살 찌푸림, 기분이 좋지 않은 얼굴 표정, 코 실룩거림

· 의문 신호

① 눈썹 치켜올림, 눈꺼풀 수축

이상에서 수화구성의 기본 특성은 음성언어에 비해 여러 가지 많은 제한점을 가지고 있으나 반면에 음성언어가 가지지 못하는 강점도 가지고 있다. 공간적 배열, 동시성, 표현 수단의 선적 특성, 감성적 표현, 가역성 등은 수화가 가지는 우수성이다. 그리고 사상성, 발신의 운동량, 시각적 제약, 장의 표현 등은 앞으로 많은 연구를 통해 개선되어야 할 점이다.

3) 수화 어휘의 사상원리와 방법

수화는 많은 어휘가 사상성을 가지고 있다. 물론 어휘수의 증가 요구에 따라 사상성이 줄어가는 경향이 있기는 하다. 이 사상의 원리를 보면 다음과 같다.

(1) 순수 자연적 수화

① 지시적 수화: 이것은 수화 중에서 가장 간단한 것으로 어떤 사물의 방향을 지시하기도 하고 알고 싶은 것을 가리켜 지시하기도 한다.

ⓐ 나무나 잔디 자르기 할 때, 나무나 잔디를 가리키는 것.

ⓑ 물건값은 그 물건을 가리키고 돈을 보이는 것.

② 정서의 자연적 표출 및 동작적 표출

ⓐ 거부, 협박, 혐오, 사랑의 정열적 시선, 격려, 걱정, 자존심

③ 행동의 모방: 사물의 동작 모방에 의해서 내용을 표출 한다.

④ 사물의 윤곽 묘사

ⓐ 집게 손가락으로 네모 그리기

(2) 기술적 수화 또는 축소 수화

이것은 자연적 수화보다는 인위적인 수화로써 사물을 직접 가리키지 아니하고 그 사물의 형, 위치, 성질, 움직임의 특성을 나타낸다.

① 기술적 수화: 말하려는 사람이 잘 모르는 것을 기술할 경우에 사용한다.

ⓐ 새를 나타내기 위하여 새의 주둥이, 날개 접는 모양, 펴는 모양, 색깔 등을 동시에 사용

② 축소 수화: 기술적 수화가 생략되어진 것.

ⓐ 새를 나타내기 위하여 주둥이로 나타낸다.

(3) 은유적 수화

감각의 영역을 초월하는 개념은 은유와 비유에 의해서 가능하고 이것은 주로 도덕적, 지적 개념을 나타낸다.

ⓐ <도둑>은 왼손팔 아래서 무엇을 살며시 꺼내는 것으로 나타낸다.

ⓑ <어제> <내일>은 어깨를 중심으로 앞뒤의 표시로 나타낸다.

이와 같은 사상성의 원리와 방법이 가지고 있는 문제점을 추출해 보면 다음과 같다.

① 한 수화 다의미 사용제약(예, 사용 : 돈, 물건, 장소, 머리)

② 의미내용의 확대(예, 보조개 : 귀엽다, 예쁘다)

③ 수형의 개인차, 세대차, 지역차

ⓐ 같은 내용 표현을 전혀 다르게 사상

ⓑ 같은 것의 사상이 전혀 다른 의미가 되는 경우

ⓒ 같은 것을 같은 의미 내용으로 사상하거나 수형이 약간 다른 경우

④ 수화의 어휘수가 적어서 생기는 문제점

ⓐ 하나의 수화로 여러 낱말에 사용

ⓑ 복합어(애국가 : 나라+사랑+노래)

ⓒ 통역의 오차가 생긴다.

· 음성어 → 수화 : 의미의 탈락이 일어나기 쉽다.

· 수화 → 음성어 : 통역자의 주관이 개입된다.

· 시간의 차이

⑤ 구문론상 문제점

ⓐ 단어의 자율성이 크다.

<개> <먹이> <먹다> : 개가 먹이를 먹는다.
개의 먹이를 먹는다.

개가 먹는 먹이

ⓑ 조사, 접속사가 적다.

ⓒ 조사의 기능을 자립어가 대신한다.

<나> <책임> <자전거> <부수다>: 내가 자전거를 부셨다.

ⓓ 사상의 발생순으로 배열한다.

· 누나가 나와 형에게 사 주었던 펜 : 누나가 펜을 샀다.
내가 받는다.
형이다.

4. 한국 수화의 음운론적 특성

한국 수화(Korean sign language : KSL)에서 음운론적 요소는 손의 형태(수형소), 손의 위치(수위소), 손의 방향(수향소), 손의 동작(수동소)이며, 보충적 요소로 얼굴 표정, 눈의 동작과 같은 몸짓과 수화에 포함되는 손의 수(한손 또는 양손) 등이 있다. 본 절에서는 이들의 표면적 또는 지각과 습득에 기초해서 논의하며, 어떤 부분적 접근을 통해 특수한 것을 추구하기 전에 가급적 전통적인 공통 요소를 제시한다.

구어의 음소가 청각적 변별단위인 데 반해 수화의 시각적 변별요소 단위로 “수화소”라는 용어를 사용하였다. 그리고 양손 수화의 경우, 양손 모두가 움직일 수도 있고, 또 한손이 움직이는 동안 다른 한손이 정지할 수도 있다. 이때 정지한 손을 “기본 손(base)” 또는 “비우세 손(nondominant)”이라 부르고 움직이는 손을 “우세 손(dominant)”이라고 명명하였다. 한편, 음성 언어의 “조음(articulation)”의 의미로 “구성”이라는 용어를 사용하였다.

1) 수형소

수형은 어떤 위치에서 어떤 방향으로 어떤 동작을 하는 두 손의 형태를 말한다. 하나의 수화를 구성하기 위해 하나의 수형을 요하는 경우도 있고 두 수형 이상을 필요로 하기도 한다. 또 수형은 고정되어 있는 것이 아니고 처음 위치에서 다음 위치로 옮겨지는 과정에서 변한다. 따라서 수형소에서는 처음 수형과 마지막 수형에 한정해서 분석하였다. 한국 수화의 분석에서 나타난 수형은 대표형 21개, 변이형 23개, 모두 44개(석동일, 1989)이다.

[그림 8-2]에서 보는 것처럼 수형에는 대표수형과 변이수형이 있다.

/ A / 대표 수형

〔 A1 〕 엄지를 내측으로 구부려 주먹을 쥔 형

〔 A2 〕 엄지를 구부리지 않고 펴서 주먹 쥔 검지를 밀착시킨 형

〔 A3 〕 엄지를 검지에 접촉시켜 앞으로 구슬을 튀기 듯한 형

〔 A4 〕 엄지를 내측으로 구부려 그 위에 검지, 중지, 약지를 접촉시킨 형

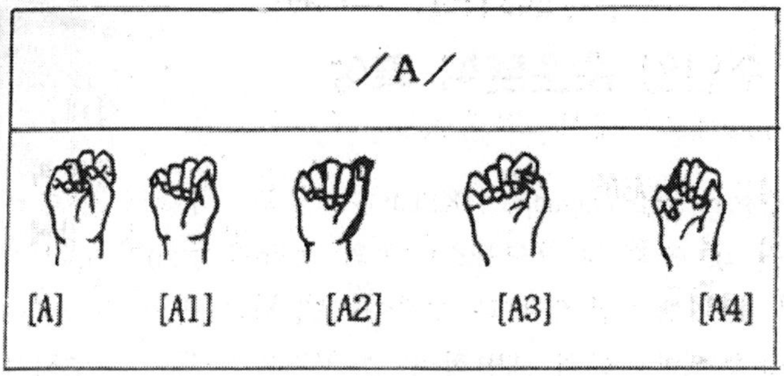

[그림 8-2] 수형의 예

수형소와 그 수형소로 구성된 수화의 실례를 보면, 다음 <표 8.3>과 같다.

〈표 8.3〉 수형과 실례

수형	실례
A	기억하다, 좋다, 정하다, 결심, 용감
A1	수, 수효, 헤아리다, 많다
A2	부탁하다, 충고하다, 추적하다, 멸시하다
A3	구슬
A4	밀리미터

2) 수위소

한국 수화의 수위는 크게 머리, 몸통과 가슴, 팔, 그리고 손의 위치로 대별할 수 있으며, 대표형 20개, 변이형 20개, 모두 40개이다(석동일, 1989). 수위소와 그

수위소로 구성된 수화의 실례를 보면 다음 <표 8.4>와 같다.

〈표 8.4〉 수위와 실례

수위	실례
공간	만나다, 비행기, 결혼
머리(위)	옛날
(뒤)	대통령
(옆)	기억, 망각
(전체)	얼굴, 서울, 귀엽다
이마(중앙)	경찰, 닭, 아프다
(끝)	생각하다, 사고하다

결과적으로, 중립적 공간에서 수화가 가장 많이 구성된다. 수위를 구별하는데 있어서 신체 부위의 명확한 경계선을 긋기가 어려운 점도 있다. 또한 사상성(iconicity)은 수위소에서 중요한 역할을 하고 있다(예, 더럽다-코).

신체상의 수위는 4개의 주 영역 즉, (1) 머리(목을 포함) (2) 몸통 (3) 팔 (4) 손으로 나뉘어 진다.

3) 수향소

수향은 수화자의 신체에 대한 손의 공간 관련을 의미한다. 즉, 손바닥의 방향과 펼쳐진 손가락 끝의 방향에 의해서 결정한다. 한국 수화의 수향소는 손바닥 방향 6개, 손가락 방향 6개, 모두 12개 이다(석동일, 1989).

손바닥과 손가락의 방향에 의해서 수향소의 실례를 보면 <표 8.5>와 같다.

〈표 8.5〉 수향과 실례

구분	방향	예	구분	방향	예
손바닥	상	빌리다, 비교	손가락	상	형, 산
	하	계획, 방학		하	실패, 깊다
	좌	부터, 잡다		좌	마치다, 가깝다(오른 손)
	우	가깝다, 결석		우	언쟁, 가깝다(왼 손)
	전	앞, 멀다		전	충고, 주시하다
	후	뒤, 거울		후	여관, 여행

4) 수동소

수형의 운동을 수동이라 하고, 수동을 크게 운동의 방향, 양손의 관계, 동작의 질적 측면에서 분류할 수 있다. 한국 수화의 수동소는 (1) 운동의 방향 (2) 양손 관계 (3) 동작의 양과 지적 변화의 3개로 분류하여 49개의 수동소가 있다.

다음으로 수동 유형별 수화어휘의 실례를 보면 <표 8.6>과 같다.

〈표 8.6〉 수동과 실례

분류	수	수동	수화 어휘의 예
운동방향	1 2	수직의 상방향 운동 수직의 하방향 운동	형, 높다, 엘리베이터 동생, 싸우다, 아래
양손의 관계	1 2	접근 운동 접촉 운동	만나다, 가깝다, 잡다 결정하다, 마치다, 마음
동작의 질적화	1 2	빠른 속도의 동작 아주 천천히 하는 동작	빨리, 체포 지각, 늦다

한국 수화의 음운론적 측면에서 보면 음성언어의 음소에 해당하는 수화소는 수형소 44개, 수위소 40개, 수향소 12개, 수동소 49개로 구성되어 있다. 이 수화소는 근본적으로 미국이나 일본과 큰 차이가 없는데, 그 이유는 수화의 대부분이 사상성에 의존해 있기 때문이다.

참고문헌

석동일. (1989). 한국수화의 언어학적 분석. 미간행 박사학위 논문 : 대구대학교 대학원.

Battison, R. (1974). Phonological deletion in American sign Language. *Sign Language Studies, 5,* 1-19.

Battison, R. (1977). *Lexical borrowing in American Sign Language: Phonological and morphonological restructing.* Unpublished Doctoral Dissertation, San Diego: University of california.

Bellugi, U. & Klima, E. The origins of language in the sign talk of the deaf. *Psychology Today, 6,* 61-64.

Bellugi, U. (1972). Stidies in Sign Lanuage, In T. J. O'Rourke(Ed.), *Psycholinguistics and Total communication:* the State of the Art. Silver Spring, Maryland: National association of the Deaf.

Blasdell, R. (1977). *Facial and Manual Movement Asynchrony in Visible English and Sign.* Paper presented at American Speech and Hearing Association Annual convention, Chicago, Illinois, November.

Bornstein, H. (1977). *System of sign.* Working paper, Washington, D. C.: Gallaudet College Press.

Caccamise, F. & Blasdell, R. (1976). Reception of sign and finger spelling under manual, interpreted and simultaneous test condition. *Working Paper, New York: Institute for the Deaf, Rochester.*

Caccamise, F. & Jonson, D. (1978). Simultaneous and manual communication: Their role in rehabilitation with the adults deaf. *Journal of the Academy of Rehabilitative Audiology, 11,* 105-131.

Calvert, D. & Silverman, S. R. (1975). *Speech and Deafness.* Washington, D. C.: Alexander Grahambell Association for the Deaf.

Chasen, B. & Zuckerman, W. (1976). The effects of total communication and oralism on deaf third grade rubella students. AAD. A*ugust,* 394-402.

Fischer, S. (1975). Influence on word order and word order change in American sign language. In C. N. Li(Ed.), *Word Order and Word Order change.* Texas:

University press Austin, 1-25.

Frishberg, N. (1975). Arbitrariness and iconicity: Historical change in American Sign Language. *Language, 51,* 696-719.

Furtey, P. H. Total communication and the baltimore deaf survey. *AAD August,* 372-382.

Jacobs, J. (1977). *The standardization of signs effort in Texas school or deaf.* Working paper, Washington, D. C.: Statewide Project or the Deaf.

Johnson, D. D. (1976). Communication characteristics of young deaf adults population: Technics for evaluating their communication skills. *ADD, 121*, 409-429.

Klopping, H. Language understanding of deaf students under three auditory-visual stimulus condition. *ADD, 17,* 389-396.

McIntire, M. (1974). *A modified model for the description of language acquisition in deaf children.* Unpublished master's thesis, Northridge: California State University.

Meadow, K. P. (1972). Sociolinguistics, sign language and the deaf sub-culture. *Psycholinguistics an total communication: The State of Art.* ed., by T. J. O'Rourke, AAD, 120, 19-33.

Nix, G. W. (1975). Total communication a review of the studies offered in it's support. *The volta Review. November,* 470-494.

Reich, P. & Bick, M. (1975). *How visible is visible English?* Working paper, Canada: University of Toronto.

Schlesinger, H. S. (1970). Deaf children and their parents in wonder land. *Report of the processing of the forty-fourth Meeting of the convention of American Instructors of the Deaf.* U. S. Government printing office, March, 10-12.

Siple, P. (1973). *Language in a different mode and how it's learned.* paper presented at the fifth child language research forum, Stanford, california.

Stokoe, W. C. (1976). The study and use of sign language, *Sign Language Studies, 10,* 1-36.

Supalla, T. & Newport, F. (1976). How many seats in a chair? the derivation of Nouns and Verbs in American Sign Language. In P. Siple(Ed.), *Understanding Language through Sign Language Research.* New York: Academic press.

Vernon, M. & Koh, S. D. (1970). Early manual communication and deaf children's achievement. *AAD,* 527-536.

Vernon, M. (1969). Sociological and psychological factors associated with hearing loss. *JSHR, 12,* 541-563.

Weiss, K. L. McIntire, C. K. Goodwin, M. W. & Moores, D. (1975). *Characteristics of Young Deaf children and Intervention Program.* Research #91, Research, Development and Demonstration center in Education of handicapped children, Minnesota: University of Minnesota.

Wilbur, R. (1976). The linguistics of manual language and manual system. In L. Lloyd(Ed.), *Communication Assessment and Intervention Strategies.* Baltimire, Maryland: University Park press.

찾 아 보 기

▪ 저자소개

· 이규식 - 대구대학교 치료특수교육과 명예교수
· 석동일 - 대구대학교 언어치료학과 교수
· 국미경 - 우석대학교 특수교육학과 교수
· 강창욱 - 강남대학교 특수교육학과 교수
· 이상희 - 순천향대학교 특수교육학과 교수
· 박상희 - 대구사이버대학교 언어치료학과 교수
· 윤미선 - 나사렛대학교 언어치료학과 교수
· 신혜정 - 가톨릭상지대학 언어재활과 교수
· 박희정 - 광주여자대학교 치료특수교육과 교수
· 박미혜 - 가야대학교 언어치료청각학과 교수

청각장애아동 언어지도와 치료방법(제 3 판)

1판 1쇄– 1998년 2월 26일
2판 1쇄– 2006년 9월 25일
3판 1쇄– 2024년 7월 10일

지은이 – 이규식, 석동일, 국미경, 강창욱, 이상희,
박상희, 윤미선, 신혜정, 박희정, 박미혜

펴낸이 – 박 순 진

펴낸곳 – 대구대학교출판부
주소 – 경북 경산시 진량읍 대구대로 201번지
전화 – (053)850-5661~4
팩스 – (053)850-5669

찍은곳 – 가온프린팅

정가 23,000원

ISBN 978-89-7794-000-0-93370